序

为书作序让人很有压力，但本书的主题和内容让我产生了动力，在中国医师协会人文医学专业委员会首届主任委员高金声老师的推荐下，我欣然提笔。

近 20 年来，医患关系紧张一直是我国经济社会发展中密切关注的热点与难点问题，其现象是医疗卫生行业内比较普遍的医患矛盾、医疗纠纷及医患冲突事件。为创建和谐医患关系，改善医疗服务质量，政府机构、医卫行业及社会相关方面给予了高度的重视，并取得进展。

从医患关系与医患沟通的学术专业视角看，在重视改善医患关系、减少和钝化医患矛盾、化解医疗纠纷及防范医患冲突方面，成效是显著的。然而，不时会有暴力伤医事件发生，而且，医务人员因医患关系处理不当所致的职业倦怠普遍存在。医卫行业无人怀疑医学和医疗具有非常复杂的专业性和技术性，然而，很少有人认识到，医患关系和医患沟通的处理同样具有专业性和技术性，并具有更高的挑战性和风险性。

我很感兴趣的是，本书作者晏英抓住了一个很重要、很有理论和应用价值的问题，即医疗纠纷促进式调解。这些年来，我国医患关系与医患沟通学术研究，主要集中在重要性认知、功能价值、程序方法、技能教育及效果评价等方面，对最"末端"的医疗纠纷处理中的理论和技能，很少有人进行专业性研究。为什么这样呢？我以为主要有 3 个原因：一是我国对医患关系的重视起步较晚，需要从比较容易的医患相关问题入手解决；二是在政府和社会各界主导下，以民事与法律结合的医疗纠纷调解机制发挥了明显的作用，致使很多人认为，这个复杂问题已解决了；三是我们医卫行业普遍认为，医患关系就是普通的"人情世故"，不是专业性和技术性很强的工作。

我们必须意识到，医疗纠纷处理的背景是在患方生命、身体、心理、经济、家庭、社会及个人价值等遭受到严重的综合性损害后果下进行的，是在患方积淀重重负面情绪下，涉及公平、正义、科学、伦理、情感及经济利益多个敏感要素，医方、患方及调解人三方进行的"难度最大"的沟通调解活动。因此，医患纠纷处理需要多个理论和技能进行有效的科学与人文构建。

本书主要分为两个部分：一是医疗纠纷促进式调解相关理论研究；二是医疗纠纷调解的多项应用技能方法。

在理论部分，作者首先找到了目前我国医院内医疗纠纷处理存在的问题，针对普遍采用的评价式调解所遭遇的困境，对比近年来域外促进式调解发展现状，指明我国医疗纠纷调解中引入促进式调解的路径，提出了构建促进式调解程序的理念。在域外促进式调解的基础上，运用心理咨询理论、哈佛谈判学理论、议事规则理论等，进行了促进式调解模式的再创新。

在技能部分，作者构建了一个有理论、可推广的"六位一体"技能模式：倾听技能—情绪应对技能—提问技能—叙事技能—谈判技能—打破僵局技能。

在倾听技能中，针对医疗纠纷中，患方通常带有强烈负面情绪的特点，提出进行全盘接纳式倾听，改变倾听只见"病"不见"全人"的现象，既倾听疾病的声音，也倾听疾痛的声音。

在情绪应对技能中，提出情绪是心理上的排泄物，要学会情绪的延迟满足，提升医务人员的情绪容纳力。在辨析冷漠与冷静、冷安慰与正确安慰不同场景的基础上，提出了正确进行情绪应对的运用原则。

在提问技能中，要求调解员必须坚持中立立场，不能做出判断，也不发表意见和建议，使提问成为调解员与医患双方最主要的谈话方式。提问可以分为"开放式提问"与"封闭式提问"，在对比分析的基础上，探讨了开放式提问的独特效果。

在叙事技能中，主要围绕叙事医学三要素（关注、再现、归属）在医疗纠纷调解中的应用进行了案例研究，对叙事医学技能在术前准备、构建患者自我认同、提高患者依从性中的运用进行了实务分析。

在谈判技能中，坚持利益型谈判，而不是立场型谈判。坚持以患者的利益需求为核心，提出了挖掘患者真实需求的3种方法与4个步骤。在满足患者情感需求方面，探讨了表达赏识、建立关系联结、尊重当事者自主权、承认当事者地位、满足当事者角色意义等技能。

在打破僵局技能中，构建了适合所有僵局解决的7个步骤：①用开放的心态，破除投诉者来闹事的刻板印象；②从尊重开始，无条件接纳与关怀；③感动服务，稳住患方的心；④巧用"我信息"，坦述自己的弱处；⑤应用知觉检核法，讲述对方的故事；⑥从调解员的视角审视自己，讲好第三个故事；⑦巧借外力，多方推动解纠纷。

关于本书的写作，我很欣赏晏英理论与实践相结合的严谨态度和务实风格，他用87个鲜活的现实案例、35张图表，对医疗纠纷的理论和实践技能展开了立体化的阐释与分解，以帮助读者消化吸收这个复杂的沟通体系。只要认真阅读全书，你会发现本书不只是在介绍医疗纠纷阶段应对的沟通技能，而是整个医患关系应对的理念与全过程沟通技能。

医患沟通是医务工作者必须掌握的基本职业技能，医疗纠纷调解则是医患沟通专业技

作者简介

晏英，山西大学政治与公共管理学院副教授。2007年获得日本山梨学院大学硕士学位，2010年获得早稻田大学公共管理学博士学位。

兼任中华预防医学会公共卫生管理与法治分会委员，中国医院协会医疗法制专业委员会委员，山西省社会法学会副会长，山西省卫生法学会副秘书长，陕西省法学会医事法学理论与实践研究会理事，《医师在线》专家委员会委员，广东省第二人民医院医疗纠纷调解顾问。

主持2018年度国家社科基金项目"医院内医疗纠纷促进式调解程序构建研究"。作为第二参与人参与2020年度教育部人文社科基金规划项目"我国医疗纠纷调解组织发展的现状、困境与对策研究"。

主持2022年度四川省教育厅四川医事卫生法治研究中心与中国卫生法学会联合项目"叙事调解在医疗纠纷解决中的运用研究"，以及2018年度四川省教育厅四川医事卫生法治研究中心重点项目"医院内医疗纠纷中立性调解技能研究"。

发表论文70余篇。著有《修复性正义——基于日本医疗纠纷调解的考察及其对我国的启示》（与和田仁孝合著，中国政法大学出版社，2021），译有《医疗纠纷调解——纠纷管理的理论与技能》（和田仁孝、中西淑美著，暨南大学出版社，2013）、《太平洋战争与日本新闻》（前坂俊之著，新星出版社，2015）。

医疗纠纷
促进式调解理论与技能

晏　英◎著

科学技术文献出版社
SCIENTIFIC AND TECHNICAL DOCUMENTATION PRESS
·北京·

图书在版编目（CIP）数据

医疗纠纷促进式调解理论与技能 / 晏英著. —北京：科学技术文献出版社，
2023. 12

ISBN 978-7-5189-9971-2

Ⅰ.①医⋯　Ⅱ.①晏⋯　Ⅲ.①医疗纠纷—调解（诉讼法）—中国
Ⅳ.① D922.164

中国版本图书馆 CIP 数据核字（2022）第 242849 号

医疗纠纷促进式调解理论与技能

策划编辑：梅　玲　　责任编辑：孙江莉　　责任校对：张吲哚　　责任出版：张志平

出　版　者　科学技术文献出版社
地　　　址　北京市复兴路15号　邮编 100038
编　务　部　(010) 58882938，58882087（传真）
发　行　部　(010) 58882868，58882870（传真）
邮　购　部　(010) 58882873
官方网址　www.stdp.com.cn
发　行　者　科学技术文献出版社发行　全国各地新华书店经销
印　刷　者　北京虎彩文化传播有限公司
版　　　次　2023 年 12 月第 1 版　2023 年 12 月第 1 次印刷
开　　　本　787×1092　1/16
字　　　数　368千
印　　　张　17　彩插4面
书　　　号　ISBN 978-7-5189-9971-2
定　　　价　68.00元

能中的高级能力。医院是医患矛盾和医疗纠纷的发生地，增强医务人员医患纠纷处置能力，亡羊补牢，为时未晚。

作为医学人文的资深学者，我向全国各医疗机构管理者、医务工作者、各医疗纠纷调解机构和专兼职调解人员真诚推荐本书，希望本书为妥善解决医疗纠纷、和谐医患关系、不断提高医疗服务质量发挥应有的作用。

南京医科大学医患沟通研究中心主任　教授　博士生导师*

2022 年 12 月 12 日

---

*　王锦帆，南京医科大学教授，人文医学博士生导师。南京医科大学医患沟通研究中心主任、健康江苏研究院健康文化与传播研究中心常务副主任。曾兼任教育部医学人文素养教学指导委员会委员，现兼任中国医师协会人文医学专业委员会医学人文教育委员会副主任委员、北京协和医学院人文学院客座教授、中国医学教育慕课联盟专家委员会委员等。专长：医患沟通学、医学教育、卫生事业管理等。

前　言

　　在日本留学的时候，曾参加留学生与地方的亲睦交流活动，其中，参观日本小学时，迎接我们的成员以小学生为主，接下来的引导、参观与解说工作，也全是由小学生来担当。当时，我的大儿子在日本读小学，我很惊讶地发现，日本的小学老师对小学生之间的纠纷解决非常"不上心"，有纠纷的话尽量让学生自己去解决，如由学生干部出面协调，老师极少介入学生之间的纠纷解决事务。可见，日本从小就注重培养民众的自治能力、自我解决纠纷的能力。

　　回国后，接触到不少关于医疗纠纷的报道，医疗纠纷的频发与激烈程度，对我这样一个久居海外八年的人来说，大大超出了我的想象，印象尤为深刻，促使我倍加关注。

　　当时，全国范围内医疗纠纷人民调解委员会的成立风起云涌，我欣欣然地认为，终于找到了解决医疗纠纷的制胜法宝。但是，经过深入考察与调研后发现，医疗纠纷人民调解委员会也有力所不逮的地方。循着这样的思路，我一直致力于医疗纠纷解决机制的研究，一直到今天，成就了这部书稿的诞生。

　　我国在依法治国、送法下乡的进程中，民众的法律意识得到了前所未有的加强；但是，面对社会转型期复杂繁多的纠纷，法治仍显得力不从心。表面上是"依法治理、按程序办事"，实际上"不主动去解决纠纷，强化处理程序的规范性"便成为众多职能部门和各类社会组织策略性的选择。原本作为民间纠纷解决机制的调解被"收编"，使得原始的、不规范的调解做法得以在形式上较为统一，而这种"形式上的统一"使得经由历史沉淀而流传下来的民间传统调解规则、经验技能、传承模式因服从于法律与政策的调整而逐渐消亡。这些现象同样在医疗纠纷解决中有着鲜明的体现。

　　当一味强调把医疗纠纷转移到院外、转移到医患办时，是不是让医务人员丧失了一次次自我学习纠纷解决技能的机会？当民事调解在极力模仿法律的实体与程序时，当事者的主体地位该何去何从？真的需要这种职能的重叠设置吗？当我们在摸索院外医疗纠纷解决机制时，作为医疗纠纷"活水源头"的院内，是不是也应该有理论的研究与模式的探讨？当我们在传承"东方一枝花"人民调解的经验与技能时，面对域外现代调解技能的不断迭代，我们是不是也需要引进与挖掘自治解决纠纷的技能？社会的自治与自律，对于国家的长治久安，以及民众权利的保障与维护，都是不可或缺的重要一环。

我力图将对这些问题的思考贯穿在医疗纠纷促进式调解模式中，并借助此书尽力得以全面呈现。由于本人才疏学浅，书中难免存在诸多不足和有待商榷之处，敬请读者与同仁批评指正。

正在此文成文之际，手机上传来远在千里之外的父亲第一次手提引流袋在医院走廊上行走的短视频。今天上午，父亲做了胆管引流手术。我的淳朴、善良、一辈子任劳任怨的父亲，已经在生命的晚期，住进了医院肿瘤科，却不知道自己得了不治之症。我的眼泪止不住地扑簌簌地掉下来，完全模糊了我的视线。

由于疫情，加上工作的原因，自从父亲确诊以来，我一次也没有回去看他老人家。对我来说，孝道是一个非常沉重的话题。以前，远在国外；现在，远在外地。父母也曾几次大病住院，而我一次也没有陪护过。我在想，我这一辈子也写了几本书，但是，我从来没有给父亲看过，虽然他是个妥妥的高中毕业生。下次回家，这本书应该带给他看看吧？尽管我的这些书未必有父亲对家庭所做出的贡献大。

李英

2022 年 9 月 30 日于山西大学

目　录

第一章 医疗纠纷促进式调解理论基础与程序建构

随着我国改革步伐进入攻坚区与深水区，中国现代化建设的理论与实践翻开了新的篇章，作为回应，法治领域的改革正在如火如荼地进行。建立诉讼与非诉纠纷解决机制相衔接的体系、建立健全多元纠纷解决机制，是为我国和谐社会保驾护航必要之举。

目前，我国已经形成了当事者自行和解、诉讼、调解、仲裁为主的多元纠纷解决机制体系。在所有的第三方纠纷解决机制中，调解无疑是合意最多、强制最少的和平方式，主要包括人民调解、行政调解、司法调解三大类，并在实践中取得了可喜成果。从"三位一体大调解"到"三调联动"，再到"诉调对接"，无不体现着实务部门和决策部门的智慧与对调解优势的重视。在医疗纠纷解决领域，全国各地纷纷建立了医疗纠纷人民调解委员会，许多省、市、县根据《中华人民共和国人民调解法》和《医疗纠纷预防和处理条例》，结合本地的实际，下发了有关具体实施医疗纠纷人民调解工作的文件，作为其法律保障，医疗纠纷人民调解工作得到了长足、稳定的发展。

但是，对于医院内部医疗纠纷调解的理论与实践研究却很少。虽然，医院在国家有关部门的要求下，建立了纠纷投诉管理部门，并在显著位置公布了医疗纠纷的解决途径、程序及医疗纠纷人民调解组织等相关机构的职责、地址和联系方式。但是，医院内的纠纷投诉管理缺乏相应的理论指导，以经验性传承为主，"人走政亡"，未形成一套有系统理论支撑、规范化的程序，投诉接待和处理工作极不规范。更有甚者，有的医院在其纠纷投诉管理工作中，不仅不能解决医患双方针对医疗服务产生的纠纷，甚至因为投诉而诱发新的投诉，给医疗纠纷的处理增添新的障碍。

医院是医疗纠纷发生地，本应成为医疗纠纷解决的最前端。可是，各地医疗纠纷人民调解委员会成立后，一味强调把纠纷转移到院外，医院极力把纠纷往外推。在纠纷解决过程中，当事医护人员也尽量不和患方见面，这样，一方面，被患方质疑医院缺乏诚意，恶化了医患矛盾；另一方面，也导致医疗纠纷的解决错过了最佳时机。而且，这种纠纷解决方式只能停留在"息诉罢访"阶段，隐患仍在，因为根据现代纠纷解决理论，只有当事者才能从根本上解决问题。

鉴于此，本书着眼于医院内医疗纠纷解决机制的研究，着力构建一套可推广、可复制的规范化院内医疗纠纷调解程序。

第一节　医院内医疗纠纷处理中存在的问题

美国社会学家戴维·波普诺认为，"一个没有冲突的社会将是毫无生机、沉闷乏味的社会"。[1] 社会的发展本身就是一个不断产生纠纷而又解决纠纷的过程。表面上，患方的投诉或者抱怨是对医院的不满意；实质上，这些投诉与抱怨正是医院改进工作，提高患者满意度，提升医疗质量的契机。

在医院的管理工作中，医疗纠纷投诉是最难做的工作，常常面对的是"人财两空"而处于极度悲愤中的患方。加之，医院内的医疗纠纷管理是最近几年才发展起来的新的医院管理学科，目前缺少成型的理论与成熟的经验，医院对于医疗纠纷的处理不够理想在所难免。下面，将对目前医院内在处理医疗纠纷时出现的一些问题做简要分析。

一、缺少足够的人文关怀

在陕西，一个刚刚出生的男孩，很不幸离开了人世。医院解释说，因为医生都很忙，走不开，所以救治晚了。具体情况如下：

5月3日，王女士的宝宝顺利出生，母子平安。5日早上7点多，宝宝的爸爸发现宝宝发烧38℃，立即找医生查看，而直到9点左右，才有一名助产士来到病房。助产士来到病房后，说被子盖得太厚了，她把厚被子换成薄被子给男婴盖上。经过处理，小孩的烧确实退了些，但是到了下午1—2点，爸爸发现小孩的皮肤发黑，跟正常小孩不一样，嘴唇也全是黑的。这时，王女士一家人开始不断寻求医生的救治，找到值班大夫。大夫说，你抱到产房来。孩子被抱到产房后，护士一看就直接抱进了抢救室。家属在外面等着，10分钟后，大夫出来对家属说，小孩已经不行了，要求家属签字，家属拒绝签字。王女士说，后来就再也没有见到宝宝，也没有来得及给小孩取名字，只留下了几张照片。

面对家属的质疑，医院的负责人回答说："大医院死的人很多，如果说所有的医院都不死人，那是不现实的。这个娃娃出现情况后，当时医生正在忙碌，脱不开手。因此，我们要负抢救不及时的责任。我顾得了你，就顾不了他，这是医院的一对矛盾。如果抢救了这个娃娃，那个大出血的产妇就要死了"。[2]

在此，暂且不去讨论该医院有无医疗过错、是否存在渎职等问题，我们只是扪心自问：这样的回答合适吗？如果面对自己的亲朋好友在医院离世，我们能说出这样的话吗？更何况，现在患方正处于强烈的负面情绪当中。也许有人会说，这只是极个别的例子，比较极端。但是，笔者在研究中发现，类似这样轻飘飘的答复并不少见。

一个25岁的小伙子不幸离世。面对患者家属提出的各种疑问，医院方只有一句：等待权威的鉴定结果。在随后的交涉中，对于家属提出的"阑尾炎会不会导致病人死亡"问题，医院的回答是："生老病死，总有死的病人；到最后，90%的病人都是死在医院。至于什么原因，我们一定要组织专家进行全面讨论。"[3]

的确，阑尾炎也可能导致患者死亡。在这里提醒大家注意的是，在上述两个案例中，都是医院负责人的回答。一般而言，民众普遍相信医院负责人更擅长妥善处理各种问题。可是，这样的回答会给患者什么样的感受呢？

我国的外科之父裘法祖先生曾说："才不近仙者，不能为医；德不近佛者，不能为医。"在面对医疗纠纷时，上述两家医院负责人这样说话，如何体现我们的菩萨心肠、慈悲情怀？医生之所以伟大，在于对生命的敬畏和悲悯。我们该如何在医疗纠纷中体现我们对生命的敬畏，对生命逝去的悲天悯人？

随着医学专业化的发展，"患者"一词被分解为病因、病理、症状、体征等单个的词素，患者的痛苦被转化为检验单上的数值和各类影像图片。于是，作为一个整体的患者被现代医学消解了，医学中的人文精神在现代科学技术洪流的冲洗下，失去了应有的生活温度。

科学既可以打开天堂之门，也可以打开地狱之门，而那把决定性的钥匙则是人文。如果没有很好的人文关怀精神，只有技术至上的话，医学将是冰冷的医学，患者只是医疗流水线上的产品，我们将唯利是图。总是有些疾病，让我们的技术无能为力，但是，人文关怀可以提供帮助，在技术无能为力的地方，正是彰显人文关怀意义的地方。我们要理解科学技术的有限性，自觉将人文精神融入医学实践中。这就是目前在医疗纠纷处理中存在的第一个方面的问题：缺少足够的人文关怀。

二、停留在"息诉罢访"阶段

2021年5月17日，深圳市某医院特诊科发生一起暴力伤医事件。1名男子在毫无征兆的情况下，突然拔刀刺向正在出诊的耳鼻咽喉科卢主任。卢主任是享受国务院特殊津贴专家。经核实，这是一名在2010年12月15日至27日就诊的患者。大家注意了：这是11年前的一位患者。可以想见的是：如果这名患者没有行凶表现的话，大家都会认为患者与卢主任之间的医患关系是没有问题的，更何况都已经过去11年了！

很多人认为，都这么久了，这样的暴力伤医案件很少。如果这样认为的话，我们就会联想到下一个案例：

2016年5月5日，广东省某医院口腔科陈主任被25年前的一名患者刺杀，凶手尾随至其家中，砍了他 30 多刀后，自己也从陈家 18 楼阳台坠楼身亡。这一天，是陈主任拿到自己退休文件的第一天，本该开始享受的幸福晚年生活就此戛然而止。起因是 25 年前曾为凶手做过烤瓷牙。

　　大家想象一下，你 25 年前做了个烤瓷牙，现在坏了，你还记得起当时医生的名字和外貌吗？应该看得出来，患者是怀有极大怨气的，才决然从 18 楼跳了下去。

　　举出这两个伤医案，想说明的是：我们有一些医疗纠纷案件，看起来好像解决了，其实，是留有巨大隐患的。因为，我们的医疗纠纷解决目标常常只是停留在"息诉罢访"阶段。

　　日本医疗纠纷调解培训教材《医疗纠纷调解——纠纷管理的理论与技能》中有一个这样的例子 [4]。一位门诊患者对医生不满，调解员来协调此事。首先，调解员真诚地倾听了患方的想法，于是患者对调解员说："你能够认真听取我的这些不满，就已经让我心情轻松了很多，谢谢你！"医疗纠纷调解员随即询问："要不和医生谈谈？"患者说："不必了，你能够给我这样一个倾诉的机会，我已经很满足了。"说完，患者就回去了。对于这件事，可以认为到此已经处理得很圆满了吗？

　　或许，从以往应对抱怨的处理经验来看，通常会认为处理得很好。但是，在日本的医疗纠纷调解中，这件事还没有圆满结束。因为，我们不知道患者心里的芥蒂、怨气有没有消除，患者对医生本人是否还怀有不满的情绪，可能他再也不会去那个医生那儿看病了。下一次患者能否坦然面对该医生，该患者是否心生怨恨，这些都是要解决的问题。这就引出目前我国在医疗纠纷处理中存在的第二个问题：只停留在"息诉罢访"的阶段，并没有真正解决纠纷，因为并没有修复良好的医患关系。

三、调解程序法制化倾向

　　我国《医疗纠纷预防和处理条例》第 4 条规定："处理医疗纠纷，应当遵循公平、公正、及时的原则，实事求是，依法处理。"特别是在实行依法治国的进程中，依法调解似乎是天经地义的。可是，日本早稻田大学的和田仁孝教授曾经批评日本 ADR 法是在"按照法律来解决纠纷"。在我国，不论是在实体上，还是在程序上，医疗纠纷调解都存在法制化倾向。法制化倾向，首先，表现为调解程序的审判化和调解人员的法官化。比如，调解队伍由司法人员、律师组成，强调诉调对接；调解室的布置与审判庭的布局雷同，墙上张贴如"依法调处、公平公正"之类的标语等。其次，调解员行为方式的法制化，要求"法言法语"，[5] 调解员不能被当事者的情绪所感染，要围绕法律的要件展开辩论，相对更少关注法律外的人情世故。正如强世功教授所言："随着中国调解的制度化，调解已经越来越相似于审判了"。[6] 调解员这一严格执法的办事风格会压制当事者自治权的发挥，使得当事者不敢畅言法律以外的要求，即使是合理的要求，如寻求感情的慰藉、良好关系的修复等。

目前，医疗纠纷在医院内解决仍然是最常见方式。根据高建伟、曹文妹等对上海市及李欣对昆山市的调查[7]，88% 以上医疗纠纷都是院内解决的，却少有学者关注院内医疗纠纷解决的研究。另外，学界的研究表明，80% 以上的医疗纠纷是沟通不到位造成的[8]。这正好说明，沟通不到位的医疗纠纷是完全可以在医院内解决的。这一部分纠纷是不涉及法律层面的，过多强调从法律层面解决只能是得不偿失。这就是我国目前医疗纠纷解决中存在的第 3 个问题：存在着法制化倾向。

四、未认识到调解是每位医务人员都需要掌握的基本技能

在美、德、英等国家和香港地区，调解是中学阶段的一门课程（图 1-1），并在中学中设置朋辈调解员制度，由受训的高年级志愿学生负责调解班级同学或低年级学生之间的纠纷，以便他们更轻松地度过日常学校生活，如奥地利 Mössingerstraße 文理中学等。在香港，香港家庭福利会旗下设有"朋辈调解计划"，共有 20 多所中学和 100 多所小学参与这项计划，培训出不少学生调解员。此外，在这些地方，中学阶段的社团里也有纠纷调解的学生社团，比如，位于纽约布鲁克林的威廉·E·格雷迪职业技术教育高中（William E.Grady CTE High School）的学生社团有"朋辈调解"，以及位于马里兰州巴尔的摩市中心的天主教女子高中——圣母女子学院（Institute of Notre Dame）有"冲突调解俱乐部"学生社团。

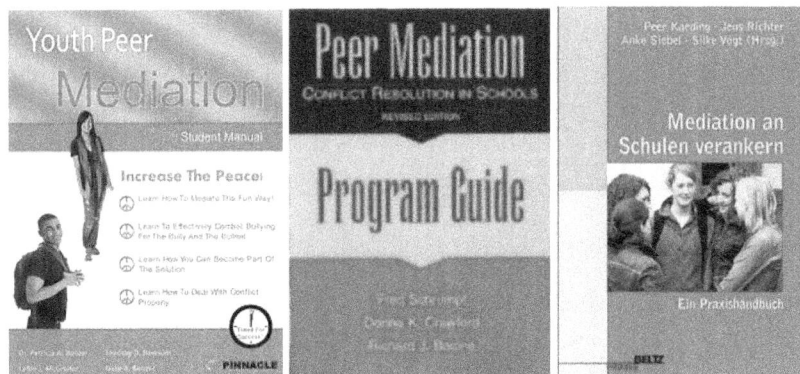

图 1-1　域外调解教材

在这些国家和地区，将纠纷解决技能作为公民的基本社会技能，为了培养公民的纠纷解决技能，从小学就开始学习与锻炼。在小学阶段的朋辈调解中，老师会根据情形适时出现在调解过程中并提供支持，但不会发表看法或干预；到了中学阶段，教师的主导地位完全让渡给发生冲突的学生及学生调解员，教师仅仅充当一名"旁观者"及支持者，只有在学生遇到极端难以解决的问题时，老师才会介入。[9]

有的学者认为调解是"和稀泥"，言下之意，欧美国家从小培养的是"和稀泥"精神。事实上，这些国家国民的法治意识非常强。纠纷的解决除了要考虑法律层面的因素以外，还有远比法律因素广阔得多的社会、文化因素需要去考虑，调解自有其独特的视野与方法。域外从小培养调解能力带给我国医院内医疗纠纷调解怎样的启示呢？

在我国，自从各地医疗调解委员会成立以后，一味强调把纠纷转移到医患办、转移到院外，医院也极力把纠纷往外推，即所谓"将纠纷从'院内'转移至'院外'，把医务人员从医闹、纠纷冲突中解脱出来"[10]。医院本应成为医疗纠纷解决的主阵地和最前端，实际上却恰恰相反，将纠纷极力往外推，推到医患办，推到医调委，尽量自己不出面。殊不知，这样就一次次丧失了自我学习解决纠纷的机会！何时自己才能学会解决纠纷呢？根据现代调解理论，只有当事者才能真正解决问题。

为此，在日本医疗纠纷调解员制度中，日本山形大学的中西淑美教授首次提出了"自我调解"[11]的概念。只有纠纷比较激烈的情况下，才会有第三方介入调解。一般的情况下，如纠纷发生的初期，基本上都是患者与医生一对一的场合。即使处于第三方的医疗纠纷，如果调解员不在现场，只要医生自己拥有医疗纠纷调解员的思维，也可以自行进行调解，这也叫作"自我调解"（图1-2）。也就是说，在平时的诊疗活动中，作为当事者之一的医生，既是当事者，又要有医疗纠纷调解员的眼光。所以，日本的医疗纠纷调解课程是面向全体医务人员，为其提供训练的。

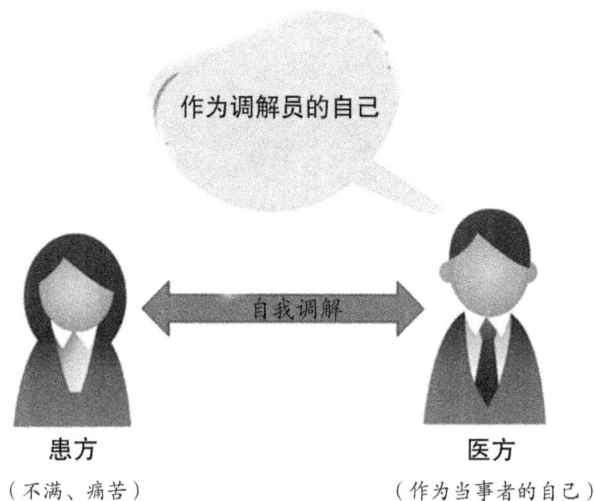

图1-2　自我调解模式

第二节　医疗纠纷促进式调解理论基础

医疗领域的调解实践，既要面对深重的专业壁垒，又要迎击技术至上风潮的侵蚀，这就要求其调解模式构建的理论基础既要提供广阔的理论视野，又要能带来技能的活水源泉。社会建构论认为，事实不是通过观察得到的，而是通过语言"建构"的，是社会互动的产物、协商的结果；而建构的过程是通过语言来完成的，因此，社会建构论给予了语言以充分的注意。这些为本研究揭示话语在纠纷调解中的作用、将话语分析作为纠纷调解的基本研究方法提供了理论依据。叙事医学倡导医务人员掌握一定的叙事技能，这也是对医疗纠纷调解人员的要求。叙事医学提供了如何拨开纠纷的迷雾，让患方使用叙事来讲述亲身经历的疾病和痛苦，让医方讲述救治患者的心路历程，让双方的人文关怀真情涌动，使医患之间的一些误解冰释前嫌的相关技能。哈佛谈判学理论作为指导冲突解决实践的重要理论，不仅在国际、国家等宏观政治层面，而且在医疗纠纷等微观生活层面同样适用（图1-3）。本研究基于上述3个理论来构建医疗纠纷促进式调解模式。

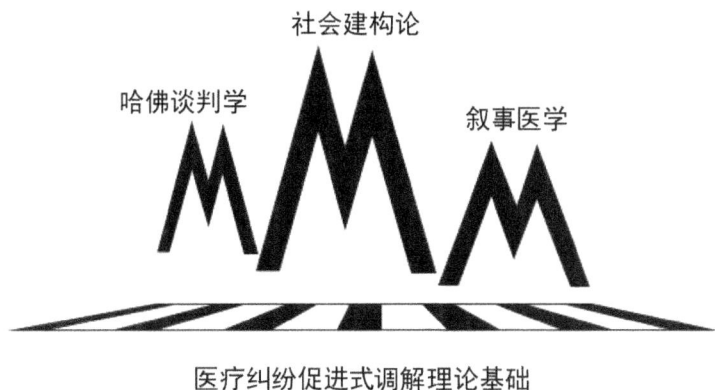

医疗纠纷促进式调解理论基础

图1-3　医疗纠纷促进式调解理论基础示意

一、社会建构论

根据弗吉尼亚大学心理学教授蒂莫西·D·威尔逊（Timothy D.Wilson）的估计，人类的大脑每秒可以从感觉经验中接收到1100万比特的信息，远远大于人类作为观察者的知觉和认知加工的容量。那么，在这1100万比特的信息中，人类的大脑每次可以有意识地处理和关注的信息是多少呢？只有40比特。不是400万，也不是4万，而是40比特。[12]因此，有科学家估计，人类大脑1秒最多能处理126比特的信息，也就是说，大脑最多只能同时处理3件事，其他的思想和感觉都被摒除在外，我们观察世界是有严格的选择性的。

社会建构论最初是作为一种社会学理论于 20 世纪 60 年代中期出现的，并很快席卷了所有的社会科学领域，甚至进入自然科学领域。社会建构论聚焦于意义建构中社会过程的作用，认为"我们建构了世界"。[13] 很多人可能会说："简直太荒谬了！看看我们周围，所有这些东西在你到来之前早就在那里了，世界早就在那里。"这样的回答似乎很合理，其实不然：一位 1 岁的小孩与一位普通的成年人，在大街上所看到的东西有所不同。婴儿车里 1 岁大的孩子，他的目光从这些树木、建筑和汽车上滑过，却没有注意任何东西。他似乎也区分不了男人和女人，更无法知道哪辆车是"宝马"，门边的哪个女人是一个异装癖者。但是，随着这个小孩的慢慢长大，他会以与我们相似的方式参与建构这个世界。进入成年人与 1 岁小孩视网膜的刺激与信息并无二致，但是，这个世界对于两者来说却具有不同的意义。也就是说，这种不同根植于我们的文化背景与社会关系，正是在这些文化背景与社会关系中，世界呈现出它所是的模样。

其实我们平时很多东西是看不见的，肉眼所见的并不是客观真实的世界。人类眼睛充其量只是一部视野狭窄、功能不全的摄像机，从摄像机里看到的与现实表现是完全不同的。退一万步说，即使存在纯粹客观的世界，纯粹客观的世界也是人类的力量所无法企及的。比如，离开了人类的耳朵，客观事物不存在所谓的"声音"；同样，离开了人类的眼睛，客观事物也不会有所谓的"颜色"。

这些都告诉我们，我们的观察是有选择性的。不仅是由于时代的差异，每一个人生活阅历、知识水平及世界观的不同，而且，也由于人类自身认知能力的局限性，对于同一事件的观察与反馈，所看见的"事实"是因人而异的。

正是在这样的科学认识的启发下，在后现代主义的思想体系中诞生了又一个学派，即社会建构论。社会建构论认为，人们所看到的"世界"和"现实"（reality）是用既存的主导性情节进行言语性建构的相对性的东西，否定了"客观真实的存在是唯一的"这一观点。面对"现实"时，人们大多数情况下，只能从主导性情节去认识事物。然而，它会因人们的职业及知识的不同而具有相对性，甚至以相互矛盾的形式存在。

以此理论为基础，在医疗领域提出了"叙事医学"这一理论。既然"现实"是在主导性情节的影响下所构成的言语性内容，那么，通过对话可以在与其他情节交错中获得线索，然后构成新的代替性情节。在医疗纠纷中，医生作为专业人士与患者作为外行人士所认识的"理所当然的现实"也不尽相同，通过医患对话分享信息，可以达到消弭医患之间认知分歧的目的，进而为解决纠纷奠定了基础。

二、叙事医学

2001 年 1 月，美国哥伦比亚大学医学院的临床医学教授丽塔·卡蓉（Rita Charon）在《内科学年报》上发表《叙事医学：形式、功能和伦理》一文，首次提出了"叙事医学"概念。所谓叙事医学，就是用叙事能力来实践的医学，对患者的故事进行认知、吸收、阐释、并为之感动。[14] 叙事医学将技术至上的生物医学提升到有情、有趣、有灵的层面，在还原医学应有温度的同时，最终实现从医患之间的小沟通到公众理解医学的大沟通。[15] 目前，美国 60% 的医学院已将叙事医学作为核心课程纳入了教学计划。

语言建构了现实，语言并不是一个中性的工具，不能如镜子般原封不动地反射出生活的全部，而是有选择性的。在患者的现实中，必然包括困扰自己，需要得到帮助解决的问题，所以，问题也是被语言建构起来的。既然问题由语言建构，自然也可以通过改变语言而使问题消解。比如，叙事疗法当中的将问题外化与解构，将支线故事改写为主线故事。所以，叙事医疗纠纷调解学非常重视语言的作用，通过语言的巧妙运用，消除医患之间的分歧，努力使患者的生活摆脱问题的困扰，重建积极的生活。

原哈佛大学人类学系主任阿瑟·克莱曼教授将疾病（disease）与疾痛（illness）区分开来。他的中文名字叫凯博文，中文掌握得非常好，其实很多中国的人类学家或医学界的朋友对他都不陌生。他的很多著作，如《疾痛的故事》《道德的重量》《苦痛和疾病的社会根源》《全球药物——伦理、市场与实践》被翻译成中文，并在我国出版。凯博文首次把医学跟人类学两者结合起来，开创并建立了医学人类学领域，同时，他也被认为是叙事医学的开创者。凯博文认为疾病（disease）与疾痛（illness）是有区别的。疾病（disease）：是用病理生理学术语解释"疾痛（illness）"的生物医学原因，仅指困苦烦恼中可以被客观描述的一小部分；疾痛（illness）：是个体的患者独特的病痛体验——患者是如何带病生活的，又是如何对付和处理病患的症状及由之引起的身体异常和不适反应的切身感受，患者及其家人乃至更广泛的社会关系是如何接受病的事实的。凯博文认为，悲观、消极的社会，心理因素的打击是慢性疾病恶化的共谋。但是，临床上，医生常常将社会、心理因素排斥在改善病情的力量之外。因此，要求临床医务人员正视并重视疾痛的意义，鼓励医生细致地诱导和启发患者及其家属诉说他们的疾痛故事。

三、哈佛谈判学理论

学界普遍认为，调解就是在第三方协助下的谈判，因此，谈判的相关技能是医疗纠纷调解必备的专业技能。

罗杰·费希尔（Roger Fisher）教授在 1959 年加盟哈佛大学法学院后，一直从事谈判理论的研究和实践经验的总结。他具有丰富的谈判阅历，长期担任美国热门电视栏目《辩护士》的特约嘉宾，同时参与和咨询了许多著名的国际纠纷和冲突问题，包括埃以首脑戴维营和谈（1978 年）、伊朗贝鲁特人质事件（1981 年）、第二次埃斯基普拉斯中美洲国家首脑会谈（1989 年）等，以上谈判事件都取得了圆满的结局，堪称奇迹。

在费希尔教授的倡导下，1979 年，哈佛大学法学院、商学院的一批学者成立了一个关于谈判的研究兴趣小组，他们定期地聚会讨论谈判与冲突问题，这就是著名的哈佛谈判项目的雏形。该项目凝聚了一批优秀的研究巨匠，如霍华德·雷法、戴维·拉科斯、詹姆斯·赛本斯、杰弗·鲁宾、比尔·尤瑞等，宛若日月争辉，成为全球谈判研究的圣地。

哈佛谈判学理论中关于只有当事者才能真正解决问题、人与问题分开、关注双方实质性利益而不是表面立场、分配价值前先创造价值等理念都为医疗纠纷调解开拓了广阔的思路。

第三节　医疗纠纷调解中引入促进式调解模式

在我国医疗纠纷的调解过程中，人们较多地使用了评价式调解而忽视了促进式调解。而国外相关研究及其实践经验显示，促进式调解有着十分重要的社会意义，有必要对其进行深入研究。

一、"评价式调解"与"促进式调解"概念解析

根据主持调解的主体，医疗纠纷调解可以分为行政调解、人民调解、民间调解、仲裁调解和法院调解。从调解所分布的领域来看，医疗纠纷调解又可以分为诉讼调解和诉讼外调解。诉讼调解指的是由法院主持的，以及在法院授权下进行的调解，其他均属于诉讼外调解。两者的主要区别在于：诉讼调解具有较强的规范性约束力，而诉讼外调解则比较灵活，规范性约束力不强。

根据调解风格，卡提娜·福斯特（Katina Foster）将调解分为评价式、促进式、转化式、叙事式等模式。[16]

学者王玮则把调解模式分为评价式、促进式、转化式、修复正义式和融合式等不同类型。[17]范愉教授按照中立第三方调解人在纠纷解决中的作用，将调解模式划分为：评价式调解与促进式调解。[18]前者也称为评估式调解，是指居于中立地位的第三方调解人，根据其经验、专业判断为当事人提供意见和建议，使其尽快明确自己的法律权益及处境的优劣，抛弃不切实际的要求，做出妥协和让步，从而迅速解决纠纷。后者，作为中立地位的第三方调解人主要是发挥中介作用，以促进合意为基本目标，一般不向当事者提供意见、判断和建议。

根据已有研究成果，本研究做出如下界定：评价式调解，是指医疗纠纷调解员提供与争议有关的法律规定、事实依据，以及提供相关意见，试图借此说服医患双方解决纠纷；而促进式调解，是指医疗纠纷调解员为了消除医患之间的认知分歧、促进自主对话，为医患双方构筑一个平等沟通和感情宣泄的平台，并在调解员的帮助下，双方找出共同的利益所在，实现修复医患之间良好关系的目标。

二、评价式调解在医疗纠纷调解中的成绩与困境

通过对香港的促进式调解考察，有着丰富实务经验的王玮认为，内地法院调解和人民调解都应当归属为评价式调解，它在医疗纠纷化解工作中发挥了积极的作用。[19]

原卫生部、司法部、中国保监会3部门于2010年1月联合下发《关于加强医疗纠纷人民调解工作的意见》文件，正式联合推动新型医疗纠纷处理机制。司法部的数据显示，从该制度推行至2018年9月，全国已建立医疗纠纷人民调解委员会（医调委）3565个、人民调解工作室2885个，覆盖全国80%以上的县级行政区域，其中调解员2万余人、专职调解员5137人。2010年以来，全国共调解医疗纠纷54.8万件，每年超过60%的医疗纠纷采用人民调解方式，调解成功率在85%以上，[20]有力地维护了医患双方的合法权利。

在实践中，作为评价式的医疗纠纷人民调解存在以下优势：一是将医疗纠纷及时引导院外处理，避免患者与医院的直接冲突；二是第三方行业性、专业性调解组织通过由医学专家、律师专家等对医疗行为的评鉴，依法进行理赔，为医疗纠纷的解决提供重要依据；三是具有快速、中立等优势，如"南平解法"最长不超过一个月，最快3天结案。[21]

但是，应该看到，目前国内的医疗纠纷仍在激增、暴力伤医事件频发。2020年，伴随着新型冠状病毒感染疫情的到来，全国医疗机构及其医务人员奋勇逆行，成为抗击疫情的主力军，获得了前所未有的关注，但这一年里，人民法院审理的医疗损害责任纠纷案件却并没有减少。据统计，2020年，我国医疗损害纠纷案件数量较2019年增加近3%，达到1.87万件。而两年前，这一数字为1.22万件。两年来，我国医疗损害责任纠纷数量持续上升，打破了此前官方宣称的"医疗纠纷数量和涉医违法犯罪案件数量已实现连续5年双下降"局面。[22]可以预见的是，随着经济发展和国民权利意识的不断增强，医疗纠纷发生率必将大幅增长，这些都将对我国医疗纠纷解决能力带来极大的考验。

面对艰巨的医疗纠纷调解任务，使用单一的评价式调解方式已经难以满足社会的需要。范愉教授的研究成果表明："社会公众及主管机构对于正式的准司法化调解过于倚重，过多地强调依法调解和法庭化调解，而对合意促进型及基层社区自治性民间调解有所忽视。"[23]相对于范愉教授的"准司法化调解"，日本学者棚濑孝雄先生将我国人民调解制度侧重于司法的这一特性，定义为"准审判过程"，认为缺乏对情感诉求的应对。[24]目前，作为评价式医疗纠纷人民调解遭遇以下困境：

一是采用评价式调解解决争议，难以慰藉感情上的伤害。医调委调解，普遍采用人民调解与医责险相结合的模式，通过调解评估医疗行为是否存在过失，进而认定医方是否承担责任而解决纠纷，保险公司认同医调委的调解而支付赔偿。这种调解方法，所涉及的仅仅是对错和责任大小及金钱的赔偿等3个方面。但是，在医疗纠纷中，患者追求的不单是金钱的赔偿，还有感情上的诉求。这种"非黑即白"的对抗模式，难以慰藉感情上的伤害，难以实现医患双方对感情、人际关系修复的需要。

二是评价式调解模式阻碍了医患对话和情感的传达。医患纠纷调解的主体应是医患双

方，但是，无论宁波解法、南平解法，还是山西模式，主要采用评价式调解模式：调解机构受理医疗纠纷调解后，医方把几乎所有的解释沟通工作都交给了调解员。按照现代调解理论，只有当事者才能真正解决问题，调解员只能帮助当事者解决问题，而不能代替当事者解决问题。这种调解方法，尽管能够达到息诉罢访的目的，未必能消除患方对医方的不满及愤慨。

三是评价式调解模式忽视了对医方的心理关怀。在医疗纠纷个案处理过程中，往往认为患者才是弱者，才是受害者，需要同情与关怀，需要感情慰藉，导致存在向患者倾斜保护的思维定势。事实上，没有任何一位医务人员希望医疗纠纷发生，处于医疗纠纷折磨中的医生同样也是弱者和受害者，往往会陷入深深的自责和茫然中难以自拔，因此，也需要提供心理关怀。如果当事医生知道自己的医疗行为存在过失，他会深深自责；如果医疗事故发生后，没有去查明事故发生的原因，当事医生在下一次面临同样的场景时，会茫然不知所措，担心出现同样的过失，这是对医生的极大伤害。所以，医疗纠纷发生后，不仅患者是受害者，医方也是受害者，也需要提供心理的关怀。

四是评价式调解未能很好地贯彻当事者意思自治原则。美国宾夕法尼亚大学临床伦理调解课程创立者爱德华·伯格曼在 2014 年太原国际医疗纠纷调解研讨会与培训班大会发言中提到"患者的自主决策权比被强加的决策能赢得更多的顺从"[25]。在医疗纠纷人民调解工作中，虽然也要求尽力做到"事实清楚""分清是非"，但是，在该问题上，评价式调解与促进式调解的要求是不一样的。与评价式调解相比，促进式调解是以当事者之间的合意为基础的，更能彻底地体现当事者的意思自治原则。也就是说，只要当事者的合意内容不违反相关的法律规定，也不会对第三者的合法权益造成损害，当事人就可以自愿地选择调解方式结案，在此基础上，自由地处分自己的合法权益。退一步说，在具体事实的认定和是非的明辨比较困难的情况下，不必强调一定要实现"事实清楚""分清是非"，只要当事者经过分析利害、权衡得失之后能够达成合意即可，不然反而不利于纠纷的解决。

三、促进式调解在国内外的发展现状

近年来，在我国台湾地区和香港特区，以及澳大利亚、美国、日本等地，促进式调解逐渐得到重视。2008 年，台湾地区仲裁协会通过了《仲裁协会争议调解中心调解规则》，该规则共计 32 条，同时采用促进式和评价式调解模式：调解人应就当事者双方的利益考虑，力促当事者达成和解；如调解成立，在符合一定条件下，可与法院确定的判决有同一效力；倘若调解不成立，经双方书面同意亦可另行进入仲裁程序。在此制度的指引下，促进式调解在化解台湾医疗纠纷方面取得了一定的进展。

不过，台湾地区仲裁协会争议调解中心副执行长兼调解员李纪宏认为，在台湾，不管是民事纷争方面的法院调解、依据乡镇市调解条例进行的调解，还是各种劳动争议及消费者权益保障争议，在现行的法律法规下，基本上都属于评价式调解。[26]

在我国香港特区，《香港国际仲裁中心调解规则》第一条规定："按本规则所进行的调解，是一项保密、自愿、非约束性和私下的解决争议的过程，透过一位中立人士（调解员）协助当事人协商达致解决方案"。也就是说，香港规定调解员在调解过程中，必须始终保持中立，只做程序的主持者，不需要在双方当事人之间分清是非责任，也不能提供任何一方以法律判断，更不能对双方的纠纷给予解决方案或建议，只需要引导双方当事人放弃各自所坚持的立场，寻求共同的利益点，以寻求双方利益的最大化。[27]

在美国，诉讼外医疗纠纷解决机制包括无过错救济、早期中立评价、监察员制度、事实调查、仲裁和调解制度等，而其中的医疗纠纷调解模式又分为芝加哥模式、约翰霍普金斯医院模式、宾夕法尼亚医疗纠纷处理模式及密执安大学危机管理模式。宾夕法尼亚医疗纠纷处理模式特别强调事后的关怀，而密执安大学危机管理模式则重在促进双方自主对话和修复良好的医患关系。后者与日本的医疗纠纷调解员制度有着诸多相似的地方，树立了促进式调解应用的良好范例。

在日本法学界，学者棚濑孝雄很早就提出了促进式调解理念。他强调：调解是指具有中立性的第三方，通过当事者之间交换或者提供正确的信息，从而帮助当事者达成合意的场面……像这种第三方始终不过是当事者之间自由形成合意的促进者，从而与能够以自己的判断来强制当事者的决定者区分开来。因而，调解中中立性的第三者是调解的促进者而非决定者。[28] 今天，以早稻田大学教授和田仁孝为首建立的，体现促进式调解理念的日本医疗纠纷调解制度，显示出了强大的生命力。

与上述各地相比较，我国在推进促进式调解方面则显得进展迟缓。究其原因，主要有两点：

一是法制建设滞后。《医疗纠纷预防和处理条例》第四条规定："处理医疗纠纷，应当遵循公平、公正、及时的原则，实事求是，依法处理。"目前，我国国民的权利意识正在增强，依法治理的观念正处上升阶段，凡事都讲究依法处理，这是可以理解的。但是，美国法社会学家布莱克曾指出，有困难找警察、有纠纷上法院的做法容易使民众患上"吉诺维斯综合征"，使社会失去自救能力和自治能力。[29]

二是公民社会不够成熟、社会自治能力低。当前，我国仍处于社会转型期，传统社会结构解体、社区共同体观念缺失、社会自我整合不力、社会自治程度不高，成熟的公民社会远未建立，因此，目前我国的社会资本不高，社会力量解决民事纠纷的能力也不高。但是，评价式调解这种"非黑即白"的纠纷解决对抗结构只能息事宁人，被破坏的社会关系并没有得到修复。调解的本质是中立第三方引导当事人双方自主解决纠纷，从而达成共识并形成调解协议。因此，随着公民社会的成熟及社会资本的充裕，培育社会自主解决纠纷的能力必然是社会发展的大趋势。

当然，我们也应该注意到促进式调解有一定的适用范围，有些情形不宜进入到促进式调解程序中：

①是否存在当事者因为患有精神障碍或者认知缺陷，或者迫于对方当事者的压力而导

致即使达成了调解协议，也仍然无法有效执行的情形。

②当事者是否存在利用进入调解程序而达到其他目的，比如拖延诉讼，希望利用对方在调解中揭示的证据来胁迫对方等情形。

③当事者是否存在某些无法做出任何改变的理由。

④双方当事者的主要目的是否是为了明确法律上对该纠纷的适用。

⑤某些不宜采用私法和解的情形，比如涉嫌犯罪，涉及行政性因素的案件等。

调解员在调解前或者调解中发现有上述不宜调解的情形时，应该有所舍弃，迅速终结调解程序。

四、在医疗纠纷调解中引入促进式调解的路径选择

促进式调解是以当事者双方的最大利益为目的，因其自主参与程度高，彼此对抗性及攻击性最小；参与者通常会克服冲突情绪，学会宽宥对方，并提升当事双方的自身责任感，以及对话、合作和塑造合意的能力。促进式调解的上述优点，可以克服准司法化的评价式调解模式常常以法律的论点，一味地诉求自己主张的正当性，力图彻底否定对方的可靠性和正当性，进而扩大双方之间的不信任和情感对立的非人性化的一面。

而且，评价式调解模式片面强调抽象规则与权利，忽视了人与人之间的理解与关怀，在处理案件时，只抽象地考虑与法律相关的事实，而不顾案件的具体情境、当事人的具体状况和当事者所认为的重要情节，片面强调公平地适用法律，而忽视了案件对人们之间关系的破坏。其实，医患双方在要求查明事实真相、希望得到对方真诚对待、建立防止类似事故再发生机制等方面都存在着相同的需求。促进式调解能够以医患双方深层次的共同需求为前提，通过对话促进信息的共享和认知的改变，不仅解决纠纷问题，而且增进医患理解，慰藉被伤害的感情。

医疗纠纷的解决不能只是"息诉罢访"，也不意味着医患双方沟通的终结。医疗纠纷发生后，下一次患者能否坦然面对该医生？在对患者进行心理关怀的同时，还要注重加强对纠纷中医生的心理关怀，这是促进式医疗纠纷调解工作的更高目标。所以，促进式医疗纠纷调解重在良好医患关系的修复。

鉴于此，建议在医疗纠纷调解中引入促进式调解模式，把它看作是医疗纠纷调解的第一阶段。而评价式调解，可以看作是医疗纠纷调解的第二阶段。当促进式调解达不成合意时，在医患双方自愿的基础上，进入目前所采用的评价式调解模式。

笔者认为，在医疗纠纷调解中逐步形成适用于我国的促进式调解制度，根据实际需要边实践边改进，不失为一条合理路径，也符合原国家卫计委提出的"积极构建以人民调解为主体、院内调解、人民调解、司法调解、医疗风险分担机制有机结合、相互衔接的制度框架，建立和完善具有中国特色的'三调解一保险'医疗纠纷预防和处置体系"的政策性要求。[30]

另外，建立促进式医疗纠纷调解也符合我国调解制度现代化转型的需要。长期以来，我国各项事业的发展均以强大的政治动员为基础，本应定性为民间调解的人民调解，也理所当然地被纳入到了国家权力体系之中，各地形成了行政、司法、卫生、公安、保监、财政、医调委等部门通力协作，"横向到边、纵向到底的网络"的医疗纠纷调解机制。[31] 以发展的眼光来看，国家政治控制的范围将逐渐收缩，国家垄断纠纷解决将逐步显示出其弊端。

如何让促进式医疗纠纷调解在我国调解制度的现代转型中显示出其强大的自发性权威？促进式调解队伍的职业化是关键。以下实施要点值得关注：

1. 建立严格的调解员职业伦理规范

（1）做自主对话的促进者。医疗纠纷调解员不是传达双方当事者的意见，代替双方当事者进行对话，而是努力提供双方当事者对话的场所，促成他们之间面对面的自主对话。

（2）不发表自身的判断、见解和评价。医疗纠纷调解员站在中立立场，倾听来自医患双方的诉求，理解和感受双方的处境，不压制双方的对话。

（3）医疗纠纷调解员的工作目标不只是医疗纠纷的解决，而是重在良好医患关系的修复。医疗纠纷即使解决了，医患双方仍然有很多地方希望得到对方真心诚意的说明。医疗纠纷调解员的使命，正是将这未完的对话努力向前推进。[32]

（4）医疗纠纷调解员要富有同理心。用心倾听来自双方的倾诉，切身感受双方的处境，设身处地理解双方的苦衷，敏锐捕捉问题背后纠纷产生的真正原因。

上述职业伦理规范可以概括为"三不""三要"原则："不表示个人的价值或是非观、不介入评断当事人的是非、不表露对案件的情绪；要引导双方了解各自的利益点、要引导双方一起来寻找共同的利益所在、要用中立的态度控制场面。优点是：当事人自主参与程度高，易于修补彼此的关系；以当事人双方的最大利益为着眼点，容易达到医患双赢的目的"。[33]

2. 开发系统合理的促进式调解员培训教育体系

医疗纠纷调解培训教育制度在社会建构论的基础上，以叙事医学为核心，结合谈判学理论而创建。在我国法治现代化的宏大叙事中，作为评价式的人民调解在实现复兴的同时，出现了与司法权威相融合的趋势：只针对案件本身依法形成解决纠纷方案，一般不考虑对纠纷不产生直接影响的隐藏在纠纷背后的深层原因。促进式调解考虑的因素很广泛，不仅要接纳双方的感情诉求，要注重挖掘当事者背后心理、社会、环境的影响因素，更要寻找当事者深层的共同利益点，努力促成合意。所以，在我国课程开发过程中，要加大叙事医学引入课程的力度，充实课程的人文关怀理念。

同时，要注意与传统人民调解技能相区别。现阶段评价式人民调解重在寻找纠纷解决方案，讲究"法、理、情"交融，调解员要进行感情渲染、划分责任、平衡双方利益。而促进式医疗纠纷调解则要求不预设立场，放空、放下自己的想法，不表明好恶，充满好奇、专注倾听、温柔地陪伴。当技能贫乏时，传统人民调解的技能便会乘虚而入。所以，针对评价式人民调解的"东方经验"，开发出技能比较课程，加强促进式调解技能的专业化、规范化训练更为重要。

3.开展包括促进式调解员资格认证在内的行业自治管理

为了进行医疗纠纷调解员的资格认证，以及对培训机构举办相关课程时进行课程质量的认定，应该成立行业自治组织——医疗纠纷调解员协会来承担这项职能。

资格认证是促进式调解得以职业化的必要前提。建立调解员的资格认证制度，规定从业人员必须具备的知识结构、专业技能和工作经验等，能够提高从业人员的进入门槛，防止参差混杂现象。对于在职人员推行资格认证制度，能够改变对工作绩效评价模糊的状态，使有贡献、有责任心的员工快速成长起来。

资格认证意味着要有一个组织具体负责创设调解员资格标准，为符合标准的人颁发执照，并负责对调解员资格、培训和评估进行审查。我国有必要针对促进式调解的特点，单独设立行业自治组织——促进式调解员协会，推行申请人资格证书和考试制度。公民个人申请后，进行必要的培训，并经过促进式调解员协会认证后，方可列入促进式调解员名册，供当事者选择自己信任的调解员时使用。

第四节　医疗纠纷促进式调解理念

目前，当医疗纠纷发生后，医院通常将纠纷转移至医患办或医调委，当事医务人员尽量不和患方见面，这一做法断送了当事医务人员自我学习的机会。在美、德、英等国，调解是中学阶段的一门课程。所以，调解是人人必学的技能。

要让每一个医务人员都有调解员的心态，自我成长。在患者与医生一对一对话的场合，作为当事者之一的医生，既是当事者，又要有医疗纠纷调解员的眼光，这样才能让每一个医生都学会自己调处纠纷，更有效地预防医疗纠纷的发生。

一、院内应以促进式调解模式为主

医院是医疗纠纷发生地，本应成为医疗纠纷解决的最前端。可是，各地医调委成立后，一味强调把纠纷转移到院外，医院也极力把纠纷往外推。在纠纷解决过程中，当事医务人员尽量不和患方见面，这样，既显示医院缺乏诚意，恶化了医患矛盾，也导致医疗纠纷的解决错过了最佳时机。而且，这种纠纷解决方式只能停留在"息诉罢访"阶段，隐患仍在，因为根据现代纠纷解决理论，只有当事者才能从根本上解决问题。

一方面，医院内解决是目前医院处理医疗纠纷最常用方式。根据高建伟、曹文妹等对上海市及李欣对昆山市的调查，88%以上医疗纠纷都是通过院内解决的；另一方面，中国医院协会医疗法制专业委员会常务副主任郑雪倩的研究表明，医疗诉讼中90%以上都是因为医院告知不足或医患沟通不足而导致的。这正好说明，沟通不到位的医疗纠纷完全可以在医院内解决。既然是沟通不到位造成的，那么，这些纠纷并不涉及法律层面，故而，在医院内，应该改变目前以评价式调解为主的方式，代之以促进式调解为主导的调解模式。

如前所述，目前医疗纠纷解决大多只是停留在"息诉罢访"阶段，并没有修复良好的医患关系。作为纠纷解决主要阵地的医院内解决，却很少有学者关注。主要原因在于，学者普遍认为，作为医院的职员没有办法做到中立，谈不上开展有效调解活动。因此，我国医院内医疗纠纷解决技能主要以经验性传承为主，"人走政亡"，未形成一套有系统理论支撑、规范化的程序。

本课题旨在通过对医院内促进式调解技能的开发，在角色扮演、实操演练的基础上，将这些技能形成身体性记忆，形成可推广、可复制的规范化院内医疗纠纷调解程序，为推进和谐医患关系建设，提升医院社会形象贡献绵薄之力。

二、院内调解员要坚持中立立场

普遍认为，医院内调解员如果是医院的职员，就不能做到中立。的确，一般认为，医院医疗纠纷调解员作为医院的员工肯定代表医院立场，难以获得患方的信任。但是，根据日本的经验，作为医院的职员，一旦与患方建立了信赖关系，则是更为"坚实的、不易被破坏的"。这是因为，调解员的中立分为两种，即结构性中立和利益性中立。所谓结构性中立，是指调解员的背景与当事者及调解结果没有利害关系；所谓利益性中立，是指调解员超脱于相互对立的利益和意见之外，在调解程序中，对当事者是"公平的和客观的，反映在这样的一些事项上：时间的分配、对交流程序的促进、避免通过言词或行为表现出个人喜好或偏见或敌对的行为"。[34]

学者尹力认为，利益性中立应该是调解最核心的要求，必须一直为调解所遵循；而结构性中立是一个相对的要求，它有时被舍弃也不会损坏调解程序的信誉。医院内调解员虽然不能做到组织结构上的独立，但是，通过调解员不预设立场，不表明好恶，不向当事者提供意见、判断和建议等调解程序的控制，即使是医院内职员也可以保持利益性中立，实现看得见的公平。在日本，律师法规定只有律师才有资格担任纠纷调解的第三方，因此，医院内调解员都是医院的内部职员。虽然也是医院内的工作人员担任调解员，但是日本医疗纠纷调解员协会明确规定：调解员是站在"不承担医的责任"立场上。为此，该协会规定的医院内调解员的规则为"不发表任何判断、评价或提出任何意见、方案"，因为，不管调解员说什么，只要是意见、建议和判断，都有可能被一方认为在偏袒另一方。[35] 因此，日本医院内调解员通过程序控制实现了利益性中立。

其次，撇开法律层面，组织结构上的独立不是调解中立的必要条件，而是否提供意见和建议才是判断的关键。在美国、英国、日本和法国的医院中都存在着医疗纠纷调解。比如，在英国的 NHS 中，有医院内调解（in-house mediation）培训项目；[36] 在日本，将 in-house mediation model for medical disputes 直接简述为 medical mediation；[37] 在法国，医院内的调解员分为医疗调解员（médiateur médical）和非医疗调解员（médiateur non médical）；[38] 澳大利亚弗林德斯大学法学院名誉教授麦克（Kathy Mack）甚至认为，严格意义上来说，评价式调解不能称作是调解；[39] 澳大利亚国家替代性纠纷解决机制咨询委员会（The National Alternative Dispute Resolution Advisory Council，NADRAC）2012 年颁布的《纠纷解决指南》甚至规定调解员不能做决定，不能说出支持和反对哪一方，也不提供意见和建议。在一些比较严格执行促进式调解的国家，调解员如提供调解建议的话，可能会被取消调解员资质。

三、跳出法律思维，坚持调解思维

由于基层调解员大多担任过或者兼任着公职，常年受到行政执法思维的影响，将法律的刚性因素过多地运用在调解中。在上述诸多因素的作用下，不论是实体上还是在程序上，我国医疗纠纷调解都存在法制化倾向。不可忽视的是，法律思维的固有特性将对调解产生不良影响：

一是法律思维比较僵化。从法律的角度思考问题，其程式往往是固定不变的，对争议的界定也是僵化的。如果按照法律思维来进行调解，就会将纠纷限定在权利、义务、责任等框架之内，纠纷解决的方式也会限定在法律规定的救济方式之内。调解的法制化，必将压制当事者自治权的发挥，使得当事者不敢畅言法律以外的要求，即使是合理的，如寻求感情慰藉、良好关系的修复等。

二是法律思维具有对抗性。在法律思维中，当事者总会想方设法去主张自己的正当性，而极力否认对方。这必然造成双方剑拔弩张的局面，并进一步激化矛盾，使双方当事者之间仅存的一点善意消失殆尽。从我国近年来逐步盛行的当事人主义诉讼模式的核心理念也清楚表明了这一点，其核心理念是通过形成双方当事人之间的利益对抗和竞技，并利用这一对抗体去充分挖掘过去案件的真实。

三是法律思维运用的是切片式思维。在运用法律思维解决纠纷时，是一种切片式思维，将纠纷切成若干个事实碎片，以"法条主义"为指南，运用三段论规则对过往的纠纷予以"非黑即白"的论断。一个争议的法律关系构成一个诉，多个争议的法律关系则构成多个诉，一个独立的诉就能构成一个独立案件。如果固守法律思维，就会无法重塑问题，因而不利于问题的解决。

四是法律思维是底线思维。目前，在我国进行的关于医疗纠纷防范与处置的培训中，大多数是从法律层面入手的。也就是说，这些培训贯穿的心态是：只要我不违法，患者就没有办法找我的麻烦，遇到纠纷打官司也不怕。这样对待医疗纠纷是一种典型的"息诉罢访"的心态。法律规范仅仅是底线，道德的约束更重要，因为在底线上行走，随时有掉下去的可能。作为一个人，不能只在守法的底线上活着。人之所以为人，是因为人是要有点精神、有点追求的。其实，很多医疗纠纷并不涉及法律内容。学术界的定论是，80% 以上的医疗纠纷是在医院内解决的。而这一部分的医疗纠纷基本上不涉及法律内容，主要是沟通出了问题。由此可知，囿于法律层面对医疗纠纷的调处，将是多么的徒劳与低效！

有学者指出："如果调解的最终目的仅仅是追求一种纠纷解决审判式的结果，调解将无从满足当事人的多样化需求，其诸多价值也就无从实现。放弃对多元价值的追求，也就意味着调解的制度优势荡然无存。"[40] 因此，针对上述调解中的法律思维，提出了以下有助于调解转型的重要理念：

一是要从切片式思维到整体思维。现代调解在当事者意思自治原则的指引下，应该采用整体思维，将纠纷解决置于社会、法律、道德、习惯、心理、经济等多维视野之中，将若干个相关联争议的法律关系合并起来加以思考，克服法律思维单一、僵化的界定方式，重新塑造问题，致力于创造性地解决纠纷，以实现真正的案结事了。

二是需要从谴责过去到面向未来。法律思维是通过证据去发现过去的案件事实，然后，根据过去的案件事实做出法律权利义务的判断，实际上是一个历史事实回溯的过程，具有明显的向后看思维。现代调解则要求面向未来，创造性地解决问题。现代化的调解制度，不仅应就过去发生的纠纷事实做出处理，还要帮助当事者面向未来，修复受损的社会关系。

三是要从"分蛋糕"到"做大蛋糕"。在很多情况下，纠纷解决之所以僵持不下、没有进展，是因为双方当事者将目标限定在一种竞争性的思维中。就好像自己与对方是在争夺同一块大小固定的蛋糕，一方得益必然意味着另一方损失的这种思维，在博弈论里叫作"零和思维"。事实上，在很多情况下，蛋糕并不是固定的，通过双方的沟通与合作，蛋糕是可以做大的，从而实现双赢。

四、坚持同理心，而不是同情心

很多人对"同情心（sympathy）"与"同理心（empathy）"认识不足，甚至难以分辨，医务人员也不例外。

"同理心"一词，源自希腊文 empatheia（神入），原来是美学理论家用以形容理解他人主观经验的能力。1909 年，美国心理学家铁钦纳（Titchener）首次使用，他认为，同理心源自身体上模仿（motormimicry）他人的痛苦，从而引发相同的痛苦感受。罗杰斯把同理心作为其心理治疗新体系的基本原则与核心概念。美国护理辞典将同理心定义得更具体：能有洞察力地察觉个案的感觉和情绪，以及情绪背后的意义，并将所感受到的与个案分享。[41]

同理心（empathy）是指在人际交往过程中，能够体会他人的情绪和想法、理解他人的立场和感受，并站在他人的角度思考和处理问题。同理心作为一个心理学的外来语，有时也译作"共情"，或"换位思考""神入""共感"等。

在早期的文献中，有学者把"empathy"译成"同情心"。但是，同理心（empathy）

与同情心（sympathy）是有区别的。同情心只涉及对对方感情上的安慰和物质上的帮助，有别于同理心要进入对方的精神世界。所以，同理心比同情心更具主动性，是一种自动的心理力量，注重对现实情境的把握与回应能力。[42]

伊根（Egan）把"同理心"分为低级和高级两个层次：低级同理心，是指咨询师回应来访者的诉求，是来访者明白表露的感觉想法；高级同理心，则是表达了来访者在叙述中隐藏的，甚至自己都不清楚的感觉和想法。因此，高级同理心技术可帮助来访者更好地了解自己不自知或想逃避的部分。

在医学领域中，同理心与同情心的关系同样密切。同情心在医患关系中的建构意义早于同理心。医学的人道主义本质决定着医学自诞生之日起，就伴随着医生对患者的同情心，即对患者的不愉快感到悲痛和怜悯，这是一种最原始的情愫。后来，同理心很快扩展到整个临床医学，以一种人文视角来探索如何促进医患沟通与增强医学教育。对于医务人员而言，同理心就是怀着悲悯之心来体谅患者的处境，关怀患者的身心痛苦。

同理心（empathy）技能被逐步推广到教育界和医疗界，成为被世界主要各国认可的学生和医务人员人际沟通训练的基本内容之一。[43]1999 年，美国国际医学教育专门委员会制定了"全球医学教育最低基本要求"，提出"职业价值、态度、行为和伦理""医学科学基础知识""沟通技能""临床技能""健康和卫生系统知识""信息管理""批判性思维和研究"等 7 个领域，60 条具体要求是世界各地医学院校要培养的医生的必备素质教材。其中，"沟通技能""信息管理"和"批判性思维"三大领域属于核心领域，而同理心是"沟通技能"的重要方面。[44]可见，对于医疗纠纷场景中的医务人员来说，掌握一定的同理心技能无疑非常必要。

五、不应片面强调"查明事实、分清是非"

在医疗纠纷调解现场，经常听到调解员或者医患办工作人员对当事者反复强调：要查明事实，分清是非。在某直辖市医疗纠纷人民调解委员会的主页上，关于医疗纠纷调解工作流程有如下表述："在查明纠纷事实的基础上，帮助、引导医患双方当事人明确责任、分清是非"。似乎"查明事实、分清是非"成了正确进行医疗纠纷调解工作的铁律。

当然，在某些情况下，不能否定查明事实的重要性。对于医疗过错，查明事实真相有利于发现问题的根源，改善诊疗体制。在查明事实的基础上明确责任也是依法理赔的重要依据。

还有，在当事者要求查明事实真相的情况下，医调委和医疗机构都有义务查清事实。这一点常常不被医调委或医疗机构理解，认为在没有医疗过错的情况下，患方提出的告知事实真相的要求不合常理，因而常常被漠视。需要注意的是，医疗行为通常在密室中进行，无第三者见证。在发生医疗不良事件时，想知道亲人临终时的情形是人之常情。只有真正了解了这一过程，才能了解逝去亲人的真实感受，并力图借此分享来减轻亲人临终前的"痛苦"。

即使这样，"查明事实、分清是非"也不应该成为医疗纠纷调解的铁律，因为该原则模糊了调解和判决的界限。

调解和判决两者手段不同、程序不同、当事者行使处分权的范围不同，其前提条件也应有所区别。法庭通过推论、抗辩、举证、质证等方式查明事实，开庭审理的主要目的是查清事实、分清是非，而未经开庭的很多案件往往是非不明、事实不清。而调解讲究"以和为贵"，强调在调解员安抚当事者，使得当事者的情绪有所缓和后，通过对话解决问题。如果调解也需要查清事实、分清是非，无疑开庭审理是最好的方式，那么，调解与法庭审判难道不是职能的重叠设置吗？审判的直接表现形式是"对簿公堂""势不两立""剑拔弩张"，"事实清楚、分清是非"是判决应该遵循的原则，而调解本身就包括对那些界限不清的事实和责任含糊不究、互谅互让，达到既解决纠纷又不伤和气的目的。

广东省第二人民医院的医疗纠纷调解工作，在医患关系管理科刘玉莹科长为首的团体大力开拓下，现代调解的理念和方法方面都已经走在了全国的前列。下面的案例，是刘科长亲自处理的真实案例。

> 一位年迈的患者对某门诊医生态度不满而前来投诉，并要求当事医生道歉。由于难以核实，此纠纷较难处理。在患者倾诉时，刘科长了解到患者年纪大，不会通过手机进行预约挂号，需要较早来到医院进行现场挂号，甚至有时挂不到号，这给患者带来了很大的不便。在处理该投诉时，刘科长考虑到患者的这一不便，主动提出愿意为患者今后挂号提供便利。刘科长分析说，这类深层次的真实需求，投诉者通常是不便明确提出的，需要通过仔细观察和分析投诉者的言行举止，主动去探寻。最后，刘科长在理解投诉者的这一内心迫切需求并进行帮助后，顺利地化解了纠纷。

这个案例的处理与传统的医疗纠纷投诉处理有几个显著的不同：首先，没有局限于就事论事，如果固守于单一投诉目的"医生态度不好，需要道歉"的话，必然视野狭窄，无法顺利解决问题；再次，不是仅仅着眼于纠纷的解决，而是更注重未来良好医患关系的维护；最关键的是，从一开始介入处理，调解员就没有纠缠于一定要"事实清楚、分清是非"，就像刘科长自己说的一样，有些纠纷的确是"难以核实"的。调解制度的精髓在于当事者自愿处分自己的权利，只要双方不违反法律的禁止性规定，不损害第三方的合法权益和社会公益，调解协议就不能因为案件事实不清而不能生效。

第五节　医疗纠纷促进式调解程序

根据笔者的调研，不少三甲医院连专用的调解室都没有，需要的时候启用小型会议室；

特别是一些处于闹市区的医院，由于办公条件的限制，甚至连想要在独立的房间展开调解也很难办到，一般只能在医患办公室一角的沙发上进行，更遑论医院里有着成熟的、较为合理的调解程序了。

调解是建立在当事者双方自愿的基础上寻求合意的过程。调解员和调解方式的选择都需要征得当事者双方的同意，调解员既不是调解结果，甚至也不是调解程序的决定者。因此，并不存在严格、统一的调解程序。但是，比较正规的调解大致包括以下 3 个阶段和 8 个流程，参见图 1-4。

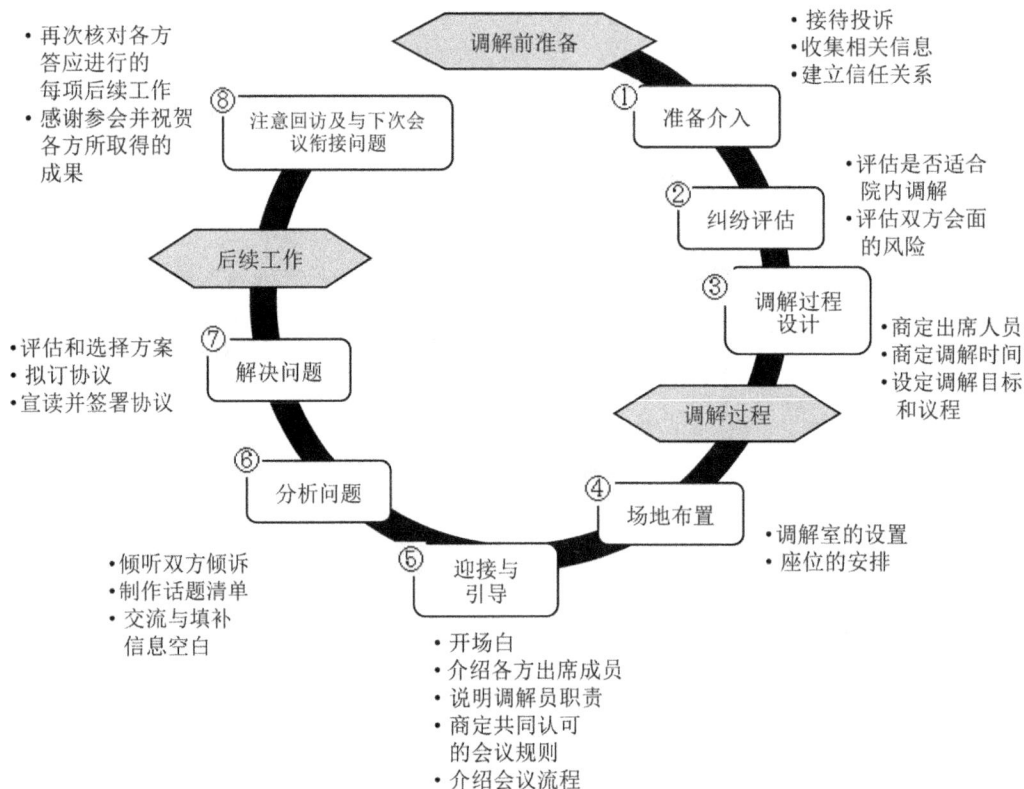

调解前准备
- 接待投诉
- 收集相关信息
- 建立信任关系

① 准备介入

② 纠纷评估
- 评估是否适合院内调解
- 评估双方会面的风险

③ 调解过程设计
- 商定出席人员
- 商定调解时间
- 设定调解目标和议程

调解过程

④ 场地布置
- 调解室的设置
- 座位的安排

⑤ 迎接与引导
- 开场白
- 介绍各方出席成员
- 说明调解员职责
- 商定共同认可的会议规则
- 介绍会议流程

⑥ 分析问题
- 倾听双方倾诉
- 制作话题清单
- 交流与填补信息空白

⑦ 解决问题
- 评估和选择方案
- 拟订协议
- 宣读并签署协议

后续工作

⑧ 注意回访及与下次会议衔接问题
- 再次核对各方答应进行的每项后续工作
- 感谢参会并祝贺各方所取得的成果

图 1-4 医院内医疗纠纷调解程序

一、调解前的准备阶段

1. 准备介入

由于医院一般按照科室来配置调解员，当事者自由选择调解员的概率不大，但是，在理论上，调解是基于当事者自愿的，包括调解员的选择。如果调解员在接待时，当问完"你愿意接受调解吗"之后，再说"如果接受调解的话，我将担任你们的调解员"，就显得有些唐突了。较为妥当的做法是，调解员从一开始就着手建立信任关系，为介入调解做准备：对当事者表示关心，积极和当事者进行沟通，为当事者搜集信息，并帮助他们一起思考下一步的行动。这样，接下来充当调解员就容易让当事者易于接受。

需要注意的是，在投诉接待时，不管能不能帮上忙，调解员绝不能一口回绝，如"这个我们管不了""我们没有问题，你想上哪儿告，你就告去"。在本课题开展的实务培训中，不少学员反映，在这一点上收获很大。不管任何时候，即使调解员心里也明白医院的医疗行为符合诊疗常规，医院的确不存在过错，也从来不跟患方说"我们医院没有错，你爱上哪儿告告去""我们医院一点问题都没有"，而只说"看看我能不能帮到您""您有什么要求尽管说，我一定尽最大努力为您争取"。此后，不管帮上了还是没有帮上，患方对这位调解员都是很感激的。

2. 纠纷评估

调解员在接受调解案件时，需要初步分析该医疗纠纷是否适合调解。值得注意的是，不仅在正式的调解程序展开前，在调解程序中也要进行评估。纠纷的评估主要包括以下几个方面：

（1）评估当事者是否有暴力倾向。比如，显露出明显的暴力倾向，使得会面时难以保障在场人员的人身安全，应该拒绝接受调解。

（2）评估纠纷是否适合于调解。应该根据最终达成和解的可能性与执行性来评估该纠纷是否适合使用调解方式解决。如果不适应，则应当建议当事者选择其他更为合适的方式解决纠纷，比如，一些需要澄清法律指引的纠纷可能不适合于院内调解。

调解员在接受调解的任命之前，如果发现自己与任何一方有利益冲突或有任何将会影响其公正、中立第三方立场的事由，则不可以接受该调解的任命。

此外，在调解过程中，若出现任何影响其公正、中立第三方立场的事由，调解员需要立即告知医患当事方。当事者在知晓调解员存在利益冲突的情况下，可以决定继续使用该调解员，或者请求更换新的调解员，或者终止调解。

（3）评估当事者是否存在恶意利用调解的情形。如果调解员发现医患任何一方存在恶意利用调解的情形，比如，只是为了套取对方的信息，以供日后提起诉讼之用，或者只是为了拖延上法庭的时间，调解员应该拒绝调解；对于已经展开的调解，应该及时终止调解。

（4）评估当事者是否存在犯罪行为。明显存在犯罪行为的，如幼女怀孕等，不适宜进行调解，还应该按照相关法律规定进行上报；当发现有人企图把调解当作掩盖危险或违法行为，以避免公共制裁或惩罚时，应该拒绝调解或及时终止调解。[45]

（5）核实有决定权者是否参与。当有决定权者未出席，以及影响决定的人员或者在医患双方关系中不可或缺的人员没有出席时，一般不宜展开调解。如果对纠纷具有决定作用的人员没有出席调解会，调解员的工作只会事倍功半，既无法了解纠纷的真实情况，也无法掌握当事各方的核心利益。在具有决定权的人员没有出席调解会的情况下，试图调解一个纠纷基本上是不可能的。

3. 调解过程的设计

（1）商议出席的人数与名单。了解患方会有哪几位出席，患方希望医方哪几位出席。在此基础上，与医患双方共同商定出席人员名单。调解员应该做到让每一位参会者在事前知道有哪些人参加调解会。

若一方的出席人员大大多于另一方的出席人数时，会令人数较少的一方存在压迫感。所以，一般情况下，医患双方的出席人数最好相等。《医疗纠纷预防和处理条例》第三十条规定："医患双方人数较多的，应当推举代表进行协商，每方代表人数不超过 5 人。"当有法律规定时，遵循法律的规定可以令医患双方都易于接受。

（2）商定调解时间。调解会的时间应该事先设定好，一般以 1 小时或者 2 小时为一次。目前，不管是院内的调解会，还是医调委的调解会，通常都没有事先设定会议的时长。事先设定调解会的时长有几点好处：一是能让各方有时间观念，防止会议没完没了，提高会议效率；二是随着我国经济的快速发展，每个人的工作都比较忙，预定好会议开始与结束的时间，各自好安排和处理其他的事务；三是在调解会结束后，调解员自身的应对也非常重要，需要预留出足够的时间。

如果当事方觉得时间不够，调解员可以告知，如有必要可以约定后续会议。在会议结束前 10 分钟，调解员要提醒与会者会议即将结束。

（3）商定调解的目标与议程。由于调解是自愿的，包括将要展开的调解程序也是需要征得当事者双方同意的，如需要讨论的问题清单等，调解的会议规则也是需要双方当事人达成合意才能执行。

当然，调解员作为专业人士和公正程序的维护者，有义务提供合适的程序以供当事方参考。一般情况下，由调解员提出调解会的程序及会议的规则，征得当事各方同意即可。

商定调解的程序，主要是就分析问题和解决问题的环节如何开展事先征得医患双方同意，包括发言的规则、待议问题清单的确立方法，尤其要对"面对面会谈"与"背靠背会谈"的调解方式，以及可能交叉使用、可能要召开多次会议进行说明，以便当事各方有思想准备。

当事者事前对调解会的目标越清楚，纠纷双方加深误会的可能性就越小。在医疗纠纷调解中，通常患方比较急切，调解员如果不事先打好招呼，可能加深患方的不满。例如，患方满怀希望以为这次会议能够把各方责任的有无及大小划分清楚，可是历经几个小时的会谈后，会议的结果是患方被告知需要进行司法鉴定才可能认定各方责任的大小，就进一步激化了矛盾。调解员对调解会的目标应该有所计划，比如，这次会议只是为了了解真实情况吗？这次会议是为了界定问题和分析问题吗？还是，这次会议将进入实质性的调解程序？

在调解正式开始前，调解员还应当认真阅读纠纷概述，以了解争端的焦点、各方的诉求、相关的法律规定和调解规则。如果当事者选择代理人或者律师，调解员需要在调解前确认该代理人有足够的授权以代表当事者参与调解和达成和解协议。平衡参与也十分重要，如一方有律师代表；另一方也应有律师代表。

二、正式调解阶段

1. 场地的布置

根据调查，调解室位于远离诊疗区的相对比较中立的地方为好。调解室要求独立、简洁、明亮，大小适中：太大的话，显得空旷；太小的话，显得压抑。检查房间内有无可以用来进行进攻的器物，要对该类物品进行清理，因此，房间内尽量不要堆放其他杂物。

房间最好有两个门，在紧急情况下，当一个门被堵住时，另一个门可以用来逃生。

房间里，应该布置有桌子和黑板或者白板，便于书写和记录。在调研中发现，布置有黑板或者白板的调解室为数稀少。一般情况下，还应该配置录音录像、投影等设施，以备留存调解实况、播放音像资料之用。

调解员应该事先决定每一个参会者的座位，方便在他们到达之后引导入座。

2. 迎接与开场

（1）迎接与引导。调解员作为医院内的职员，一般认为尽量不要穿医疗制服出席调解会，以显示中立身份。

作为医院内的调解员，应该在预定时间前的15分钟到达电梯门口，或者建筑物的入口处等候患方的到来，以示对患方的尊重。尤其是当患方处在极度的悲痛、不安中，秉着人文关怀的理念，早些到达会议地点是非常重要的。

患方到达之后，调解员要先对患方的到来表示谢意，很有可能，患方也是在各种忙碌的事务中抽身前来的。

应该先让医方在调解室内等候，然后引导患方进入调解室，并尽量先让患方落座，再请医方就座。这样做，并不代表医方只能低三下四，而是出于东道主对客人远道而来的基本礼貌，以及对患方遭受痛苦的体恤、关怀心态。

调解员应该与医患双方保持同等距离，以自然的人际距离为妥。也有人主张，尽量将医方安排在靠近出入口的地方，以保安全（图1-5）。

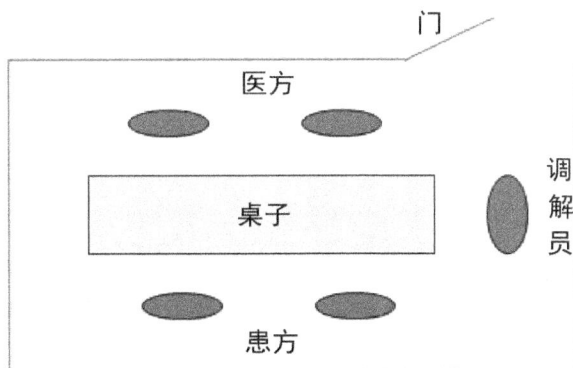

图1-5 调解座位分布

（2）调解员的开场白。开场白标志着调解会的正式开始。好的开始是成功的一半，调解开场同样影响着调解程序的顺利进行。好的开场，能够拉近调解员与当事者之间的距离，使当事者对调解员产生信任感。开场白大致包含以下几个方面的内容：

①对出席调解会的全体人员表示感谢。

②调解员做自我介绍，包括调解员的姓名、资历、任职背景等信息。如果调解员是当事者共同选择的，调解员还应当对当事者的选择表示感谢。在医疗纠纷调解中，如果主调解员没有医学知识背景，可以搭配一位拥有医学知识背景的调解员作为副调解员，实行联合调解。主调解员主要负责程序的有效推进，确保程序的公正、中立和没有遗漏；副调解员侧重于了解问题的根源和事实情况。[46]

③调解员就相互间如何称呼征求建议。在社交礼仪中，有时候对称呼的规范并不明确，大多数人习惯和乐于别人称呼自己的职务，而自己不好意思说，对方又不知道。在调解中，调解员和当事各方可能都面临不知如何称呼对方的尴尬局面。作为调解员，可以先说明自己希望别人怎样称呼自己，然后就如何称呼当事各方成员征求该方同行人员的建议。

④解释调解员的作用及所承担的具体工作内容，并取得医患双方的理解。作为医院内的调解会，建议稍事停顿后，先取得患方的同意，然后取得医方的同意。

⑤特别要强调调解员中立、公正的立场，以消除当事者对调解员可能存在的不信任，这一点对于院内调解员来说尤其重要。

⑥告知当事者出席人员的组成，并询问是否申请出席人员需要回避。

⑦向当事者说明，如果调解达不成协议，当事者可以通过诉讼或其他途径主张自己的权利。

⑧向当事者确认事先拟定的调解规则和程序，提醒当事者在调解过程中应当注意遵守调解的纪律，不要打断对方的发言等事项。当然，此时如果对调解的规则和程序有异议，只要经过医患双方的同意，在切实可行的情况下，是可以更改的。

⑨询问各方对上述开场环节有无疑问。如果没有疑问的话，会谈就正式开始。

3. 分析问题

（1）当事各方的陈述。针对已经发生的情况，调解员邀请当事各方阐述各自的想法与疑问。在医疗纠纷调解中，建议先从患方开始陈述。这是因为：第一，一般来说，优先发言的人会感觉到自己受到了重视；第二，让觉得自己受了委屈、需要安抚或者处于弱势的一方当事者优先发言，有利于平息当事者的对立情绪。

要使双方当事者各自的发言时间大致相等，这也是调解员中立性的体现。一方当事者发言完毕，调解员可以建议另一方当事者就该问题进行陈述。不宜由任意一方当事者进行长时间的陈述，而应该由医患双方轮流发言。

如果参会者不超过4人，没有必要限制时间。因为有些人可能真的有很多事情需要反映，或者有的事情原委真的需要较长时间才能说得清。

对于打断发言的处置，调解员可以这样说："请各位暂时保留你们的意见和观点，这样可以保证每一个人的发言不被打断。我们已经发给了大家纸和笔，可以在纸上先将自己的想法记下来，我们会保障每一个人都有发言的机会。"

（2）讨论与交流。轮流发言结束后，交流开始。调解员邀请当事方相互提问并做出回应。在医疗纠纷调解中，轮流发言结束后，通常当事方会开始谈论自己对事情的疑问或者主张。如果当事各方之间没有自发进行问答，调解员可以这样邀请他们做出回应："你们有什么问题要问对方吗？""××，你能说说我刚刚让您暂时保留的想法吗？"

交流环节开始后，参会者会做出各种陈述、声明和解释，提出自己的要求和顾虑。调解员帮助参会者进行整理，渐渐地将他们的情况清晰地呈现出来，力图达到以下3个方面的转变：

①从开始阶段的关注情绪转变为后期阶段的关注事件：由于医疗纠纷通常伴有激烈的情绪，所以在开始阶段全盘接纳患方的情绪非常重要，只有在患方情绪平复之后，才有可能进入实质性的调解过程。关于接纳情绪，本书在后面的章节中会有详细的论述。

②从以个人为中心转变为以事件为中心：调解的核心问题是事而不是人，要引导医患双方尽量阐述客观情况，多从对方的角度来考虑问题，避免责备对方，保全彼此的面子，不伤感情。

③从敌对模式转变为合作模式：在调解中，双方因为立场不同，会不自觉地把对方划分为对手，甚至是敌人。一旦有对立面，大家都习惯把自己放在代表正义、正确的位置，把对方设想成是错误的，这种偏见会给纠纷的解决带来很大的破坏。另外，把彼此当作敌手，也会造成人与事的混淆。调解员要积极引导，营造出一个合作解决问题的氛围。

（3）填补信息空白。

①了解背景信息。很多时候，医疗纠纷的解决需要更为广阔的语境。对背景信息的分享与交流，让当事双方彼此了解，易于促成积极正向的合作式对话。调解员可以有以下几种引导方式达到该目的：一是询问任何有碍于调解员理解双方陈述的内容。调解员不要不好意思询问，因为如果调解员不了解当事双方的话，就没有办法为他们提供帮助。需要注意的是，提问应该使用好奇的心态，而不要质问。二是在开始时尽量询问一些当事双方没有异议的事实。没有异议的事实，不会引发双方的争执，有利于开局时营造一种平和的基调。对于当事双方的疑问以及争议事项，宜放到调解会的中后期来处理。三是咨询一些双方可以共同回答的问题。比如，关于医院的诊疗制度，查看当事者带来的相关资料等。

在整个调解过程中，调解员可以随时回到这些中性的背景问题上，以缓解对话的压力，重新设定对话路线。

②澄清误解，填补信息空白。通常，参与者会发现彼此对事件的重大误解，尤其是关于对方做出某一言行的原因。可以采用以下方法：一是让当事者说出自己在事件中主要经历了哪些事，做出了怎样的选择。二是积极鼓励当事者，让对方解释任何令自己不解或者痛苦、难过的行为。

③核对理解偏差：参与者经常将评价与主观臆断当作事实。比如，"你们的服务态度这么差，想干什么？"对策是让当事者接触第一手信息。一是停下来核对他们的臆断。调解员可以这样问发言人："您可以讲讲您当时是怎么想的，主要有哪些考虑吗？"或者对发言人说："××，咱们停下来核实一下，可以吗？"在征得发言人同意后，调解员对另一位（在这里指护士小陈）说："既然护士当天也在场，不如咱们跟她核实一下吧！小陈，你可以详细解释一下当天你看到的情况吗？"二是调解员要避免一切道听途说的行为。比如，调解员不能说"他们也不会相信你的""他很清楚事情并不是那样的"。要找到更清晰、具体的信息，而不要劝说一方相信另一方所说的话。三是管控分歧并设法诱导出新的信息。如果双方开始相互指责或者攻击，调解员应该让他们停下来，先讲一讲事件对他们造成的影响，然后，再回到他们最初对彼此的控诉上，以便获得新的信息。调解员可以这样说："××，在王医生回答这个问题之前，你能先解释一下，为什么这件事让你如此生气吗？"

（4）列出待议问题清单。当双方把各自的顾虑都摆到桌面上以后，调解员应该帮助他们把这些顾虑整理成一张初步的话题清单，尽可能涵盖双方需要讨论和决定的所有话题。话题清单就像会议日程一样，在构建整个讨论框架的同时，还能确保各方的关注点在讨论中都有自己的位置。

①拟定话题清单的重要性：在话题清单未列出前，参与者通常会觉得这场纠纷没完没了，同时也担心己方的诉求、顾虑会被调解会忘记或者遗弃。更糟糕的是，他们害怕己方做出让步后，对方仍不断地提出新的要求。所有这些不确定性与担忧，让各方都很难放松下来，也难以长时间集中注意力于某一诉求上，因此，解决问题的创造性与灵活性受到极大的限制。

在话题清单得到各方认可后，参与者会变得轻松起来，不再担心己方的话题被遗忘。更为重要的是，当听到对方也认可这个话题清单已经涵盖全部的讨论内容时，就不用担心对方会没完没了地提出新的要求与主张了。同时，看到调解会被安排得秩序井然、有条有理，知道纠纷会在可预见的时间内得到解决，增强了当事双方解决问题的信心。

②优秀话题清单的特质：一是将情感、评价与解释的话语过滤掉，对事实和诉求进行平实描述。当事者的叙述是"他对这么小的孩子还大叫大嚷，态度很恶劣"，制作成话题的措辞可以是"如何促进医生与孩子之间的交流"。二是将不满转换成以结果为中心的利益。制作话题清单是总结利益的下一步。调解员要将参与者对过去或者现在的抱怨转换成对未来的期许，把利益定义为当事者希望实现的状态。患者的投诉是"张医生当着我婆婆的面把我羞辱了一番。说什么是不是嫌伺候老人排便麻烦，所以才选择药性猛的泻药，好让老人一次性排干净。我压根就没有这样想过。"转换成关注未来的利益可以为"您希望张医生说话时能够照顾到您与婆婆的关系"。三是得到各方对每一个话题的认可。调解员要把各方的利益按照相关性进行分组归类，使它们成为各方需要解决的共同问题。为了更好地控制话题清单的规模，可以把话题定义为一个大的方向，比如，"行动目标""观点"等。

在话题的下面，再列上要达到目标需要讨论的"小话题"。

4. 解决问题

（1）调解方案的提出。一般来说，调解方案既可以由双方当事者提出，也可以直接由调解员提出。在促进式调解中，调解员的角色是"引导双方解决问题"，而不是"代替当事者解决问题"，即对结果采取中立态度，全由双方自行决定，故不建议调解员推荐或者评价某个调解方案。

此外，建议调解员保留自己的意见还基于以下考虑：一是如果调解员能够让双方当事者在寻找调解方案、签订协议的过程中掌握主动权的话，双方当事者可能会达成更有效的协议，形成更为稳固的合作关系，也更愿意遵守整个协议。二是当事者才是解决自己问题的真正"专家"。他们对自己情况的了解要比调解员清楚，即使在医疗纠纷调解中也是如此；并且，最后受到结果影响的是当事者，而不是调解员。三是如果在调解员提出的解决方案的基础上形成的协议最后却得不到执行，当事双方可能会怪罪调解员。

（2）评估与选择方案。供选择的方案提出后，双方应该根据客观标准共同评估这些方案。主要参考方法如下：一是优缺点列表。考虑每一个方案时，都要把它们的优缺点列出来，方法是创建一个表格，在中间画条线，在线的两边分别列出优缺点。二是成本与收益分析法。这种方法与列出优缺点的办法很相近，但是侧重于成本与效益的分析。三是设定标准。在评估各方案之时，当事者要就基本原则达成一致。当这些原则形成以后，选择解决方案就会容易得多，这种方法尤其适用于复杂纠纷情形。四是预测影响。说明每一个选项可能对相关人员产生什么样的影响，有助于让情绪化的讨论变得更加客观、理性。

（3）拟订协议。经过多轮的讨论、讲价还价和让步，当事者可能对纠纷的全部和部分达成共识。此时，调解员应该协助当事者整理并再次确认已经达成共识的议题，以便形成正式的和解协议书。在较为正式的调解中，和解达成时通常需要制作书面协议书。[47] 首先，协议应该清楚、具体而公平。协议应该避免使用模棱两可的用语，尽可能减少歧义。关于这一点可能有例外，有时候调解员需要故意使用模糊的措辞来"掩盖"当事双方之间的分歧，以便达成协议。只有确信将来能够更好地处理这些分歧时，才可以采用这个方法。其次，协议必须务实。调解员在对双方的履约能力有所怀疑时，可以邀请当事者讨论协议该如何实施，以及是否想到一些影响协议实施的问题，这样，调解员既提出来自己的疑问，又不至于冒犯当事方。再者，协议应该包括对后续问题的处置条款。比如，当事方同意，如果出现问题，他们会相互直接联系或者通过指定代理人相互联系；当事方同意将今后可能出现的无法调解的纠纷提交仲裁机关予以解决；在一些案件中，当事方会要求调解员在执行阶段继续跟踪负责，保持与当事方的关系，以防已达成的协议再次出现争议。

（4）宣读并签署协议。在和当事方确认了协议书的详细内容后，调解员应该和当事方一起总结并检查提出的协议书，并询问他们的意见：协议书是否已经涵盖所有的基本问题？是否准确地反映了讨论结果？他们是否愿意承诺遵守协议？

正式协议书确定后，可由调解员宣读，并经由各方当事者签名确认方可产生与合同类似的法律效力。调解，从本质上讲，是一种充分体现当事方意思自治的纠纷解决方式。协议只要不违反法律的强制性规定，不侵犯公共利益及第三方的合法权益，即可认为是有效的协议。[48]

三、后续工作阶段

注意回访及与下次会议衔接问题：

1. 跟踪回访并再次核对各方答应进行的每项后续事宜

当重大医疗事故发生后，通常需要举办多期的调解会才可能解决问题。按照事先约定的时间结束会议后，调解员要对医患双方进行信息跟踪。有必要的话，还应该确定后续的相关事务或者下次会议的时间。

在调解会结束后，调解员最好每2～3天至少与医患双方联系一次，创造倾听其想法的机会。特别是对医疗事故的受害者来说，他们的内心充满痛苦，对他们的痛苦遭遇表示关怀是调解员应有的情怀。还有，事故调查需要花费很长的时间，即使没有得出结论，也要联络医患双方并倾听其想法，重要的是展现出持续、积极地面对患方的态度。

2. 感谢参会并祝贺各方所取得的成果

调解会结束前，调解员应该引导双方当事者一起回顾并祝贺已经达成的共识。通过回顾，有时候会发现，双方通过调解达成的成果比当事方预想中的要丰硕得多，并且，这些成果还会激发当事方寻求进一步的解决方案。这样，既达到了进一步巩固双方良好关系的目的，也为下一次的调解会增加了解决问题的信心。

调解员还应该对参会者表示感谢，比如，可以这样说："今天非常感谢大家的到来。时间也差不多了，所以今天的调解会到此结束。若还有话要说，我会再次为双方提供对话的机会，这样可以吗？某某医生，您觉得怎么样呢？关于下次会面的时间，由我先安排好之后再联络你们。好吧，今天非常感谢大家！"

参考文献

[1] [美]戴维·波普诺. 社会学(第11版)[M]. 李强, 等译. 北京:中国人民大学出版社, 2007:147.

[2] 央视. 陕西新生男婴夭折医院称医生太忙走不开[EB/OL]. (2013-05-10)[2022-08-26]. https://news.cctv.com/2013/05/10/VIDE1368151331843634.shtml.

[3] 姚村:25岁阑尾手术死在山西大医院[EB/OL]. (2015-12-15) [2022-08-26]. https://v.qq.com/x/page/l0176muupnu.html?ptag=114la.

[4] [日]和田仁孝, 中西淑美. 医疗纠纷调解:纠纷管理的理论与技能[M]. 晏英, 译. 广州:暨南大学出版社, 2013:9.

[5] 何欣, 祝隽仁.人民警察执法口语能力现状分析与对策思考[J]. 公安学刊(浙江警察学院学报), 2008,

(4):69.

［6］强世功. 文化、功能与治理:中国调解制度研究的三个范式[J]. 清华法学, 2003, (2):153-167.

［7］高建伟, 曹文妹, 徐月和, 等. 上海市30家医疗机构协商解决医患纠纷情况调查分析[J]. 上海交通大学学报(医学版), 2010, 30(8):961. 李欣. 昆山某医院医疗投诉与医疗纠纷现状分析[D]. 苏州大学硕士学位论文, 2015:13.

［8］林爱玲, 刘江彬, 郭石林, 等. 知情同意书:患者知情同意权实现的方式[J]. 医学与社会, 2011, (6):65. [日]尾内康彦. 医患纠纷解决术[M]. 刘波, 译. 北京:东方出版社, 2014:4.

［9］张添翼, 程红艳. 朋辈调解:培养学生解决冲突的公民技能[J]. 外国教育研究, 2012, 39(9):99.

［10］眉山中院. 赞!眉山法院推动构建"保调赔防诉"创新机制化解医疗纠纷 荣获首届"四川法院改革创新奖"[EB/OL]. (2022-01-27)[2022-06-27]. https://www.thepaper.cn/newsDetail_forward_16487268.

［11］[日]和田仁孝, 中西淑美. 医疗纠纷调解:纠纷管理的理论与技能[M].晏英, 译. 广州:暨南大学出版社, 2013:24.

［12］[加]克里斯·贝利. 专注力:心流的惊人力量[M]. 黄邦福, 译. 北京:北京联合出版公司, 2020:18.

［13］[美]肯尼思·J.格根. 社会建构的邀请[M]. 杨莉萍, 译. 上海:上海教育出版社, 2020:4.

［14］[美]RITA CHARON. 叙事医学:尊重疾病的故事[M]. 郭莉萍, 主译. 北京:北京大学医学出版社, 2015:V.

［15］管燕. 现代医学模式下叙事医学的价值[J]. 医学与哲学, 2012, 33(6A):10.

［16］KATINA FOSTER. A Study in Mediation Styles:A Comparative Analysis of Evaluative and Transformative Styles［J/OL］. (2003-06-09)[2022-05-19]. http://www.mediate.com/articles/fosterk1.cfm.

［17］王玮. 分析香港促进式调解与内地法院调解及人民调解的异同[J]. 犯罪研究, 2013, (2):93.

［18］范愉. 调解制度与调解人行为规范[M]. 北京:清华大学出版社, 2010:51.

［19］王玮. 分析香港促进式调解与内地法院调解及人民调解的异同[J]. 犯罪研究, 2013, (2):93.

［20］央广网. 全国超六成医疗纠纷采用人民调解 调解成功率达85%[EB/OL]. (2019-02-15) [2022-05-19]. https://baijiahao.baidu.com/s?id=1625495115730908873&wfr=spider&for=pc.

［21］石伟. 福建南平创新社会管理解医患矛盾[N]. 经济日报, 2014-01-09(15).

［22］腾讯网. 2020年近2万起医疗纠纷事件,哪些省份排前三? [EB/OL]. (2021-03-30) [2022-05-31]. https://new.qq.com/omn/20210330/20210330A09ZIS00.html.

［23］范愉. 客观、全面地认识和对待调解[J]. 河北学刊, 2006, (6):175.

［24］[日]棚濑孝雄. 纠纷的解决与审判制度[M]. 王亚新, 译. 北京:中国政法大学出版社, 1994:33.

［25］周慧芳, 秦洋. 为医疗纠纷调解"把脉"[N]. 山西日报, 2014-09-18(Λ3).

［26］李纪宏. 调解理论暨實務:「促進式調解」[J]. (台湾)仲裁季刊, 2011, 93(09):101.

［27］王玮. 分析香港促进式调解与内地法院调解及人民调解的异同[J]. 犯罪研究, 2013, (2):97.

［28］[日]棚濑孝雄. 纠纷的解决与审判制度[M]. 王亚新, 译. 北京:中国政法大学出版社, 1994:13.

［29］[美]唐·布莱克. 社会学视野中的司法[M]. 郭星华, 等译. 北京:法律出版社, 2002:87.

［30］今晚报. 健全"三调解一保险"制度 解决医疗纠纷问题[EB/OL]. (2014-05-06) [2022-08-26]. http://www.chinanews.com.cn/fortune/2014/05-06/6139182.shtml.

［31］新浪网. "南平解法",为医患纠纷"退烧"[EB/OL]. (2014-02-21) [2022-07-02]. https://news.sina.com.cn/c/2014-02-21/081029526760.shtml.

［32］[日]和田仁孝, 中西淑美. 医疗纠纷调解:纠纷管理的理论与技能[M]. 晏英, 译. 广州:暨南大学出版社, 2013:9-10.

［33］周慧芳, 秦洋. 为医疗纠纷调解"把脉"[N]. 山西日报, 2014-09-18(A3).

［34］尹力.调解正当性的保障:调解员中立性问题研究[J].浙江学刊, 2006, (2):160-161.

［35］[日]和田仁孝, 中西淑美.医疗纠纷调解:纠纷管理的理论与技能[M].晏英, 译.广州:暨南大学出版社, 2013:12-13.

［36］Accredited Workplace and Employment Mediation Training Course:NHS[EB/OL]. [2022-10-01] https://www.globis.co.uk/national-employment-and-workplace-mediation-certificate-nhs.

［37］TOSHIMI NAKANISHI . New Communication Model in Medical Dispute Resolution in Japan[J]. Yamagata Med J, 2013, 31(1):1-8.

［38］Rôle du médiateur médical à l'hôpital-Interview[EB/OL]. (2019-10-24) [2022-10-01]. http://huep.aphp.fr/mediateur-medical-a-lhopital/.

［39］KATHY MACK . Court Referral to ADR:Criteria and Research[M]. Canberra:National ADR Advisory Council and Australian Institute of Judicial Administration, 2003:23.

［40］李德恩.覆盖与节制:一个有关"审判阴影"的悖论[J].法制与社会发展, 2010, (2):97.

［41］王松韬, 黄丽.护士同理心培训国内外研究概述[J].健康研究, 2011, (31):145-148.

［42］王俊秀.对"同理心"的诠释与理解［A］.王思斌, 编.转型期的中国社会工作:中国社会工作教育协会2001年会论文集[C].华东理工大学出版社, 2003:226-244.

［43］LAWRENCE DYCHE . Interpersonal Skill in Medicine:The Essential Partner of Verbal Communication[J/OL]. J Gen Intern Med, 2007, 22(7):1035-1039. http://www.ncbi.nlm.nih.gov/pmc/articles/PMC2219735/ Elliot M.Hirsch.The Role of Empathy in Medicine:A Medical Student's Perspective [J/OL]. Virtual Mentor. June, 2007, 9(6):423-427. http://journalofethics.ama-assn.org/2007/06/medu1-0706.html.

［44］谢黎嘉, 杨苗.ESP框架下医学生批判性阅读意识的培养[J].语文学刊(外语教育教学), 2014(2):97-100, 142.

［45］[美]珍妮弗·E·贝尔, 卡洛琳·C.帕卡德.沃顿商学院最受欢迎的调解课[J].钱峰, 译.北京:中国电力出版社, 2014:205.

［46］[美]罗纳德·S·克雷比尔, 爱丽丝·弗雷泽·埃文斯, 罗伯特·A·埃文斯.冲突调解的技巧(上册):调解人手册[M].魏可钦, 何钢, 译.南京:南京大学出版社, 2011:29.

［47］我国《医疗纠纷预防和处理条例》第30条规定"医患双方经协商达成一致的, 应当签署书面和解协议书".

［48］廖永安, 等.中国调解的理念创新与机制重塑[M].北京:中国人民大学出版社, 2019:53.

第二章　医疗纠纷促进式调解模式的创新

医院作为医疗救治的主体，医疗纠纷占比最为突出。为了有效化解医患矛盾，公平、合理地解决医疗纠纷，近年来，我国各地进行了许多有益的探索与尝试。最为突出的是，各地医疗纠纷人民调解组织的建立。建立健全专业性的调解组织，使其成为及时解决专业领域内的纠纷、维护社会和谐稳定的第二道防线，具有重要意义。

但是，医院作为纠纷的发生地，当医疗纠纷发生后，患方肯定首先找到医院。如何将关口前移、筑牢第一道防线？如何做到"预警在先、及时处理、就地化解"，将矛盾化解在起始阶段、消灭在萌芽状态？医疗纠纷的处理人员需要有随机应变能力、处事不惊能力、慰藉安抚能力、分析问题和解决问题的能力，需要的是有一定心理学、谈判学、叙事医学、人际沟通学、危机管理学等基础知识的复合型人才。这些都要求医院内的医疗纠纷调解模式在融合多学科的基础上进行大力创新。

第一节　运用心理学理论构建调解新模式

当前，医疗纠纷案件不时出现在公众视野和媒体中，预防和减少医疗纠纷仍然是我国维护社会和谐稳定的重要课题。绝大多数的医疗纠纷其实是一种求助行为，与心理咨询中来访者的求助行为有着相似之处；在这两个领域中，都将如何有效地化解当事者的负面情绪作为工作的第一步。运用人本主义心理学的方法，能够构建起健康有效的医疗纠纷调解新模式。

一、人本主义心理学流派

人本主义心理学是 20 世纪 50 年代产生于美国的一种心理学新流派，是继行为主义和精神分析之后的西方心理学中的"第三种力量"，主要代表人物有亚伯拉罕·哈罗德·马斯洛和卡尔·罗杰斯等，以其独特的研究对象和方法影响着西方心理学的研究取向。

人本主义心理学对人性持乐观态度，认为人本质上是善良的，人人都具有自我实现的潜能。[1] 人本主义心理学坚持"人格成长型"心理治疗目标，以开放的态度对待情绪经验。

同时认为，心理治疗者要真诚地关心来访者的感情，通过认真的倾听，达到真正地理解；在真诚和谐的关系中，启发来访者运用自我指导能力，促进来访者内在的健康成长。

当今流行的心理咨询理论中，"以人为本"的人本主义心理学代表了咨询理论的主流，不仅应用于医学心理学领域，而且在教育、管理、营销等多学科领域中的应用也屡见不鲜。

二、人本主义心理学理论

1.真诚一致

罗杰斯说，真诚一致有两层含义：一层是所说的和所想的是一致的，这叫不欺人；另一层是所想的和所体验的是一致的，这叫不自欺。要做到真诚一致，双方即要明了自己的内心感受，在可能的情况下保持深层意识与外部表现的一致，并愿意通过语言和行动来表达自己内心的复杂感受。

2.无条件积极关注

罗杰斯认为，无条件积极关注是心理治疗的前提。主要表现在心理咨询师在对待来访者的态度上，无论来访者的品质、情感和行为如何，咨询师对其都不做任何评价和要求，并对来访者表现出无条件的关怀、尊重与接纳，使来访者觉得他是一个有价值的人。无条件积极关注本来是心理咨询的惯常做法，其目的是为了与来访者建立起良好的信任关系。

3.同理心

美国罗耀拉大学教授吉拉德·伊根把同理心分为初级同理心与高级同理心两种类型。初级同理心主要运用倾听技巧，重在对对方内心体验和想法的了解，并把对来访者的了解反馈给来访者。高级同理心的运用，不仅使用倾听技巧，而且常结合使用自我开放、解释等影响性技巧，积极呈现出来访者"心中所有，意识所无"的东西。高级同理心不仅可以对来访者的表述做出反应，而且可对那些隐含的、未完成的表达做出准确地反应。

三、人本主义心理学在调解新模式中的应用

富有成效的心理咨询的开展，需要有一个经过访谈来获得来访者信任的过程。在医疗纠纷调解模式中，要想快速而有效地解决医疗纠纷，就必须与当事者建立起良好的信任关系，在真诚一致的基础上，无条件积极关注，运用好同理心。

1.真诚一致的运用

真诚一致要求医疗纠纷调解员在医疗纠纷解决的过程中，要表现得坦诚、前后一致、值得信任。在大多数国家中，相对于患者，医务人员是强势群体，我国也不例外。所谓看病是"求医"，刚到医院就诊时，绝大多数患者都希望能和医务人员搞好关系，甚至托关系、送礼、请客等。从这样一种弱势心理发展到与之对抗的纠纷投诉，应该并非是一事之因、一日之寒，正如梅丽（Sally Engle Merry）所言："这一诱发机制既不是冲突的'成因'，

也不是冲突的核心；它只是使冲突升级的一个导火索。"[2]愤起而投诉的患者，内心早已充满焦虑，对于当事医务人员的信任感几乎荡然无存，蓄积已久的愤怒一触即发。

调解员通常会感觉到投诉者的强硬蛮横，但常常忽视了与来势汹汹相反的是表象之下的脆弱。调解员应该把握好分寸，进行坦诚地交流，不必压制、不必训斥，无须即刻对于投诉问题进行争论辩解，只是以平等、谦和的态度耐心倾听。通过言行、坐姿、目光等一举一动传递真诚，让个座、倒杯水，于细微之处见真诚，努力创造和谐的谈话氛围，建立起初步的信任关系。

调解员应该将事实真相实事求是地告知患者及其家属，属于医疗机构责任范围内的，医疗机构应当予以主动承担。当患者及其家属对于医疗机构的调查结果存在怀疑时，应该寻求更加有权威的第三方的帮助，将第三方对于纠纷的原因与责任的定性或定量判断，提供给患者及其家属。

2. 无条件积极关注的运用

处理医疗纠纷，当然不能仅凭理解和真诚就能解决全部问题，在双方情绪平和的前提下，双方都更易理性思考，易于达成最终令双方都能接受的解决方案。有些纠纷并非是医疗机构的过失，但是，在纠纷没有解决前，调解员还是需要对患者及其家属进行无条件积极关注。因为，此时患者及其家属的情绪比较激动且敏感，无条件积极关注有助于安抚他们的情绪。无条件地给予温暖，无条件地进行尊重与接纳，为医患双方创造安全、可信赖的调解氛围，让他们不再总是看到医疗机构不良的一面，逐渐建立起对医疗机构的内在认同感。

调解员要恪守价值中立和当事者自主的原则，要尊重双方当事者特定情境下的固有视角，采取价值中立的态度，不去评判双方的价值观体系，而是就案情本身予以沟通、调解。

积极引导患方说出其内心的期待、烦闷和痛苦等，在患方感受到被重视、被理解的基础上，建立起互信合作的关系，鼓励其放松心情，积极接受治疗，追寻生命的意义。

在尊重当事者自主方面，需要调解员充分尊重当事者的自主意愿，给他们足够的空间，促成双方意见的一致。调解员只是起引导的作用，给当事者双方提供自主对话平台，公正地推进调解程序，而不是调解结果的决定者，只是促成当事者双方在不违反法律强制性规定，不损害第三方利益的前提下自己做出决定。在这样的过程中，双方的权益能够在自己的权益范围内得到充分的尊重，并且，唯有双方在自己意愿下进行的调解，才能真正地解决两者之间的问题。

3. 同理心的运用

投诉原因或是出于患方对治疗方案的不理解，或是患方对治疗的过高期望，或是患方对医疗服务的不满意等，很多投诉其实并不存在定性的医疗过失、事故，往往是医务人员疏于解释、言语不谨慎造成患者心理上的不平衡或伤害。所以，当患方言辞激烈、义愤填膺地痛斥时，尽量不要打断，这种宣泄一定有其发生的理由。更不要不经调查核实就武断地指责医患任何一方，在这个时候最好保持认真倾听，并表现出一定程度的同理心："我能感觉到在这件事上，医生的解释让您很不满意""我感觉到您很生气"，建立起和谐的情绪氛围，为下一步协商解决问题奠定良好的基础。

调解员要全神贯注地倾听当事双方的叙述。患方发表自己诉求的时候，调解员要多用询问的方式将不清晰的事情理清楚。努力让患方把事件的来龙去脉讲清楚，这不仅有利于信任关系的建立，还可以避免因为误会引起次生的纠纷。认真倾听，既是患方情感宣泄的需要，也是向患方表示尊重的一个重要标志。调解员不仅听当事者说了什么，更应该听出他们的言外之意是什么；既要能认清患方意识到的意义，还要能够认清患方尚未意识到的意义，听出弦外之音。

调解员要换位思考，对纠纷调查工作的进度和所遇到的困难要让患者及时了解，要主动及时向患方反馈工作进展情况，树立认真负责的调解员形象，提升作为中立第三方的公信力。

患者因为疾病对身体的健康造成了威胁而来就医，但医疗机构只关注患者的生理，而忽视其心理正在体验到的不安和痛苦的感受，容易引起医疗纠纷。患者常常认为医务人员对自己不理解、不关心，对于疾病的匆匆治疗，并没有把自己当作一个活生生的人看待。所以，在医疗纠纷调解的时候，调解员要站在患者的角度，体会患者作为病人的角色，脱离社会、隔绝于陌生环境的焦虑心态，了解患者的问题、需要和疾病的痛苦等，在关注患者的生理健康的同时，还得关注其心理状况，关心其社会、心理背景，把患者当作"全人"看待。

随着时代的进步，现代纠纷调解越来越趋向于多向度的解决，即表现为"境遇式解决"，需要综合考虑事件背后广阔的行动背景、人际关联、民众的生活常识、观念及当地的习惯法则与社会经验等。在现代社会，人的利益是多个层面的，包括物质的、精神的、心理的层面等。运用人本主义心理学理论构建的医疗纠纷调解模式正是试图用综合的、灵活的、柔软的、和缓的方式，通过当事者的理性商谈、民主对话，从而达到一种双方都能接受的"事实妥协"与"利益折衷"。这种多向度的解决机制避免了在诉讼和准法律型调解中的两败俱伤，达到了双方诚意认可的目的，也符合以人为本的价值需求。运用人本主义心理学理论构建的医疗纠纷调解的新模式，即促进式调解模式，经过长时间的实践检验，达到了事半功倍的良好效果。

四、心理学视域下的四个重要调解理念

在医疗纠纷调解中，常强调调解员要知道："现实，只是主观的建构"，不同的人对同一件事物的记忆与看法可能不一样，调解的重心在于消弭医患之间的认知分歧；强调"要慢下来"；调解要"先处理心情，再处理事情"；要"对事不对人"，"人"不等于"事"。可是，对于很多调解员来说，这些理念似乎难以理解。下面将结合案例，尝试运用心理学的知识来进行理论分析。

一名青年男子因腹部疼痛住进某医院治疗，入院诊断为"急性胆囊炎并结石和脂肪肝"，不料才住进医院3天竟猝死在医院厕所里。尸体鉴定结论为：患者主要死因为原发性心肌病，肝脏肿大、脂肪性肝病和出血性、坏死性小肠炎联合辅助死因。

死者家属认为：医院在提供医疗的过程中，将患者的病情误诊，延误患者诊疗时间，导致人突然死亡。医院的代理人则认为：在为患者提供医疗的过程中，医院并没有任何过错，患者发生猝死属不可预料的死亡，与医院提供的医疗服务无直接因果关系。

于是，家属和医院走上法庭，家属要求医院赔偿各种损失费50万余元。医院也提起反诉，要求家属支付拖欠的医疗费2.9万余元。

1. 现实，只是主观的建构

社会建构论认为："话语是社会建构的媒介，我们建构的关于个人、关于世界的故事、图景都借助于话语过程或叙事得以实现。"[3]在个人选择行为的背后，有着一个认知系统，当一个人愿意改变这一认知系统时，他所建构的整个世界也会改观。

观察，是人对周边所发生的一切的记录，包括所有感官对所发生事件的捕捉，以及人自身在此情景下的内在需求，实际上，是神经系统的主动性选择，是基于以前的经验对输入的新信息进行自动的过滤和处理。人会自动屏蔽掉大量信息，究其原因，是因为这些信息和我们的需要、期望、成见或者判断不符。所以，人不会如实地记录信息，人会基于自己的语言、文化概念，以及想要的和需要的，对信息进行选择和分类。说得更加戏剧化一些，实际上是"所闻所见，心之所念"。

同样，医生或者患者也不可能把他全部的生活经历都存进记忆，同时在有限的时间里都用语言叙述出来。每个人的记忆是有选择性的，医生或者患者在叙述自己经历的时候也是有选择性的。所以，人们不可能通过对语言的分析发现其所代表的那个真实世界，只能去认识用语言表达出来的意义和世界。而且，事实一经个体通过语言表达出来，必然带有个体的情绪和倾向性，语言的内容和方式也是经由个体选择的。所以，语言并不是一个中性的工具，不能如镜子般原封不动地反射出生活的全部。语言建构了现实，而不是指称现实。加上医患之间存在严重的信息不对称，因此，医疗纠纷调解非常重视叙事的作用，通过叙事分享来消除医患之间的认知分歧。

在这个案例中，调解就是要调整医患之间关于"患者的死亡是否是不可预测的"等认知分歧。

2. 要慢下来

以脑的演化来看，可以简化地将人的大脑分成3个部分：爬行动物脑、哺乳动物脑、人类新皮层（图2-1）。

（1）爬行动物脑：位于大脑最里面，连接脊椎根部，即脑干和小脑。它是很古老的，有 2.5 亿～ 4 亿年的历史，产生于恐龙时代，跟恐龙所拥有的那部分大脑没有太大的差别。主要负责人类的基本生存，使身体能够平稳、流畅和协调地进行各种运动，如心跳、呼吸、血压等。当人感到恐惧时，爬行动物脑就会做出本能性反应，条件反射地做出战斗、逃跑或静止的反应。在爬行动物脑的操控下，人与蛇、蜥蜴有着相同的行为模式：呆板、偏执、冲动、敏感、一成不变等。这就是爬行脑在面临危险或威胁时会自动开启保护功能，而这种快速反应的保护功能，能够使人们及时躲避危险。它会 24 小时不间歇地工作，扫描环境中的不安全因素，在遇到危险之时，迅速做出反应。

（2）哺乳动物脑：位于大脑的中间，大约有 2 亿年的历史。事实上，它还包含着由杏仁核、海马回和扣带回组成的所谓"边缘系统"，又称情绪脑，以听觉为主，是一个具有 5000 万年历史的结构。它的主要功能是处理各种基本的情感或情绪，如恐惧、愤怒、嫉妒、同情、感恩等（杏仁核），以及对特定信息的储存和记忆（海马回）。所有的哺乳动物都有情绪脑，能把爱、愤怒、害怕等情绪带到行动中去，这是哺乳动物共有的特点。

（3）人类新皮层：处于人脑的最表层，是形如厚棉毯、布满皱褶的大脑皮层。大脑皮层包裹着整个大脑，大脑皮质的内侧部分，被称为"旧皮层"；而大脑皮质的外侧部分，则被称为"新皮层"。大脑新皮层是高级哺乳动物在进化过程中发展出来的，分别掌管着诸如分析、计算、推理和决策等高级的神经活动。新皮层，又称为视觉脑或者智慧脑，控制着大脑的绝大部分智力，凭借它的速度和处理能力，使得大脑比只靠惯性情绪支配灵活 1000 倍，具有极强的视觉化能力和全局意识。人的大脑新皮层的面积在所有哺乳动物中是最大的，具有包括一般灵长类在内的哺乳动物所不具备的高级认知功能，如语言、阅读、学习、抽象思维等。这一主管人类理智的脑组织只有区区不足 200 万年的发展史。

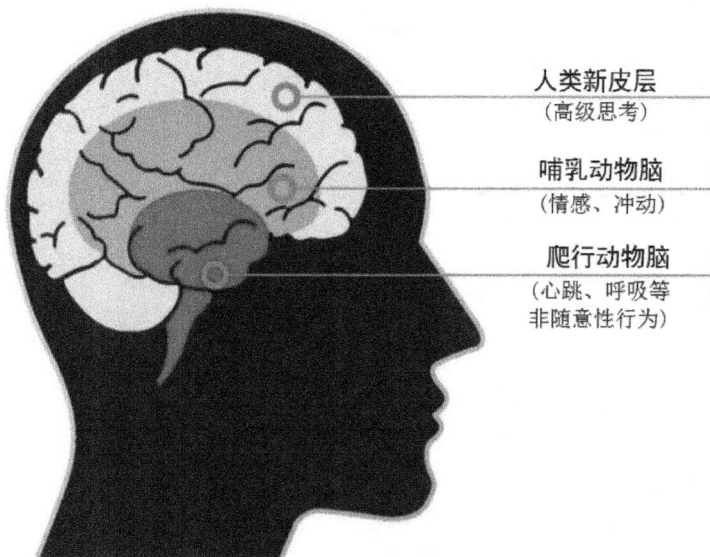

图 2-1　三脑原理图

人类新皮层
（高级思考）

哺乳动物脑
（情感、冲动）

爬行动物脑
（心跳、呼吸等
非随意性行为）

正如 2002 年诺贝尔经济学奖获得者丹尼尔·卡尼曼（Daniel Kahneman）所指出的，人类有两套思维系统：一套是快思考系统，它依赖直觉与经验，运行起来速度快，不怎么消耗脑力，不用意识控制；另一套是慢思考系统，它是非直觉系统，有意识地进行，需要保持足够的专注，主动控制。[4]

在三脑中，爬行动物脑是"非此即彼"的大脑，它认为要么是朋友，要么就是敌人；要么是安全的，要么就是危险的。哺乳动物脑也是如此，你要么是爱我的，要么就是不爱我的。这两部分大脑非常喜欢安全和舒适，对于习惯性的环境和行动感到舒服。二者之间的工作非常协调，因为，它们已经在一起工作了 5000 万年，是一个流畅的体系。快思考系统主要是这两个脑在起作用。

相对爬行动物脑和哺乳动物脑来说，大脑新皮层是非常年轻的，只有 200 万年的历史。它跟前面的两个脑没有很好的连接，工作起来比较低效、蹩脚。慢思考系统主要是掌管理性的新皮层在起作用。

在主观上，人们往往觉得自己是理性的，是理性在控制着自己的决策。事实上，人们的大多数行为都是在快系统的指引下，在无意识之间完成的。由于快系统自身存在缺陷，容易导致人们在思考中出现偏见与错误。

在案例中，医方认为死亡是不可预测的，风险无法完全避免，治疗合乎规范，因此医方没有责任。医方是完全的理性思维模式，即慢思考系统。而患方则觉得腹部疼痛仅仅 3 天就猝死了，怎么可能呢？一定是医生不负责任导致的。从心理学上来看，患方的想法是基于直觉和经验的启发式思维模式，即快思考系统。

此时，如果医方想要患方接受自己的观点，可能被当作是医方推脱责任的表现，尤其是在患方悲愤的情绪下，医方任何想表明自己没有责任的言辞，都会成为患方愤怒倾泻的宣泄口，引发攻击性行为。而医方则更加认定患方是无理取闹，只是想获得更多的利益。

于是，医患双方的误解越积越深，导致冲突升级，纠纷难解。只有"慢下来"，才能觉察到医患双方不在同一个频道。注意到"理性"固然重要，但就每一个人而言，是有情感的个体，需要时刻被关心、被爱护、被关注、被需要。

3. 先处理心情，再处理事情

大脑的情绪处理采取双轨模式。当遇到外界刺激时，信息会同时传入边缘系统与大脑新皮层。边缘系统会产生爬行动物脑适应生存的反应，如看到一条像蛇样的东西，就会自动产生恐惧，恐惧会使人避开危险，这都是最基本的情绪反应。在另一边，大脑新皮层会根据传入的信息进行判断。比如，研究一下到底是绳子还是蛇，如果发现是绳子，就会向爬行动物脑发出信号，要求其停止过激反应。

很显然，条件反射式的情绪反应是很快的，而判断是需要花时间的，结果就是人们易于先产生情绪，然后再用理性去关闭它。但是，上文所说的只是理想状态，大脑的活动是很复杂的，新皮层对边缘系统的控制并非每次都能成功。比如，边缘系统中的扣带回可以锁死注意力，导致人们非理性地对某些细节感到恐惧，很多强迫症就是扣带回极其敏感的类型。又如，特定的情绪或事件可以刺激海马回提取过去相关的强情绪记忆，导致虽然现状很正常，边缘系统却产生了强情绪反应，创伤后遗症状有一部分就是这种机理。

总之，大脑这几个部分实际上的互动要复杂很多，很多情况都可以导致新皮层对边缘系统干预失败，甚至被边缘系统控制。所以，总体来说，人们容易受情绪影响，是由于大脑的情绪双轨制处理模式中，负责情绪的爬行动物脑路径短、反应速度快；而负责思维的新皮层路径长、反应速度慢，人们首先易于先产生情绪。如果又有其他因素影响（如杏仁核劫夺、扣带回锁死之类），就会导致新皮层的后发干预无效，使人完全被情绪所控制。

这就是我们在医疗纠纷调解中主张"先处理心情，再处理事情"的原因。患者往往先被情绪控制，所以需要首先尊重、接纳和平复对方的情绪。否则，无论对方的解释多么的合理，人们都无法接受。这是因为患方还没有建构起接纳"其他看法"的心理准备。本案例中，由于疏于心理调解，患方闹了好几天，不仅逝者得不到安宁，而且，由于亲戚朋友、乡里乡亲都忙壮势，既花了钱，又欠了人情。医院也落了个"出了事却急着撇清关系"的坏名声。

4. 对事不对人

回顾"三脑原理"，人们会发现：爬行动物脑的正面意图是生存，情绪脑的正面意图是归属感，而视觉脑的正面意图则是创造、创新和探索，是聚焦未来、完成计划和实现目标。所以，人们常说的"每一个行为背后都有其正向动机"是有其生理学依据的。

NLP（神经语言程序学）是近年来越来越受人们关注的一门非常实用的"复制卓越"的心理技术。NLP有一条预设前提：每个行为的背后都有其正面动机。[5] 也就是说，每一个人做任何事最终都是为了满足自己的一些深层需要。因此，每个行为的背后，都必定有正面的动机。与情绪没有对错一样，动机也不会错，只是在满足正面动机时存在负面行为模式，没有达到正面效果。比如，患者有足够的支付能力，却故意拖欠医院费用，患者有没有正面动机呢？当然有，就是希望获得医疗服务，只是想不劳而获。上文已经分析了每个人对同一件事物的看法可能不一样，人们要相互尊重彼此内心深处的正面动机，但是可以不支持他的行为。因为，他的行为已经伤害到公共利益或者不符合社会规范。

只要接受一个人的动机，他便会觉得人们接受了他这个人；而只有了解和接受一个人的正面动机，才更容易引导一个人改变他的行为。只是，动机往往处于潜意识的层面，不容易被发现。

若是人们将对方的行为、观点等同于这个人，就会漠视人的处境，出现彼此对立，无法彼此倾听，当然也就无法对话了。人们若能关心"人"，而不是仅仅关注人的"行为"或"结果"，那么，倾听就启动了。有了真正的倾听，才能有真正的对话。这就是我们经常强调的，调解时要"对事不对人"。"人"不等于"事"，就是"行为"不等于"人"，批评一件事不可否定一个人。

可是，有不少调解员认为，患者投诉不就是为了钱吗？甚至将本案例中开价比较高的患方直接定义为"刁民"，这无疑是对患方的本质进行了否定。在促进式调解模式中，强调应该相信大部分投诉者是善良的。

第二节　运用同理心构建调解新模式

在上一节中，已经讲到同理心与同情心的重要区别在于：是否进入对方的精神世界。先看一个例子。

> 有位姓吴的患者，本职是位医生，因腹痛一周入院，他担心长了肿瘤，极度焦虑，整夜无眠。好在他有一位德高望重的老师，决定亲自为学生施行手术。手术那天，打开腹腔后，老师松了一口气：只是阑尾发炎而已，没有大碍。为了让学生放心，他把有医学背景的学生之妻叫进手术室，对她说："你来看看，不是肿瘤。你们可以睡安稳觉了。"

> 那位年轻医生痊愈后，想起患病期间的种种焦虑，突然意识到自己每天接触的患者必定也有着同样的紧张和不安。作为医生，在尽心竭力帮助患者解除病痛的同时，也应该设身处地地减轻他们心理上的负担。他开始反复思考这个问题，并决定用一生来践行这一理念。半个世纪后，已经蜚声中外的医学泰斗吴孟超——也就是当年的年轻医生，还会把老师裘法祖为自己开刀的故事讲给他的学生听，以此来告诉他们，医生该如何对待患者。

裘法祖院士设身处地地为患者着想，真诚理解病痛并全面关注患者，体现的就是"医生的同理心"。美国医学院协会已要求把同理心作为医学院教育的目标。

一、同理心观照下的调解技能缺失

现在，我国的医患沟通技能主要局限于传统的人际沟通技能。比如，在行为动作的规范方面，有服饰仪表、动作、体态、表情视线等内容；或者，在伦理要求方面，有诚信、平等、换位思考、保密、共同参与等内容。外来的现代技能则很少被引入，比如，关于同理心，在理论研究方面的确不少，作为医务人员可能人人皆知，但作为一种技能在现实中加以运用仍然非常贫乏。

有一个这样的投诉案例：

一老年患者上午去医院看病，挂的号要到下午两点后才能看上。这时候，他感觉极其不舒服，晕乎乎的，透不过气。当时正好是午休时间，门诊部没有什么人，老人就找了个诊室门口的长凳躺下来休息。

大概过了半个小时，这个诊室的医生吃饭回来，看见老人躺在那里，便厉声呵斥并叫他起来，不要躺在那里。

"我跟她解释自己身体不舒服，她依旧正言厉色，还说些尖酸刻薄的话驱赶我！"后来老人投诉说，"现在医生怎么一点同情心都没有？"老人愤慨地说。

其实，正是因为我们在医患沟通中缺少现代技能的应用，致使我们很难克服传统文化对沟通产生的消极影响。

以上述案例为例，医生在调解中陈述说：诊室门口的椅子是给候诊的患者坐的，躺着多不好看呀。就好比公共场所的椅子，人躺着就难看了。坐着靠一下可以，如果实在坐不住，就挂急诊嘛。

从上述案例可以看出，这位医生看问题的角度是：推己及人，己所不欲勿施于人；我觉得有碍观瞻，一般民众应该也会觉得很不雅观。所以，应该加以制止。

1. "推己及人"与同理心的区别

人际关系自古就是中国传统文化，尤其是儒家文化最重视的一部分。我们一贯推崇"推己及人"，[6] 也就是"设身处地为他人着想"，但这并不能涵盖"同理心（Empathy）"的精髓所在。因为，这种"恻隐之心"始终固守于自己的个人阅历与成见，跳不出自身的参照框架。

正如"老吾老，以及人之老；幼吾幼，以及人之幼"一样，假如当事人自己家中没有老人、小孩的话，那么我们的"推己及人"不就失去了推而广之的基础了吗？由此可见，所谓"己所不欲，勿施于人""己欲立而立人，己欲达而达人"的道德"黄金法则"，终归只是以"己"为出发点的认知他人的方式，而缺乏站在与"己"不同的他人角度去认识他人的能力。

当遇到"己所不欲而人欲之，己所愿而人不愿之"的情况时，这样的"黄金法则"又该如何套用呢？案例中这位医生的"有碍观瞻"与患者的"人身安全"相冲突时，医生仍然坚守以"己"为出发点的认知方式。可见，我们在人际交往中常常难以做到对他人富有同理心。

这种"设身处地"的"感同身受"与"同理心"表面上虽相似，实际上却是南辕北辙。后者所蕴含的"是一种将自己置于他人的位置，并能够理解或感受他人在当下状态中的经历的能力"，实际是截然不同的另一种思维逻辑。

借助下面这个例子，能让我们更为直观地看出两者的区别所在。

曾经，有一位患者在其父亲去世后，以一种平静的语气描述了其父在医院去世的细节。

假如接待的调解员也有丧亲经历的话，很有可能会对这位患者的经历感同身受，从而产生出儒家式的"恻隐之心"，他可能会用一种悲伤的语气感慨道："多么悲惨的事情啊！你此刻一定很伤心吧。"然而，这种反应其实根本就不是同理心。因为调解员无视了患者平静的语调背后可能蕴含着的真实内心体验：我与父亲总是聚少离多，父亲还经常对母亲进行家庭暴力，我并不像调解员自身所体验到的那样，为父亲的去世而感到痛不欲生。

如果是一位拥有同理心技能的调解员，则可能会说："在我看来，你所说的好像是一件悲惨的事情，但从你的语气里我却感到你此刻的心情是如此平静，不知是否如此？"这时，患者才可能感到真的被调解员所理解，而不是迷失在调解员的"感同身受"之中。

可见，同理心要求调解员站在患者的立场去体察患者的主观体验，而不是将自己的观点和体验强加给患者。以"己"为出发点是我们从传统文化中习得的认知方式。

有人可能会有疑问，为什么在法国 1793 年的《人权和公民权宣言》第六条中引用孔子的这句格言："自由是属于所有的人做一切不损害他人权利之事的权利：其原则为自然，其规则为正义，其保障为法律；其道德界线则在下述格言中：己所不欲，勿施于人？"为什么孔子的这句格言如今仍然被镌刻在纽约联合国总部大厦？

笔者赞同王国乡教授的观点：在 17、18 世纪，西方占统治地位的神学伦理思想中，并不缺少"己所不欲，勿施于人"的伦理思想。但是，这些戒律都是以神的意旨宣布的，并且也只是只言片语。这种宗教的、神谕的道德格言，在 18 世纪启蒙思想家看来，是导致欧洲人陷入愚昧的根本原因。相比之下，孔子的道德格言、伦理思想，则是"建立在自然秩序、人类个体理性基础上的伦理思想"，具有深刻的人文内涵。这大约是孔子的道德思想被欧洲启蒙思想家所推崇的最重要的原因。[7]

推己及人伦理方法的前提是承认"别人也是人"，即把"别人当人看"，这是近代"人权"理论的基础理念。如果有人把别人当作动物来看待，那么，他一旦掌握了权力，就会奴役他人、任意残害他人。如果有人把他人（统治者）当作上帝或神来看待，就会崇拜他人，甘愿作他人的奴仆。因此，肯定推己及人的伦理方法，就是承认"人权"与"自主权"的普世价值观。

可是，在当今人类个体个性多样化和独立性发展起来的时代，借用伦理学者高兆明教授的话："这种认识方法、认识立场（推己及人）亦有其故有的局限性，这集中体现为强烈的主观偏好性。当我们自己以当事人的身份出现时，总是带有某种利益偏好与利益关系，并不可避免地对问题的认识带有某种偏好。我们的眼光和理性会被自己的利益和偏好所遮蔽，从而陷入'理性无能'之境地。"[8]

也有学者认为，在儒家伦理的家长制之下，行善原则高于自主性原则。[9]如"大医医国，中医医人，下医医病。"（《黄帝内经》）"夫治身与治国，一理之术也。"（《吕氏春秋·审分览》）因此，在中国传统文化的语境中，医生与患者的关系可以等同于领导者与人民的关系。医生应尽忠于自己的职责，全力增进患者的福祉，同时，医生需要患者的绝对信任和服从。正是这种"家长"的地位成为医生行善的道德依据，导致医学本身的价值高于患者的权利。

有人对家长主义提出的辩护理由是：医生拥有更多的知识，知道如何诊断、治疗和预后。患者在医学知识上与医生有很大的差距，而且患病后精神、身体都处于不佳状态，因此，应该由医生做出决策。然而，家长主义剥夺了个人的自主性。除非在某些不得已的情况下，如患者丧失决断能力或者急诊患者情况紧急时方可代之决定。在其他情况下，家长主义显然违背了自主原则。尊重自主体现了将患者本人看作是目的自身，而非仅仅是手段，也是承认所有理性人都具有平等人格的具体体现。

2. "仁爱"与同理心的不同人际界限

儒家文化的一个核心所在是"仁"。虽然孔子也用"爱人"来概括"仁"（《论语·颜渊》），但是，与西方的博爱、仁爱不同，孔子的"仁"起源于血缘亲情之爱，所谓"仁者，人也，亲亲为大。"只有"笃于亲"，才能"兴于仁"（《论语·泰伯》）。

这种"仁"可以说是一种情感黏合剂，起着凝聚社会成员的作用，同时，也存在着不良反应，除了难以摆脱这种人与人之间的依附关系外，还模糊了个体与他人，尤其是血脉亲人之间的"人际界限"。这种倾向阻碍了个体人格的自然成长，人为地抹杀了人我之间应有的界限；也很有可能导致对他人（尤其是社会阶层中的弱势群体）私人生活领域的干涉，对个体的基本权利的剥夺，因而阻碍个体的个性发展。这样一种"推己及人"的"仁慈"，实际上是将自身意愿强加于他人的人格"入侵"。

罗杰斯在定义"同理心"时指出："体会当事人的内心世界，如同自己的内心世界一般，却永远不失'如同'（as if）这一特质。"在对他人的存在漠视的前提下，是不可能有能力去同理他人的真正需求的。模糊的人际界限显然有悖于同理心的本质。

3. "修身"于己于人的要求

对于"修身齐家治国平天下"的自诩，也是传统文化的核心内容。

"修身齐家治国平天下"的实现，必须以"修身"，也就是实现个人的道德圆满为基础。修身追求的是"内圣"之道，通俗地讲，叫"独善其身"；而"齐家治国平天下"过程，又可简而言之"外王"，也叫"兼济天下"。从"内圣"中开出"外王"来，是每一位儒家弟子津津乐道的雄心壮志。

如果仅将"道德圆满"作为对自己的期许和鼓励，倒也无可厚非。但是，如果将之当成一种自我认知则不免脱离现实，毕竟现实生活中百分百的"道德完人"是不存在的。这就导致了儒家思想中隐含的一个逻辑悖论：当儒家弟子自身的道德修为尚有不足时，哪有资格成为家人、国人的楷模来齐家治国，教化世人？更谈不上什么"己欲立而立人，己欲达而达人"了。但是，若要强行"修治齐平"，又非得承认自己在德行方面已经完美无瑕，这显然又不符合实际情况。于是，儒家文化人格便陷入一种既自负，又不愿承认自己自负的两难境地。

儒家弟子始终坚持修身养性，认为只有他们的德行如耀眼的明珠一般照亮身边之人，当这种影响力不断增大，增大到所照亮的不再是一家一国，而是整个天下时，"修治齐平"的"外王"之道才算大功告成。在整个过程之中，儒家弟子在道德上始终都是凌驾于世人之上的。

退一步讲，即使儒家中真的有人能够在道德品行上做到尽善尽美，无可挑剔，儒家"齐家治国平天下"的政治构想依然存在着无法弥补的缺陷。由个人的修身实现齐家，是因为作为一家核心的家主，可以将整个家庭纳入到自己的绝对影响之下，其隐含的前提恰恰就是家庭成员之间的"人际界限"不分；由齐家再到治国乃至平天下，其隐含的前提则是"家"与"国"之间的界限不分。[10] 在这种以"己"为中心向外扩展的逻辑秩序中，民众怎么可能形成自己的独立人格呢？

在同理心中，尊重别人的独立也成就了自己的独立人格。如果自己没有独立的人格，就很难去尊重别人的独立，同理他人自然也是无妄之谈。

4. 运用现代沟通技能弥补传统文化应用缺陷

在第一个案例中，医生如果富有同理心的话，应该体察到：患者在体力完全不支的情况下，一般很难顾及举止文明与否。该医生可以考虑将患者搀扶进注射室等暂时空置的房间内，以免因为在大庭广众之下被其他人看见，产生不文雅等不良影响。

当我们积极引进一些外来的现代沟通技能时，这些传统文化对沟通产生的消极影响就可以在不知不觉中被覆盖掉，从而达到逐步消除的目的。

二、同理心的三个重要特性

1. 同理心能够让彼此之间建立关系的"联结"

同理心能够让你走近对方，让对方感到你与他之间存在一种关系上的"联结"，他并不孤单。

从前有个人患上精神病，总喜欢撑着一把伞蹲在路边，唯一会说的一句话是："我是蘑菇，我是蘑菇。"路人有时绕道而行，有时施舍一点硬币，有时嘲笑他疯癫，有时悲悯地请上帝宽恕这个可怜的人。有一天，医生也撑了一把伞，蹲在他身边。他转过头疑惑地看着医生，开口问他："你是谁？"医生笑着对他说："我也是一朵蘑菇。"

正如这位医生所认识到的，能够让情况好转的，不是你说了什么，而是你与他之间的关系"联结"。在医疗纠纷解决中，调解员创造机会让双方当事者一起参与饭局，或者医院举办的公益活动，都可以达到建立关系"联结"的目的。

小孩子刚学走路，因为摔了一跤就开始哭了。如果这个时候妈妈说："哎呀，你摔了一跤，你好疼啊。"那么，孩子因为妈妈肯定了这种疼，知道这个疼是有意义的，这个疼是他生命的一部分。如果妈妈说："哦，你摔了一跤，下次小心点。"或者说"不痛不痛，没事没事""男孩子不要哭，坚强一点""你看，刚刚我就叫你不要这么走，让你牵着我，你不听"之类的话，那么，孩子就会觉得自己跟妈妈之间是没有联结的，会觉得这个痛好像是自己犯的某种错一样，他就没法去接受自己的那种疼的感觉。如果经常处于与周围的人失去联结的状态，长大后就容易发展成某种孤独。

2. 同理心提供的是最长情的陪伴

想象一下，当一个人陷入低潮时，他的心灵就仿佛卡在一口深井里。路过的人有的会说："这个人好可怜啊，竟然卡在井里了。"有的人什么也没说，自己爬到那个井里，和那个卡在井里的人在一起，给他温暖和陪伴，然后帮助他爬出来。在这种时候，表达"这个人好可怜"的人是在展示自己的同情心，爬到井里并陪伴在落井者身边的人，是在展示同理心。

在震灾后的救援中，对于那些失去家园的灾区人民，咨询师试图表现同情心说"没事""我非常理解你们的感受"，没有想到反而惹得受灾群众勃然大怒。我们常常从自己的意愿出发去思量对方所需，实际上，很多时候对方最需要的仅是周围人的陪伴。

同理心，是鼓励和陪伴他，理解他，和他一起渡过难关。除非对方请求，否则不要主动提供建议，有时对方需要的仅仅是无声的陪伴。不要表现出不耐烦、拒绝、责备等。

3. 同理心避免自己的价值判断

同情心是我站在我的角度、我的价值观、情感体验的角度对对方做出判断。比如，我觉得这个乞丐好可怜，是基于我自己觉得：这个人吃不饱、穿不暖，让人觉得好可怜，要是我一定会很难过。同情心隐含了价值判断，你对他的遭遇判断被你过去的经验所影响，无法做到价值中立，对问题的观察和看法无法做到客观分析。

同理心则更多地站在对方的角度上，以对方的角度、对方的感受去体验，以他之眼，看他的世界，尽量避免自己的价值判断。比如，对于某一犯罪行为，你可以运用同理心来分析他的犯罪动机，如童年经历、环境成因、刺激因素等，但是，你很难去同情他。

三、同理心有别于同情心的 3 个回应要点

要很好地做到同理心回应，需要注意以下 3 点：

1. 必须能够理解对方的独特经历

有位患者在医院刚刚做完大手术，刀口很疼，需要恢复。护士进来清理房间，她

说："哦，这床单该换了！"转手把患者推到一边，再回手翻回来，患者疼得大声喊叫！护士换完床单转身离开房间，患者想：也太粗暴了吧！

第二天，又要更换床单，另一位护士进来，动作特温柔，态度特别好。患者说："唉，怎么人和人差距那么大！昨天那位太过分了！你服务真好，她和你没法比。"她说："原因很简单！我以前也做过这种手术，很清楚你的感受。"

这正是同理心与同情心的一个重要区别：同理心需要去理解对方的独特经历；同情心则没有进行这方面的工作，轻率地将另一个人的经历理解为自己的某种经历。事实上，你并不清楚你们两者的经历是否真正地相同。在亚瑟·乔拉米卡利的《共情力》一书中，有这样的例子：

当你听到邻居的爸爸去世的时候，你的同情心会立即起作用，在同情心的驱动下，你会这样想："天哪，她一定会很伤心的！因为当我爸爸去世的时候我哭得稀里哗啦的。"结果呢，几天后你可能听到的事实却是——你这个邻居的爸爸在她还是个孩子的时候就离开她了，并且从那之后几乎毫无音讯和往来。事实上，你的邻居由于跟爸爸没什么感情，根本没有因为他的去世而伤心欲绝。[11]

当人们遇到事情的时候，可能会在一刹那间产生同情心，但是，如果要真的做到同理心，也就是对另一个人的情感做到感同身受，则需要时间来了解事情的真相。

2."分离式关注"对方的福祉

医生只有具备较强的同理心，才能真正靠近患者的世界。但是，基于精神分析中对同理心的理解，临床普遍认为，医生既要与患者产生一种情感，又要避免医生失去自我，即"一种分离式关注"。因为，如果医生在很严峻的情况下，进入到患者同样的感情状态，就会失去判断能力和理性的客观选择能力。就像妈妈对待无助的婴儿，卷入太深，剥夺了患者治疗的机会，偏离了治病救人的宗旨；还会产生共病，对医生也是一种损耗。

分离式同理心是一种"价值中立的"（value-neutral）观察模式，与同理心的重要特性"避免自己的价值判断"一脉相承，与爱、和善、同情不能混淆。"价值中立"让医生无须感受遗憾、悲痛及其他让人难受的情感。[12]唯有如此，医生才能真正"进入"并因此"阅读"到暴露在疾病之中的患者个性自我的深层状况，进而真诚地关心对方的福祉。

3.让对方拥有被当作正常人一样看待的尊严

同情心在某种程度上是居高临下式的怜悯。很多时候，我们深表同情，但无济于事，对于深陷悲伤的患者而言，他们需要的不是同情，不是一句"你真可怜"，他们也不希望示弱和被同情，他们需要的是被理解。同情心是指作为旁观者，我站在自身的角度去理解对方的感受，并以我所希望的方式去对待对方。这种对待方式并不对等。因为，同情心对外呈现的是：我站在一定的高度，以高姿态去看待处于弱势的他人，以爱心和同情的名义对对方进行道德绑架。

作家琼瑶说："人，活在自己的悲哀里还比较容易，活在别人的同情里才更艰难。"因为别人的同情只会让一个人更加自卑。对于一个人而言，当面对生命中那些不可避免的伤病和痛苦时，最重要的就是那一份想要维护却无法顾及的尊严。他们会担心：我还能做些什么呢？家人会不会嫌弃自己？自己真的成为所有人的负担吗？这时候，对他们而言需要的不是怜悯，而是拥有被当作正常人一样看待的尊严。如果我们没有能力让对方从他的困境中真正走出来，至少我们还能通过同理心让对方感受到尊严与温暖。

同理心让彼此更亲近，同情心却让双方更加疏远。面对跌入谷底的患者，你付出的是同理心还是同情心呢？

四、同理心表达技能的 7 个步骤

所谓同理心并不是简单地说："我了解你的感觉和想法。"这只是漫长的第一步。做一个能表达同理心的人，比拥有同理心的能力更重要，因为，这才是运用同理心的价值所在。"事实上，表达同理心是感受同理心的关键，因为同理心如同爱、宽恕、诚实，只有在我们乐意付出时，才会真正得到。"[13]

哈佛大学的两位学者在其合著的《你的感觉，我懂：与对方感同身受的能力与技巧》一书中，展示了同理心的精髓及同理心所释放出来的疗愈能力：认为当人们要对他人表达同理心时，必须以理解为核心，拒绝同情；在理解他人的过程中，要抛开对他人的成见与判断，并拒绝速成的答案。该书论述了同理心的重要性，认为同理心是人类重要的生存能力之一。该书得到美国心理学会的推荐。

书中提出了表达同理心的 7 个步骤：①问开放式的问题；②放慢脚步；③避免太快下判断；④注意你的身体反应；⑤了解过去；⑥把故事说出来；⑦设定界限。[14]这 7 个步骤，看似简单，实则各有不易之处（图 2-2）。

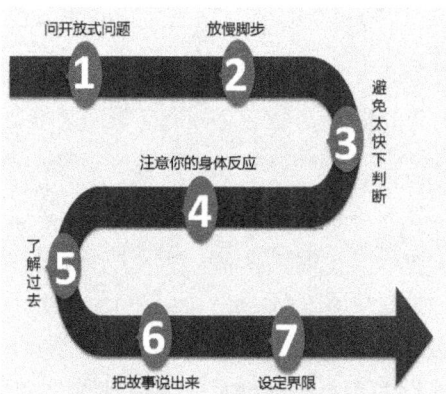

图 2-2　同理心表达七步骤

1. 问开放式的问题

提问作为显示对回答者关心的一种行为，是医疗纠纷调解员最重要的对话技能。提问可以分为"开放式提问"和"封闭式提问"两大类。关于"开放式提问"和"封闭式提问"在第五章提问技能中会有详细论述。简单来说，"开放式提问"不能通过"是""不是"或单纯指出事实来回答，"封闭式提问"与此相反。是回答者仅仅就日期或场所等具体特定的事实进行回忆的比较单纯的作业；与此相对的"开放式提问"，是回答者自己在对各种各样的信息进行处理的同时，进行情节构造的、复杂的认知处理的作业。因此，对"开放式提问"的回答，回答者倾注了自己的感情或很深的诉求，能够达到以下这样的效果：[15]

（1）让回答者感觉受到尊重。对于"开放式问题"的回答，是由回答者自己来设定叙事构架，所以，回答者会感觉得到尊重。它传达出这样一个信息：我们尊重每个人的独特的反应与回答，对你的观点很感兴趣，希望从你的话中获得更多的信息。"封闭式提问"的叙事构架则由提问者来设定，对于回答者来说，与其说是感觉到自己的话被倾听，还不如说是自己被询问。因此，回答者通过回答"开放式提问"而感到被尊重并被认真地倾听，能够形成对倾听者的信任感。

（2）促进回答者对自己关注点的"察知"。在进行自己的叙事构架时，回答者自身可能会察知自己的叙事中没有道理的部分、夸大事实的部分、没有被注意到的真正诉求部分等。特别是在公正中立的医疗纠纷调解员面前谈话的时候，与对对方发泄怒气的情况不同，回答者不得不克制自己的情绪，采取顾及第三方人员的谈话方式。因此，第三方人员只需要坐在那里，回答者的叙事构架就会发生变化。这被称为"听众效应"，在对"开放式提问"进行回答的过程中，回答者会得到各种各样察知的机会。

·（3）获取丰富的信息。"开放式提问"对于医疗纠纷调解员有很大的价值。因为，提问者把歧视和偏见摆在一边，给回答者提供了充分发言的机会，通过回答者叙述自己的认知框架，可以得到回答者对于问题的丰富信息，从而有助于获得理解回答者真正诉求的线索。

当然，不是说任何时候都不宜使用"封闭式提问"。从"拓展事实"还是"缩小事实"不同的方向来考察：当医疗纠纷调解员为了下结论，将回答者的话语集中于某些必要的要素上，则需要通过"封闭式提问"来确认；对于医疗纠纷调解员来说，为了达到通过提问来引出当事者没有看到的、隐藏于其背后的情况或深层想法，从而促进双方信息共享这一目的，就需要尽可能地挖掘扩大事实，所以，经常需要"开放式提问"。

因此，一定要理解"开放式提问"与"封闭式提问"的区别，不仅是单纯形式上的不同，在对话的质量或方向等方面亦有很大的差别。

2. 放慢脚步

当亲人被伤害事件发生后，当事者会以多种形式呈现愤怒：可能为亲人没有好好照顾自己或自己没有好好照顾他而愤怒；可能气愤自己没有预料到事情会发生，或者虽然预料到却无法阻止；气愤医生无法救活对自己这么重要的人；气愤这么悲惨的事怎么能发生在对自己如此珍贵的人身上；也可能气愤他抛下自己，自己应该有更多时间和他在一起。理智上，自己知道亲人并不想死；情感上，自己知道他确实死了，但他不应该死，至少不是现在。

愤怒也可以表现为对医疗体系的不完善、生命的不公平、太早离开的亲人的愤怒。生命是不公平的，死亡也是，当事者对不公平感到愤怒是很自然的反应。

愤怒是治疗过程的必经阶段。愤怒只是表层的情绪，背后隐藏着悲伤、惊慌、受伤、孤单等情绪，而且渐次强烈。人们也许害怕被自己的或者对方的愤怒所淹没，但只有愤怒消散，才能得到更多的医治。这时需要放慢脚步，如果要求一个人太快走出愤怒，结果只会造成与这个人关系的疏远。每当要求他人改变他的做法或感觉时，其实就等于表示无法接纳他的立场。任何人都不喜欢被要求改变和不被接纳，尤其是在悲伤、愤怒的时候。

愤怒是力量的表现，能够让失落感暂时稳定下来。愤怒表示当事者正在进步，能够让过去无法承受的所有感觉浮现出来。人们往往不知道如何面对愤怒。很重要的一点是，不要去批判自己或他人的愤怒，也不必去分析个中意义，不要让任何人贬低充分感受愤怒的重要性。

因此，作为调解员要了解，有时候，一言不发的陪伴更有力量。处于痛苦中的当事者有时不需要你说些表面安慰的话语。陪伴可以产生一种宁静及安定的力量，令对方减缓痛苦。当事者的情感和身体一样需要休养生息，应尽可能地帮助当事者将复杂或重大的决定延后。如果不能延后，就设法让当事者信赖的亲友为其提供建议。

3. 避免太快下判断

说出如"振作起来，继续走下去"的安慰式的陈词滥调，是不会接近当事者内心世界的，不会感受到当事者的痛楚或苦难，或者肌肉的紧绷。坠入提出批评与判断的深渊，同理心的力量则无法展现。想要发挥同理心的力量，就必须先摒除自己的分析与批判，也不能专注于解决问题。

如果调解员面对当事者，一心只想解决问题，一味地考虑如"从哪里插入话题好呢？"等因素就会把注意力都放在自己身上，而没有完全听到当事者说话的内容，就不会和当事者共同感受到问题的实质或主观的感受，错过与当事者产生同理心的机会。何况，承受苦痛的当事者甚至不要倾听者帮忙解决任何问题，至少暂时还不需要。他们可能只是要一个人知道他们的经历。解决问题，可以在同理心建立后，在密切关系和信任建立之后才需要进行。调解员也没有必要把注意力集中在如何解决问题上，因为医疗纠纷调解员的职责是促进双方的对话，而不是代替解决问题。

4. 注意你的身体反应

实际上，非语言沟通的影响是语言沟通的10倍以上。[16]比如，"真是个傻瓜"这句话，如果是厌烦地、严厉地说出来的话，它传达的就是一种强烈地责难的意思；如果是微笑着、开玩笑似地说出来的话，它传达的就可能是充满爱意的信息。根据场合的不同，这种信息要传达的真正内容也各不相同。因此，倾听者不仅要听清对方的话语，还要从场景或对方说话的语调、表情、动作等各种语境中看出端倪，从而正确理解信息。

根据研究结果，不论是在哪种情形下，如果有目光接触的话就会被评定为肯定性并富有意义，适度的目光接触能给发言者留下对方在认真倾听自己谈话的印象。在不关心别人的谈话时、无聊时，很容易无意识地做些玩弄头发、玩弄桌子上的笔或者不时地看表等动作，这些是必须避免的。在声音方面，医疗纠纷调解员与说话者的声调或语速相一致的话比较理想。像这样与对方的举止相一致的行为被称作"同步"，既包括话语，还包括动作。应该注意的是，这些非语言性的信息是很微妙的，如果生搬硬套的话，可能会适得其反。

为了显示认真倾听的态度，将身体稍稍向前倾的姿势被认为是比较有效的。必须注意的是，医疗纠纷调解员身体前倾的方向必须总是朝着说话者。比如，当患者向医生发怒时，如果调解员把视线转到医生这边的话，医生就可能会有调解员和患者一起在责备自己的感觉。反过来说，当医生在解释时，如果调解员和医生一起将视线转向患方的话，患方也可能会产生医疗纠纷调解员和医生一起在辩解的感觉。为了避免上述情况的发生，医疗纠纷调解员在倾听时有必要总是面朝说话者的方向。这就要求医疗纠纷调解员必须坐在患方和医方人员的正中间。

调解员对于非语言性交流必须经常有意识地、规范地进行。同理心表达时，最忌讳身体的行为出卖自己的语言。一个不经意的手势与表情都可能让对方感觉自己被轻蔑因而失去信任感。调解员要留意个人身体反应，心口如一地将同理心的力量发挥到极致。

5. 了解过去

每个人都脱离不了过去的背景。了解过去就是希望对当事者有个系统性的了解。理解过往与现今的关联，以便找寻到问题的解药。

调解员借用叙事研究方法，通过拟人化的对话，使人和问题分开，将故事一步步展开，启发当事人从不同的角度、以不同的观点重新审视自己原有的叙事和经验是怎样建构的，有什么局限性，进一步思考是否有其他的可能性。通过探索当事者在问题主要叙事之外的一些情节和经验，引导当事者寻找过去及现在没有症状问题发生的例外情形，发现有积极意义的事例。例外结果的探究，可以通过开放式提问来进行，如"你能说说那个医生故意刁难你是在什么样的情形之下吗？"也可以通过封闭式提问来进行，如"如果是这种处理结果，是好些呢？还是更糟呢？"

调解员让当事者从自己成功克服问题、有效适应生活的例外情节中，了解并确信过去的叙事和经验的非必然性，从而破除原有叙事的强势，进行叙事重建，发现纠纷双方的共同利益所在，最终消除双方的认知分歧。

需要注意的是，调解员不能像法官一样，把检视已发生事故的过失及因果关系作为目标，并进行事件回顾式的消极讨论。重要的是，应积极思考对于当事者双方来说，怎样的对话是最有意义的、怎样才能促进双方相互接纳等，怀抱一些积极向上的想法。医疗纠纷调解的优点不是致力于回顾以往的责任追究，而是面向未来积极谋求对话创新。

6. 把故事说出来

说出故事是治疗创伤经验的重要部分。当事者试图去理解这些难解的遭遇和深陷失落的痛苦，但是，当事者的理智却还没有跟上来，无法让心灵接受这一经历。一切都发生得太快，快到让人无法理解。当事者思绪还停留在悲剧发生的那一刻，不断重演与回想那桩重创心灵的事件。因此，说出经历有助于减轻痛苦，频繁、详细地诉说经历对于走出悲伤非常重要，痛苦绝对不能压抑在心里。悲伤必须被看见，才可能治愈；必须通过分担，才能减轻。调解员帮助当事者大声说出内心的感受，逐一探索每个细节，厘清当事者的困惑，有助于当事者重新整理心情，稳住他那摇摇欲坠的世界。

在当事者于人前若无其事，一个人时却异常痛苦的状态下，调解员引导当事者说出痛苦的经历很重要。当事者诉说的故事可能充满痛苦，甚至超乎个人能承受的限度。但是分享故事才能减轻痛苦，好比将痛苦一点一滴分给聆听的人，进而扩散至四面八方。除了减轻自己的痛苦外，当事者的叙事还能够赋予亲人去世以某种意义。

有时打击太大，需要更大的载体来传递。有人会写成故事或书籍，甚至会制作成影片。生命需要被证明有意义，死亡也是。通过叙事，让人们为亲人在世的行为而感动。

在当事者叙事的过程中，调解员应找出无法连贯的部分并提出疑问，成为当事者苦难和奋斗精神的见证人，甚至指引、帮助当事者寻找需要的答案。

7. 设定界限

罗杰斯（Rogers）于 1951 年对同理心的定义是：准确地察觉他人的内在世界，如同感觉自己的世界一样，但是从不失去"如同"（as if）这一条件。阿德勒（A.Adler）在临床心理学上使用同理心的时候，曾将其转化为一种通俗的比喻："穿上病人的鞋子（站在病人的立场上），来观察与感受病人的体验。"（to "stand in the shoes" of the client and "see and feel" what the client is experiencing.）

同理心心态是指，对一个人产生同理心的时候，不仅知道那个人正经历什么样的事，也感觉得到他的感受，同时又如罗杰斯所说的"不失去'如同'的特性"，也就是不失去作为观察者的客观角度。[17] 比如，对于平常无法体验的事情也有"设身处地"的感觉，感受到这样的损失，如同发生在自己身上一样，但是又不失去"如同"的特性。

同理心要求医疗纠纷调解员全身心地投入当事者的内心世界，与当事者一同感受其切身所处的情况和他的思想。需要谨记的是，调解员只是一个参与观察者，要把持当事者自己的个人独特之处，确认他本身与调解员在各方面的差别，不至于与当事者过分认同，而失去其客观的立场，陷入与当事者一样的困惑而不能帮助当事者洞悉他的问题所在。[18]

必须注意的一点是，借由自揭伤疤的方式来缓和与当事者之间的不信任感，通常只是一个陷阱，不会有什么效果。因为，这么做会分散调解员的注意力，无法集中心力在真正需要帮助的人身上。关于这一点，有很多例子可以证明。

当调解员借由谈论自己经历过的磨炼和苦难，响应别人的困境时，并不能真正地让对方感到安慰。一个人缺乏安全感，不会因为知道别人也有同样严重的问题而得到化解，同理心让人们不带偏见地倾听隐藏在表面主张下的意义。要不持偏见地倾听，就必须设定界限，保持自我。设定界限并不是意味着我们不去关心，或觉得别人的痛苦不会深深地影响我们；相反，这代表我们愿意保持距离，以便提供更客观的回应。

设定界限才能让同理心发挥作用，让注意力聚焦在眼前的问题上。一位正面临婚姻危机的中年患者告诉心理咨询师，他相信所有的男人都会想要有婚外情。他问心理咨询师："你会想要有婚外情吗？"同情心可能会让心理咨询师怜悯他，分享心理咨询师对这个话题的想法；同理心指引着心理咨询师必须设定界限，集中注意力在患者的需求和关注的事情上。

真正的信任来自于你在任何时刻都对别人表现出同理心，而不是附和别人的要求，以及随意表露出对特定主题的想法和感觉。当事者不会因为调解员变得和自己一样紧张，就能缓和自己的不舒服。在大部分的状况下，这样做只会增加调解员的焦虑。

同理心表达7个步骤的运用，可以将全程接纳和陪伴、实质性中立、促进自主对话、叙事见证等技能引入医疗纠纷调解中，并对我国各地医调委人文关怀的提升起到不可限量的作用。

第三节　运用罗伯特议事规则构建新模式

目前，我国医院内的医疗纠纷解决还没有形成一套通行的规范化程序，呈现诸多乱象。但是，程序正义优先于结果正义。[19]目前，我国正处在社会转型期，价值观念和利益诉求日益多元化，唯有通过正当程序来包容、对待不同的价值观、社会群体，才能缓解乃至消除不同个体、社会群体之间的隔阂和冲突，凝聚社会基本共识，促进社会和谐，井然有序地推动各项变革。罗伯特议事规则是西方流传不衰的开会规矩。本节将结合具体案例，分析现有医院内纠纷调解程序存在的乱象，然后，就如何克服上述乱象阐述罗伯特议事规则给予的启示，以期进一步推动我国医疗纠纷调解制度的现代化转型。

一、罗伯特议事规则概述

100多年前，亨利·马丁·罗伯特作为美国陆军工程兵的一位长官，偶然被邀请去主持一场会议。原本以为开会是件极简单的事情，会议是很容易进行的，结果却陷入了严重的困境中。他决心静下心来深入研究议事规则。随后，他发现各个地方的议事规则内容不完整，在程序和规则上充满歧义，甚至有时自相矛盾。若不好好加以改善，想要有效地开展会议是一件很困难的事情。

于是，他决定自己编撰一套议事规则。在起草时，总体上参考了美国众议院议事规则，并在此基础上大量细化了制度与规则的设计。几经周折，罗伯特议事规则（第1版）于1876年出版，并获得了巨大的成功。时至今日，该规则仍是美国使用极为广泛的民主议事模式。1970年以后，罗伯特家族组成了"罗伯特规则协会"（the Robert' Rules Association），专门负责该规则的修订工作。目前已修订至第11版。

罗伯特议事规则现在已成为国际上广受承认的议事规则，大到联合国大会、欧盟议会、美国国会的议事程序，小到上市公司、合伙小店、兴趣团体，无不以罗伯特议事规则为依据或蓝本。它被赞誉为"集西方议事规则之大成"。

罗伯特议事规则与中国的渊源已久。早在武昌起义前，孙中山先生曾拿了一本关于"罗伯特议事规则"的书，交给蒋梦麟和刘成禺，希望他们能翻译成中文，岂料此事不了了之。后来，孙中山又拜托廖仲恺来翻译，也未能遂愿。[20] 直到 1989 年，大陆才有学者首次把孙中山念念不忘的罗伯特议事规则翻译出来。现在，在我国社区基层民主建设的实践中已引入"罗伯特议事规则"，成效颇为显著。[21]

当前，我国正处于社会转型期，各种纠纷呈多发、快速增长态势，各种纠纷调处的网络虽已建立，但调处机制尚未充分发挥作用，一些社会矛盾和隐患或将成为社会不稳定因素。创建一套能够面向基层、面向实践的科学议事规则引导利益相关方合理表达自己的诉求，在尊重对方需要的基础上共创双赢，是非常必要的。罗伯特议事规则以维护当事者的意思自治及程序正义为基本理念，不仅包含了终结会议乱象的一系列程序，也为我国转型时期的诸多利益纠纷解决提供了理性和平的指引。

为了便于推广，罗伯特议事规则的极简版归纳出了 12 条基本规则，其中第 2 条为"中立主持原则"，即会议"主持人"必须中立和公正，只能维护程序，不能发表自己的意见，也不能对别人的发言表示倾向，在多数情况下也不参与表决。[22] 这与医疗纠纷促进式调解模式中"调解员只做程序的推进者，调解员并不享有对争议的最终决定权，案件的决策权仍掌握在当事人手中"的宗旨一脉相承。

其他几条基本规则则提供了议事规范落实的技术保障，比如，"任何人在发言前均须示意主持人，得到主持人许可后方可发言""必须面对主持人发言而不是针对其他与会者，禁止与会者之间直接辩论""不得进行人身攻击、不得质疑他人动机、习惯或偏好，辩论应就事论事，以当前待决问题为限"，能够有效地纠正或避免在会议中常遇到的发散跑题、一言堂、打断他人发言，甚至恶意揣度、粗言相激、肢体相争等不文明现象。

二、医院内医疗纠纷调解中的乱象

下面是一段某医院纠纷调解室监控摄像头收集的长达一个半小时（从中午 11 时 51 分到 13 时 20 分）的调解实况视频。2 月 11 日，十几位患者亲属前来医院医务科讨要说法，院方现场出席的人员有：医务科科长、心内科护士长、心内科的另一位医生（因为正值春节假期，主管医生未能及时赶到）。患方发言者主要有：患者儿子、患者妹妹、患者连襟及后来的两位亲属（未能明确与患者的关系）。案情简介如下：

> 63 岁男性患者，2 月 8 日从他院转入。患者既往有高血压 2 级病史 5 年余，因腹主动脉覆膜支架腔内隔绝术后 3 年余，胸闷伴肢体乏力 2 天入住上一家医院，腹部超

声检查提示腹主动脉瘤样扩张（局部内径47mm），腹主动脉腔回声光带（考虑血管支架），遂转至该院进一步诊治。

经积极治疗后，2月8日、2月9日监查患者均无明显胸腹痛，间中偶咳嗽、咳少量白色黏痰，稍感乏力，监测血压、心率均控制较理想；入院后至2月9日，监察患者2日未解大便，2月9日约21时55分患者诉感腹胀痛不适，考虑胃肠动力差所致腹胀，同时，为防止患者用力解大便导致腹部压力增高影响病情，予以开塞露通便，效果欠佳。同日约23时55分予以灌肠后排出粪水约200ml，患者诉腹胀有所缓解，同时予补充电解质治疗，反复嘱患者卧床休息，于病床上排大、小便，勿自行下床，并上床栏。2月10日约2时00分患者诉感便意，嘱床上使用坐便器排大便，经反复劝解后，患者仍拒绝床上解大便，在医务人员协助下患者完成第2次大便。

2月10日凌晨5时15分，护士发现患者在未呼叫医务人员、未按床头铃状态下欲自行下床，在自行打开床栏状态下上前制止未果，突发晕厥坠床，呼之不应。值班医生立即到床边抢救，采取诸多措施后，患者未能恢复自主心跳、呼吸，2月10日7时50分宣布临床死亡。

从下文对调解案例的会议乱象分析可以看出，上述诸多议事规则的技术保障，在操作层面上能够为医疗纠纷促进式调解克服会议乱象和提高效率提供诸多有益启示。该实况视频所呈现的调解乱象主要表现如下：

1. 随意打断别人发言，争相抢夺发言机会

护士长： 我也是刚刚赶回了科室。我从几个方面了解了一下：当事的护士，还有阿姨，还有隔壁的大叔。掉下来是确实掉下来了。我们也……

患者妹妹： 怎么掉下来的？怎么掉下来的？

护士长： 这一点我们也……

患者的妹妹： 有监控，怎么掉下来的？

护士长： 监控……

患者连襟： 不，不，监护……

医务科科长： 这样，你们可以一个一个讲，不要打断。后面可以补充提问，都可以。

患者儿子： 为什么看到，还让他掉下去？这才是重要……措施等什么东西都没有的。你看到又能怎么样，看到在哪里？眼睁睁看着他掉下去。没有特殊的监护措施！

医务科科长： （问护士长）当时有没有防止掉下来的措施？

患者妹妹： 两个人（指护士和护工）都在门口，为什么不进去呢？……

患者儿子： 没有有效的监护措施……

医务科科长： 一个一个讲，好不好？

患者妹妹：叫了几声，为什么不进去呢？

医务科科长：（问护士长）有没有一些防止掉落的措施呢？

护士长：有啊！

医务科科长：有床栏？

护士长：在监护室，床栏插上去了，但是，他很不安，自己把床栏打下来了。他把床栏打下来，护士确实没有看到。但是他掉下去的那一刻，她真的是看到了。看到他没有力气地掉下去。然后就冲过去。但是，已经掉下去了。

患者妹妹：但是，那个大叔还叫啊！实在是没有在那里！那个隔壁的大叔听到叫声啊！

护士长：她们没有听到……

患者妹妹：没有听到？站在玻璃门口，也可以看到……

医务科科长：一个一个讲。阿姨，你来讲！

在前一段对话中，护士长还没有说完，就被患者的妹妹打断，医患双方围绕"监控"还是"监护"作为谈话主题引发争夺。

在后一段对话中，可以看出医务科科长虽然作为医院的职员，却仍然力图扮演中立立场主持人的角色，来引导护士长与患者亲属之间的对话，这种努力是值得高度赞赏的。但是，因为没有严格的进程控制程序，就像这里所看到的，常常导致众人之间争夺发言权，以及在后续对话中对主持人的攻击和谩骂，这种努力通常难以实现。这一点在后续的对话中看得更为清楚。

2. 效率低下，就同一议题讨论良久仍无结果

会谈刚开始的 11 时 51 分处

医务科科长：这样，选几个代表。我们慢慢沟通。（问患者亲属）几个人？

患者亲属代表：3 个人。

护士长：这是他儿子。

医务科科长：派几个代表就行了。

众患者家属：（齐声）都要！都要！

医务科科长：咱们这样的。我这儿介绍一下，我是我们医务科的。我也是刚到家没换衣服，我就过来了。我想着我们坦诚沟通一下，看这个事怎么解决。（稍停后）医院的态度、我们领导的意思也是非常坦诚的。这个不存在隐瞒或者逃避什么东西，我们也想妥善解决这个问题。好不好？你们家属有什么问题，可以先跟我们沟通。

患者儿子：那你就解释一下，为什么在 ICU 里面病人会从床上掉下来？

12 时 30 分处

同科室医生： 对，原来就有的（指动脉瘤）。动脉瘤如果破了的话，就是在医院也抢救不过来。

患者儿子： 就是因为这样才送去你们监护室。问题是：我送到监护室让你们来预防，让你们来监护，结果还不如我们在家里监护。

同科室医生： 不是。如果是这个原因在家里导致死亡的话，你也没有办法抢救。

患者儿子： 你先别说死亡的原因，死亡是另外一个问题。你觉得这样监护是不是到位？

同科室医生： 我们监护到不到位，我们都跟你说了嘛。如果还在讨论第一个问题的话，我只能说我们监护有我们监护的方法。就像小孩一样，父母很仔细照看他，他也有可能摔倒。是不是？

患者儿子： 一般的小孩摔一下没事嘛，作为病人，他需要好好监护。你的监护、你的安全措施要做到十足！这么脆弱的病人，更需要特别的监护。

同科室医生： 我知道，我就跟你讲：我们做到了。但是，还是有这么一种概率的发生，发生了我们也没有办法……

12 时 39 分处

患者儿子： 按照你的意思你们要怎么承担？我老爸已经走了，他已经回不来了。我要的是一个说法，我也不是说要追究它是动脉瘤破了，还是脑血管破了。我要的就是：为什么在监护病房里还会掉下来？

医务科科长：（面对新来的亲属 1）在你来之前，我们也解释了一番。

患者儿子： 你怎么解释的啊？

医务科科长： 不管对与错，我知道患者都是很难接受，我理解。我们只有依靠第三方来评判。

患者儿子： 我从头到尾就是问：为什么在监护病房病人还会摔下来？你一直都没有回答我，你从头到尾都没有回答我。你只是告诉我这是一级护理，一个小时来一次也是合理的。其他的你也不用说，你就把这个给我做个交代。

在会谈中，患者儿子是发话主角。他的发话最多，而且也是与患者关系最密切的人。从会谈刚开始的 11 时 51 分，他就提出了"为什么在 ICU 里面病人会从床上掉下来"这一问题；到会谈进行到 40 分钟时，也就是 12 时半，还在讨论同一个问题"为什么会摔下来"；当已经进行到 50 分钟处的 12 时 39 分，患者儿子仍就"为什么在监护病房病人还会摔下来"反复询问，并指责医方"从头到尾都没有回答我"。可见，会谈成效非常低下。

3.同一时间内，进行多个议题的交叉讨论，其中有平行议题、从属议题等，议程显得杂乱无章

> **患者家属**：我们进去的时候……
>
> **患者儿子**：那个时候已经是摔了。
>
> **护士长**：你听我解释……
>
> **医务科科长**：这样，一个一个讲，好不好？（医务科科长双手示意，意欲让打断的人安静）
>
> **护士长**：你们的一个问题是：不知道他摔下去多久，是不是？我所了解的情况是，那个时候护士就在玻璃门外。
>
> **患者儿子**：那就是看着他摔啰？
>
> **护士长**：看着他摔下去的，确实是！
>
> **患者妹妹**：（诧异）看着他摔下去的？
>
> **患者儿子**：（愤怒）把那个人叫过来，我宰了她！

> **医务科科长**：首先死因要明确。死因明确之后就可以往前面推，这些措施有没有到位，无论是护理还是医疗，都可以往前面推了。明确死因，可能最终还是要靠尸检。看是脑出血、动脉瘤破了还是其他的原因。第二个就是看医疗有没有到位，护理有没有到位。要搞清楚这些，医院也很难。目前，有省医调委，它拥有第三方律师和医学专家。把病历都提交给他们，又有尸检结果，这些就能够判断出来。这是第三方调解，如果第三方调解不行，还可以走鉴定：一个医疗事故鉴定，一个司法鉴定，是可以鉴定出来的。出了这么大的事情，我们院方也愿意很坦诚地解决问题，必须要把责任明确清楚。如果是医院的责任，我们医院承担多少钱，我们都愿意。虽然不能挽回患者的生命，但是有过错，我们该承担的还是一定要承担。好不好？也希望家属能理解我们！
>
> **患者儿子**：你的意思是你们要怎么承担？我老爸已经走了，他已经回不来了。我要的是一个说法，我也不是说要追究它是动脉瘤破了，还是脑血管破了。我要的是，为什么在监护病房里还会掉下来？
>
> **医务科科长**：（面对新来的亲属1）在你来之前，我们也解释了一番。
>
> **患者儿子**：你怎么解释的啊？
>
> **医务科科长**：不管对与错，我知道患者都是很难接受，我理解。我们只有依靠第三方来评判。

在前一段对话中，"摔下去多久"与"为什么看着患者摔下去而未能及时制止住"的议题同时展开着讨论。

在后一段对话中，交叉着"死因""要不要委托第三方来评判""为什么在监护病房里还会掉下来""医院如何承担责任"等议题，而这些议题在前面的对话中并没有形成共识，比如，得到解决或者经与会者同意被搁置。

4.多次受到恶毒的辱骂、人身攻击，甚至人身威胁，却没有得到及时、有效制止

患者儿子：为什么病人会摔下来，你这叫什么护理？

医务科科长：这样，如果是我，我会考虑几个问题：死因跟护理措施有没有关系？这个是死因要听医生讲。

患者儿子：我问你一句：要是你父亲摔下来不死，你怎么解决？

医务科科长：不明白你的意思！

患者儿子：这是谁的责任？

新进来患者亲属2：你也去过商场买东西，如果在商场摔倒了，商场也有责任，这是一个很简单的道理。这么明显的事情还要专家来评判。道理就摆在这里了！

医务科科长：我们不要争这个，好不好？

新进来患者亲属2：你就不要说去省医调委调解。比如，你去商场买东西……

（从门外进来一个个头粗大的男人，该男人从人群中用力挤向会议桌，用手指着医务科科长，厉声斥责道）患者亲属4：都一样的，与人摔下去一样的。你这个人不服啊？我告诉你：你少说这种话！

（患者亲属4企图冲向医务科科长，患者妹妹连忙起身制止）

新进来患者亲属2：如果病人在床上去世了，我们也无话可说。

医务科科长：先做尸检。有了这些结论以后，专家更容易做出评估。

患者妹妹：人都摔死了，还要去破开来？

医务科科长：阿姨……

患者妹妹：真是太……人都摔死了，还要这样子弄啊。这是对死者不公道的啦！

医务科科长：阿姨，其实嘞……真要把这个东西搞清楚，这就是最大的公道。是不是？如果责任搞清楚了，死者在天也会感到很安慰！我也接触过很多的家属，有的老人家去世了很多年还一直有这个疑问。你们做家属的也心里很难受的。

患者妹妹：你们太阴险了！

医务科科长：这不是……

患者妹妹：这不是？如果是你父亲，你会那么做吗？是不是？

医务科科长：不做尸检的话……

患者妹妹：已经够惨了，够可怜了，还要破开来？

> **医务科科长：**不做尸检的话，它这个评估就没那么充分。
>
> **患者妹妹：**不是那么充分？你就说一下咯！我们不是要你……
>
> **医务科科长：**将来专家判断就不好判断。也不是说不能够评估，只是说希望有更多的资料来让专家做评估。
>
> **患者妹妹：**要拿去破开的话，要你父亲先破开！没有这么回事！够可怜的啦，被你们摔死了！还要去破开呀？一点良心都没有。不好这样说吗！你们不公道，他已经够可怜了！我绝对不同意！

在前一段和后一段对话中，因为患者是男性，患方就用医务科科长的父亲来打比方，这是非常恶毒的。由此也可以看出，医院医务科的职员在从事医疗纠纷调解中，由于程序的不规范所承受的巨大痛苦。

在中间那段对话中，则是患者亲属对医院工作人员的人身威胁。在对方有异议时，不是理性对话，而是企图依靠拳头来解决。

更为糟糕的是，在这种情况下，尽管有三位医院工作人员在场，却未见一人出来制止。面对该情况的束手无策，既说明了医院职员平时毫无该方面的训练，也说明医院在年复一年处理医患纠纷中，对这类严重影响对话程序的问题仍然没有足够重视。

5. 针对同一个议题，来一个人解释一遍，会议没完没了

> （从外面进来一位患者亲属）
>
> **新进来亲属1：**能不能听我说一下，我是XX区（该城市的一个区的名称）的。
>
> **同科室医生：**你好！
>
> **新进来亲属1：**我想请问一下：你们收了病人的监护费没有？
>
> **同科室医生：**监护费？我们有收。
>
> **新进来亲属1：**有收，是不是？那监护出了问题，责任是谁的？
>
> （一听这话，同科室医生一下子就耷拉了脑袋）
>
> **同科室医生：**今天我们一直在讨论这个问题。
>
> **新进来亲属1：**病人是走进来的，还是抬进来的？现在病人已经死了。你帮我解释一下，好吗？
>
> **医务科科长：**这些问题都问过了。你们不能来一个人，又把前面的问题都问一遍。如果这样的话，咱们不知道要解释到啥时候？（又重新详细解释了一遍关于一级护理的概念及其标准，最后说）我们不能把病人捆起来吧！

（又从外面进来一位患者亲属）

新进来亲属2：你们这个安保措施，监护病房是怎么规定的？

医务科科长：（又对一级护理进行了一番详细的解释，包括防跌倒的措施）。

新进来亲属2：你就讲两个方面的问题：第一个，监护是怎么规定的；第二个，就是有没有做到位。

医务科科长：（将防跌倒的措施，包括宣教、知情同意书、床栏等进行了详细解释）。

护士长：病人把床栏打下来了，但是护士，因为她不是24小时一对一的监护，所以她也没有注意到。

新进来亲属2：这样，你把ICU的这些监护规定提供给我看，好不好？

在前一段对话中，会谈已经进行到42分处，从外面进来一位患者亲属，询问收了病人的监护费为什么还会让病人摔下来。同科室医生一听，一下子就耷拉了脑袋：又是这个问题。医务科科长只好重新详细解释了一遍关于一级护理的概念及其标准，最后感叹道：你们来一个人，我们又解释一遍。如果这样的话，咱们不知道要解释到啥时候！

在后一段对话中，当会谈进行到49分处，从外面又进来一位患者亲属，询问关于监护是如何规定的，医院有没有做到位。

刚开始，医务科科长还力图以调解员的身份，尽量站在中立立场，让护士长和医生代表医院与患方对话。在后面的会谈中，出于对同一议题的反复讨论、反复解释仍无效果的厌弃，护士长和医生都不愿意再说什么了。这时，医务科科长只好自己站出来替医院说话，使得本应中立的自己受到患方的攻击，也导致无人充当中立性维护进程的角色，因而，会谈中的各种乱象没人进行有效、及时的控制，会谈的低效和杂乱也就是理所当然的了。

三、罗伯特议事规则对医院内医疗纠纷调解的启示

在医院内的医疗纠纷调解程序中，由于调解是自愿的，包括针对自己将要展开的调解程序也是需要征得当事者双方同意的，比如，关于调解的时间和地点、需要讨论的问题清单等，调解的会议规则，也是需要双方当事人达成合意才能执行。在此，引入罗伯特议事规则，旨在构建一个在医疗纠纷调解程序中面对面会谈时的议事规则范本，供当事者选择，而没有任何理由强制双方当事者接受。在开场介绍中，包括调解员的自我介绍、关于本次调解程序的建议等内容，其中不可或缺的是，关于会谈规则的建议需要征得双方当事者的同意。因此，此处所列的对罗伯特议事规则的相关启示，仅供调解员在征得双方当事者同意后使用。结合上述案例分析，罗伯特议事规则至少有如下几点启示。

1. 主持人必须中立、公正

"主席[23]应该最大限度地避免参与待决问题的讨论。主席的领导需要强而有力，但也

必须公平。绝不可情绪激动，即使遇到最棘手的成员也要保持公正。"[24] 主持人是中立的，不发表观点。主持人应该公正应对双方，对于会议中出现的不同见解，不能倾向性地认为哪一方对错，不能偏袒任何一方。主持人是"会议程序"的"维护者"，但是，主持人不等于领导人，不是会谈结果的最终决定者。

这为医院内医疗纠纷调解中的主持人保持中立立场提供了技术上的支持。也就是说，即使是医院的职工担任调解主持人，也可以从程序上保证主持的中立性。主持人的目标是搭建一个医患双方自主对话的平台，只是过程专家，而不能干预会谈的内容，必须对内容保持中立。

尽管反复强调调解主持人"不要陈述自己的意见，也不要做出评价和判断"，但是，在现实调解中，具体怎样才能做到呢？对于调解主持人来说，提问是唯一的武器。在医疗纠纷调解中，调解员的发言大多是采用提问的形式，通过不断地发现问题、提出问题，促进当事者之间的对话，提升对话质量，推进信息共享。[25]

2. 发言不应被打断，且所有发言均应征得主持人同意

"任何一位成员，在每一次'提议'或者'辩论'之前，都必须首先'取得发言权'（obtain the floor）——也就是，经主席'准许'（recognition）从而得到单独发言的权利……主席必须对任何要求发言又不违规的成员给予准许。"[26] 所有发言均应征得主持人同意，而且只要"合规"，主持人就必须准许。"'申请发言权'（claim the floor, seek the floor）的步骤：申请发言的前提条件，是没有其他成员正在发言或者拥有发言权"[27]。一方发表意见时，另一方不能随意打断；一方发言后，主持人询问另一方有无反对意见；凡持不同意见者，优先被分配发言机会[28]。

在医院内医疗纠纷调解中，会谈开始时，通常先请患方发言，因为这是"怀有对患方的痛苦及悲伤的真诚关怀而应保持的理所当然的姿态"[29]。加之，调解员本身是医院的职员，这一做法容易取得院方的理解。为了使会谈井然有序，严格贯彻同一时间只能一人发言的原则，会谈时可以安排一支发言棒。会上，只有手握发言棒的人才能发言，其他人员只能沉默倾听。在发言棒被放下前，禁止其他人发言。

3. 同一时间只能就一个议题进行讨论

同一时间只能有一个议题。一旦一个议题被提出来以后，它就是当前唯一可以讨论的议题，必须先把它解决了，或者经与会者同意被搁置后，才能进入下一个议题。[30] 如果中途有成员提出新的议题，有人附议的话，可以将其写入议题清单。无人附议时，则搁置到"停车场"。待所有议题处理（disposed of）完毕后，再行讨论这些放置在"停车场"的议题。对于成员发起的脱离议题的讨论，主持人可以做"我们现在讨论的议题是：……"这样的提示，以达到及时制止的目的。

鉴于医患双方的实际情况，可变通为：当前讨论的议题，只有在解决了，或者经过对方同意被搁置后，才能进入下一个议题；如果有人提出新的议题，在经过对方同意后，可以将其写入议题清单。根据 2019 年颁布的《医疗纠纷预防和处理条例》，"每方代表人

数不超过 5 人"，经过对方的同意更易于实现。

如果一个待决议题可以分成若干小的议题，而且与会成员倾向于就其中小的问题分别讨论，可以提议将议题拆分。例如，案例中关于"患者从病床上摔下来致死"的讨论，就包括"摔下来后多久发现的""现场有无护士""摔下来与死亡的关系"等议题，可以根据与会者的意愿决定是否拆分议题。

此外，从调解工作的实际需要出发，发现调解现场需要一块让全体与会者都能看得见的，并便于书写的白板。但是，在本研究的考察中发现，调解现场基本没有配置白板。

4. 所有发言都要面对主持人，禁止不同意见者之间直接对话

按照罗伯特议事规则，所有发言者"必须以主席为发言对象，保持礼貌的语气，避免加入个人情绪"[31]，而不是面对辩论对手发言。禁止不同意见者之间直接对话，防止将问题复杂化，特别是在意见出现严重分歧的时候。

在医疗纠纷中，患方通常情绪比较激动。当遭遇对方面对面的指责时，当事者很难不回应。对此，建议不仅要求医患双方面对调解员发言，还要求调解员必须总是面朝着说话者的方向。这是因为，"当医方进行解释时，如果调解员也将视线对着患方的话，患方可能会产生医疗纠纷调解员在为医生辩解的感觉。"[32]

5. 禁止人身攻击

在罗伯特议事规则中，不做人身攻击是其中的铁律之一。[33] 在这里，人身攻击的涵盖范围比较广，包括语言暴力、动机揣测、道德质疑等所有针对个人的不礼貌行为。不做人身攻击是说理的根基，要"对事不对人"，切勿"对人不对事"。人与事的确难以分开，然而，不能因为困难便不做区分，甚至有意混淆、颠倒。以本节所探讨的案例为例，患方就多次以"医务科科长的父亲"来打比方，这是一种以潜藏的谩骂、侮辱等形式出现的严重的人身伤害，是一种暗示性攻击，是十分错误的做法。

有效避免人身攻击的方法是：引导发言者应该采用面向未来的希望模式，而不是着眼于过去的指责模式。比如，患者说："这医生太不负责了！"这是对过去的陈述，在纠纷中对过去的陈述经常表现为责备的语气。如果调解员通过下面这样的回应来引导患者："您刚才提到了医生不负责任，能否请您描述一下您认为负责任的医生，应该怎样做呢？"则是将患者的关注点从过去转向未来、从谴责模式转变为希望模式，这将为问题的解决指明方向。此外，发言时要面对主持人说话等，将进一步避免人身攻击的发生。

辩论过程中的侮辱、谩骂、嘲讽、鄙视，都属于无意义的人身攻击。主持人发现这种情况后应尽快制止，其他成员也可以提出"秩序问题"（Point of Order）加以制止，这时，主持人必须立即打断发言人，要求他回到议题的讨论上来，否则就终止发言，让出发言权。唯有如此，才能使医疗纠纷调解会有序、高效地运行。

在该案例中，对于这样的人身攻击，作为调解员的医务科科长苦于找不到应对良策，显得异常无奈。经过上述分析可以发现，如果调解员不能确保中立立场，就难免被患方看作是医院的代言人，遭遇患方这样或那样的人身攻击，以达到出"气"的目的，也就在所难免了。

四、罗伯特议事规则视域下的情绪接纳与调解转型

有学者提出如下疑问：罗伯特议事规则如此严密的议事程序会不会阻碍对当事者情绪的接纳？

首先，本处的建议仅供面对面会谈才适用，本研究的观点是面对面会谈应该在双方当事者相对理性的情况下进行，方能有效。情绪接纳的主要阶段应该是调解前准备、背靠背阶段，还有会谈歇场阶段。笔者认为，当医患双方在面对面会谈中情绪很激烈时，中止会谈进入歇场阶段，进行情绪的安抚是较为合理的选择。

其次，接纳情绪不等于会议的无序。鉴于本研究的观点以社会建构论为理论基础，每一个人对"事实"的认识都是主观建构的。因此，着力鼓励调解员挖掘当事人立场背后的利益需求：当事人的主张是什么，当事人为什么要这样主张（其背后的利益是什么），怎样满足当事者的利益需求，而不是着眼于谁对谁错。因此，运用一系列技巧，通过对当事者情感进行接纳，从而取得信任就尤为关键。[34]

在医疗纠纷调解行业中，借鉴罗伯特议事规则所建立的标准化医疗纠纷调解议事规则，对医院内医疗纠纷调解工作的有序开展具有现实意义。在我国，调解首先被定位为公权力之助手，使国家权力机关免于缠讼、累讼和上访之扰，而替代审判、保障当事者意思自治等目标则被置于次要位置上。[35] 只有能够高度保护个人权利，关注个人需求的现代调解制度方能适应纠纷解决的现实需要。从这点上说，借鉴罗伯特议事规则的核心主旨：保障当事者意思自治，重视程序公正，贯彻程序优先主义原则，将其引入到我国的医疗纠纷调解程序中，对我国调解制度的现代化转型具有重要意义。

参考文献

［1］许燕.人格心理学 [M].北京：北京师范大学出版社，2009:331.

［2］[美]萨利·安格尔·梅丽.诉讼的话语：生活在美国社会底层人的法律意识[M].郭星华，王晓蓓，王平，译.北京大学出版社，2007:130.

［3］施铁如.叙事心理学与叙事心理辅导 [M].广州：广东高等教育出版社，2010:29.

［4］[美]丹尼尔·卡尼曼.思考，快与慢 [M].胡晓姣，李爱民，何梦莹，译.北京：中信出版社，2012:4.

［5］李中莹.重塑心灵：NLP 一门使人成功快乐的学问 [M].北京：世界图书出版公司，2006:18.

［6］费孝通.乡土中国 [M].北京：北京出版社，2011:38.

［7］王国乡.自主权利的道德界限：从经济学视角求解伦理学难题 [M].北京：世界图书出版公司，2011:21.

［8］高兆明.伦理学理论与方法 [M].北京：人民出版社，2005:137.

［9］李亚明.生命伦理学中人的尊严问题研究 [M].北京：中国社会科学出版社，2019:133.

［10］费孝通.乡土中国 [M].北京：北京出版社，2011:41.

[11] [美] 亚瑟·乔拉米卡利.共情力[M]. 耿沭,译.北京:北京联合出版公司,2017:4.

[12] 鲁琳,李久辉.美国医学共情探究及对医学人文教育的启示[J].医学与哲学,2017,(6A):42.

[13] 阿瑟·乔拉米卡利,凯瑟琳·柯茜.你的感觉,我懂:与对方感同身受的能力与技巧[M].张迪,译.海口:南方出版社,2011:39.

[14] 阿瑟·乔拉米卡利,凯瑟琳·柯茜.你的感觉,我懂:与对方感同身受的能力与技巧[M].张迪,译.海口:南方出版社,2011:50-69.

[15] [日] 和田仁孝,中西淑美.医疗纠纷调解:纠纷管理的理论与技能[M].晏英,译.广州:暨南大学出版社,2013:129-130.

[16] [英] 杰弗里·贝蒂.冲突的演化:那些心理学研究无法摆平的心理冲突[M].李佳蔚,译.北京:中国人民大学出版社,2021:164.

[17] 如何培养同理心[J/OL]. (2015-05-21) [2022-06-29]. https://read01.com/dOmDJm.html#.YrrXM51BzX4.

[18] 王俊秀.对"同理心"的诠释与理解[A].王思斌,编.转型期的中国社会工作——中国社会工作教育协会2001年会论文集[C].上海:华东理工大学出版社,2003:231.

[19] [美] 亨利·罗伯特.罗伯特议事规则(第十版)[M].孙涤,袁天鹏,译.上海:上海人民出版社,2008:3.

[20] 谌旭彬."惜哉!孙中山最重要的著作无人读"[EB/OL]. (2017-09-27) [2022-06-29]. http://www.ifuun.com/a20179275570864/.

[21] 王维博,耿昊天.议事规则:让民主"运转起来"[J].中国新闻周刊,2013,(6):42-43;付航.东西方开会文化的碰撞,深圳社区开展"罗伯特议事规则"试验[EB/OL]. (2012-12-16)[2022-06-29]. https://www.163.com/news/article/8IS1A3SK00014JB5.html.

[22] 晏英.促进式调解:让医患有效达成合意[N].健康报,2017-06-30(5).

[23] [美] 亨利·罗伯特.罗伯特议事规则(第十版)[M].孙涤,袁天鹏,译.上海:上海人民出版社.

[24] [美] 亨利·罗伯特.罗伯特议事规则(第十版)[M].孙涤,袁天鹏,译.上海:上海人民出版社,2008:323.

[25] [日] 和田仁孝,中西淑美.医疗纠纷调解:纠纷管理的理论与技能[M].晏英,译.广州:暨南大学出版社,2013:78.

[26] [美] 亨利·罗伯特.罗伯特议事规则(第十版)[M].孙涤,袁天鹏,译.上海:上海人民出版社,2008:21.

[27] [美] 亨利·罗伯特.罗伯特议事规则(第十版)[M].孙涤,袁天鹏,译.上海:上海人民出版社,2008:21.

[28] [美] 亨利·罗伯特.罗伯特议事规则(第十版)[M].孙涤,袁天鹏,译.上海:上海人民出版社,2008:267.

[29] [日] 和田仁孝,中西淑美.医疗纠纷调解:纠纷管理的理论与技能[M].晏英,译.广州:暨南大学出版社,2013:72.

[30] [美] 亨利·罗伯特.罗伯特议事规则(第十版)[M].孙涤,袁天鹏,译.上海:上海人民出版社,2008:5.

[31] [美] 亨利·罗伯特.罗伯特议事规则(第十版)[M].孙涤,袁天鹏,译.上海:上海人民出版社,2008:30.

[32] [日] 和田仁孝,中西淑美.医疗纠纷调解:纠纷管理的理论与技能[M].晏英,译.广州:暨南大学出版社,2013:78.

［33］[美] 亨利·罗伯特 . 罗伯特议事规则 (第十版)[M]. 孙涤，袁天鹏，译 . 上海 : 上海人民出版社，
　　　 2008:276.

［34］晏英 . 医疗纠纷调解促进式倾听模式构建 [J]. 医学与哲学 (人文社会医学版), 2018, 39(2A):5-8.

［35］王福华 . 中国调解体制转型的若干维度 [J]. 法学论坛 , 2010, 25(6):31-37.

第三章　医疗纠纷调解技能体系构建研究
——基于模糊德尔菲法的综合运用

医院作为医疗纠纷解决的最前沿阵地，有利于纠纷的即时化解和关口前移，而且大部分的医疗纠纷也是在医院内解决的。本章尝试运用模糊德尔菲法进行医疗纠纷促进式调解技能体系各维度及指标的构建，及其评分体系的建设。

一、文献回顾

用关键词"德尔菲"和"医疗纠纷"或者"医患纠纷"在中国知网、万方等数据库进行检索，只找到一条相关的结果，即关于医疗纠纷严重性评价指标体系构建的文章。[1] 更不用说，并不存在基于模糊德尔菲法对医疗纠纷的研究文献。同样地，在中国知网、万方等数据库也没有发现以"医疗纠纷调解技能"为主题的相关文献。

调解的主要手段就是沟通，[2] 甚至有人说，调解就是高品质的沟通，[3] 因此，在大部分的调解专著中，调解技能主要是沟通技能，比如在《Mediation in Greater China: the new frontier for commercial mediation》[4] 中，调解技能包括语言沟通技能、倾听技能、提问技能、情绪应对技能、跨文化交流技能；在《调解实务与技巧》[5] 一书中，调解技能包括言语沟通技能、非言语沟通技能、谈判技能、信息重组技能、对实际性进行考虑的技能、困局应对技能。当然，严格意义上来说，调解并不仅仅局限于沟通，调解的技能也不仅仅指沟通的技能，还需要具备以下技能：拥有该领域一定的法律知识与专业知识，有一定的心理学知识基础，分析和解决问题的能力，较为良好的书面表达能力，流程掌控技能等。

上述调解专著中对调解技能的分类，与医患沟通能力的分类有着诸多相似的地方。根据孙绍邦等人的研究，医患沟通的能力模型分为以下 5 个方面：一是职业化态度与服务能力；二是非语言表达与解读能力；三是主动倾听的能力；四是口头表达能力；五是谈判与化解冲突的能力。[6] 这些相似的分类包括：倾听技能、语言沟通技能、非言语沟通技能、谈判技能、僵局应对技能等。

在医疗卫生领域中被广泛使用的各种医患沟通评价量表，基本上是以问诊流程作为维度来对医患沟通技能进行分类的。比如，使用最为广泛的 SEGUE 量表分为 5 个维度：准备、信息收集、信息给予、理解病人、结束问诊；还有经常使用的卡尔加里—剑桥指南（Calgary—Cambridge Guide）包括开始会面、收集信息、体格检查、解释病情及治疗计划、结束谈话

5 个维度。卡拉马祖（Kalamazoo）沟通要素评价表的 7 个维度分别为：建立关系、公开讨论、收集信息、了解患者期望、与患者解释病情、达成共识、就诊结束。由于同一种沟通技能常常会应用于问诊流程的不同阶段，故这种分类方法并不十分明确。

二、模糊德尔菲法的理论基础：德尔菲法与模糊理论

1. 德尔菲法

德尔菲法是由美国兰德公司于 20 世纪 40 年代末期创立，正式提出者是该公司研究人员诺曼·达尔克（N. Dekey）和奥拉夫·赫尔姆（O. Helmer），因 1946 年美国兰德公司援用该方法成功预测出美国朝鲜战争必败而声名大噪。

它本质上是一种反馈匿名函询法，通过多轮函询专家对预测事件的意见，由主持者进行集中汇总，最终得出较为一致的专家预测意见。

德尔菲法主要目的在于寻求专家们对特定预测对象的共识，但也存在着一些不足：（1）问卷所提的问题可能模糊不清，却因为彼此之间无法相互沟通而产生错误的反应。（2）为了使专家意见趋于一致，需要多次反复进行，进而耗时费力、成本增加，且回复率亦随之下降。（3）问卷负责人在汇总专家意见时，可能会因为人为的主观因素而扭曲或者过滤掉可能正确的专家意见。（4）在反复询问专家的过程中，必须要求各专家依据前一次的结果修正自己的意见，直至获得一致性的意见。然而，所谓专家们意见的一致，其实只是指该意见落于某一可接受的区域内，而此区域隐藏有模糊性（fuzzy），容易扭曲专家们的意见但却未在处理过程中加以考虑。

2. 模糊理论

1965 年，美国计算机与控制论专家 L. A Zadeh 教授在其开创性论文 "模糊集合"（Fuzzy Sets）中提出了 Fuzzy 集概念，创造了讨论研究模糊不确定性问题的数学方法—模糊数学。模糊理论旨在解决现实环境中的不明确性与模糊性，其突出优点是能较好地描述与仿效人类的思维方式，对复杂事物和系统进行模糊度量、模糊识别、模糊推理、模糊控制和模糊决策。

根据 Zadeh 的理论，专家在评估方案或者评估绩效时，对于明显复杂的或难以定义的一些评价指标的值，很难用定量的方法去描述。在这种情况下，可以用模糊数的观念来表示指标的评价值。就模糊理论而言，专家的共识性虽然是一种未知的函数形态，但可确定的是它是一种可以用平均数为概念将各种不同形态进行一般化的共识性函数。模糊德尔菲法利用统计分析和模糊运算，把专家的主观意见转化为准客观数据。应用模糊德尔菲法来进行因素筛选综合考虑了专家主观思维的不确定性和模糊性，可以达到研究时所设立的目标。

模糊德尔菲法较德尔菲法具有下列的优点：（1）有效降低调查次数与成本，比德尔菲法更具经济效益；（2）考虑到处理过程中无可避免的模糊性，专家的个别意见未被扭曲，

使结果更趋理性及符合需要；（3）可使预测因素定义更清楚明了；（4）计算过程简单，可处理多层级、多属性、多方案的决策问题。[7]

三、研究设计

1. 评估指标体系

根据上述文献回顾，考虑到在医疗纠纷领域的调解技能的分类应该接近于调解专著中对调解技能的分类，加之本研究确立的是促进式调解技能，除在对患者进行宣教和诊断以外，不对患者进行评价和下判断，因而使得本研究的调解技能的分类更趋同于沟通技能的分类。

本研究结合上述在世界上使用最为广泛的三份医患沟通评价量表，以及中国医师人文医学执业技能培训体系的沟通能力模块、全球医学教育最基本要求（GMER），在参考《医患沟通技巧》[8]以及《临床医患沟通与交流技巧》[9]的基础上，按照上述分类构建了医疗纠纷调解技能的 6 个维度与 30 项指标的初步体系（表 3-1）。

表 3-1　评估指标表

A. 倾听技能	A1. 全盘接纳患方的情绪	D. 叙事技能	D1. 重视叙事医学三要素（即关注、再现、归属）在医疗纠纷调解中的作用
	A2. 使各方能够陈述自己的关切与感受，并相互倾听		D2. 引导和关注患者的叙事，以实现"以患者为中心"的医疗模式
	A3. 保持适当的眼神交流		D3. 叙事医学相信即使面对苦难，每一个人都有提升自我生活质量的能力，尊重他们的这种能力
	A4. 保持开放式肢体语言，即避免抱胸、分心等动作		D4. 医生只有通过叙事真正进入了患者的心理世界，方能把握到患者对医疗的真正需求
	A5. 倾听疾病（Disease）与疾痛（Illness）		
	A6. 坚持"三不三要"原则（三不：不表示个人的价值或是非观，不介入评断当事者的是非，不表露对案件的情绪。三要：要引导双方了解各自的利益点，要引导双方一起来寻找共同的利益所在，要用中立的态度控制场面）		D5. 透过叙事，探寻当事者表面立场背后的真正需求（有时候立场不可调和，而纠纷背后所追求的真正诉求却是可以调和的）

B. 情绪应对技能	B1. 接纳情绪不要陷入对错之争，接纳对方情绪并不等于同意对方的观点	E. 谈判技能	E1. 区分立场与利益需求
	B2. 情绪没有对错之分，而表达情绪的效果却有对错之别		E2. 满足当事者的情感需求
	B3. 学会情绪的延迟满足		E3. 讲究一定的谈判策略（衡量沉没成本、关注锚定效应、利用好损失厌恶等）
	B4. 碾磨情绪颗粒度，让其变得更加细腻入微		E4. 谈判理念的转型（从分蛋糕转变为做大蛋糕、从切片式思维转变为综合性思维、从追责过去导向转变为面向未来导向）
	B5. 坚持支持性回应，避免冷安慰		
C. 提问技能	C1. 调解员及具备调解员心态的医生都应该保持中立，即以提问作为最主要的谈话方式	F. 打破僵局技能	F1. 适度示弱
	C2. 不预设立场，以空杯心态进行提问		F2. 讲述对方的故事，以澄清对方的需求
	C3. 提问时保持由衷的好奇心		F3. 站在中立第三方的视角看问题，去认可对方的观点、求同存异
	C4. 以开放式提问为主，辅以封闭式提问		F4. 巧借外力，推动纠纷的解决
	C5. 灵活运用度量式提问（也称为评分技术，就是让患者利用量化标准所代表的数值来作答，如从1到10等，以协助患者将抽象的概念、状态以比较具体的、形象的方式加以描述）		F5. 用人格魅力感化对方

2. 问卷的设计

在模糊德尔菲法中，专家对每个问题的评分是基于一定的评分标准或量表完成的。本研究采用李克特11等量表评分（表3-2)，分别对应 1 ～ 10 分。

表3-2　李克特11等量表

0	1	2	3	4	5	6	7	8	9	10
非常不重要			不重要		普通		重要			非常重要

将构建的医疗纠纷调解技能体系的30个指标作为模糊德尔菲问卷，每个问题下设10评分，专家可以根据各自对该指标的重要性认知来进行评分。本研究问卷表格填写以表3-3为例。具体调查问卷详见附录1。

表 3-3 模糊德尔菲法专家问卷示例表

评估指标的重要性程度评分（0～10）		
A1 全盘接纳医患双方的情绪		
专家填值	可接受的最小值 （最保守认知值）	可接受的最大值 （最乐观认知值）
	3	7

3. 专家问卷的调查与回收

被访专家学者的规模与范围直接影响模糊德尔菲计算的准确性和精确性。有学者主张，专家学者人数至少应为 8～10 人，且随着专家成员的增加群体误差可降至最低，但当专家成员人数超过 30 人时，其决策品质也将不再因人数的增加而上升。[10] 本研究被访对象集中于高校、医疗纠纷处置实务部门和医疗行政管理机构，属同质性较高类别，故将人数控制在 10～15 位。

关于专家学者的选取范围，由于医疗纠纷解决涉及的领域众多，不同角度的切入将会产生不同结论。本次研究将被访对象划分为医疗卫生行政部门、医疗机构、律师事务所以及高校学者 4 个类别。选定标准为：①从事与此研究相关的教学和研究工作；②工作领域与此研究主题相关者；③发表过与此研究主题相关论文者。

问卷调查于 2023 年 5 月 26 日至 6 月 3 日完成，共发放问卷 15 份，回收问卷 15 份，有效回收率为 100%，有效样本符合要求。征询专家学者的构成如表 3-4 所示。

表 3-4 问卷征询专家构成

	医疗卫生行政部门（从事医疗卫生行政管理）	医疗机构（从事医疗纠纷处置实务）	律师事务所（从事医疗法律实务）	高等院校（从事卫生法教学与研究）	合计
人数	2	4	4	5	15
学历	本科与硕士各 1 人	本科 1 人、硕士 2 人、博士 1 人	硕士 3 人、博士 1 人	硕士 2 人、博士 3 人	硕士 8 人、博士 5 人
职称等	中级与正高各 1 人	副高 3 人、正高 1 人	高级合伙人 3 人	正高 5 人	副高 3 人、正高 7 人（律师事务所未列入）
工作年限	分别为 20 年、37 年	10 年 2 人、15 年 1 人、41 年 1 人	分别为 7 年、18 年、20 年、24 年	11 年 2 人、18 年 1 人、21 年 1 人、33 年 1 人	10 年及其以上到 19 年及其以下 7 人；20 年及其以上到 29 年及其以下 4 人；30 年及其以上 3 人
占比	13%	27%	27%	33%	100%

4. 问卷数据处理与指标筛选过程

模糊德尔菲法采用双三角模糊数整合专家意见,运用灰色地带检验法检查专家在认知上是否呈现出一致性收敛。对于达到收敛的指标,就计算其相应的共识度:若指标共识度高于门槛值6,则保留该指标,否则剔除。下文以指标"A1 全盘接纳医患双方的情绪"为例,呈现问卷的数据处理和指标筛选的过程:

首先,筛选数据。专家给出的"A1 全盘接纳医患双方的情绪"指标最乐观认知值的最小值 O_L^i 为 5、最大值 O_U^i 为 10。经计算,得到最乐观认知值的算术平均数为 8.4,标准差为 1.78;得到"算术平均数 ± 两倍标准差"的数值为 11.96、4.84,删除 4.84 ~ 11.96 范围外的极端值。同理,通过筛选可得到该指标用于本研究的最乐观和最保守认知值。

其次,建立双三角模糊数。经计算,得到最乐观认知值的几何平均值 O_M^i 为 8.18。专家给出"A1 全盘接纳医患双方的情绪"指标最保守认知值的最小值 C_L^i 为 2、最大值 C_U^i 为 5。经计算,得到最保守认知值的几何平均值 C_M^i 为 4.53。综合这些数据,得到筛选后最乐观认知值的三角模糊数 $O^i = (5, 8.18, 10)$ 和最保守认知值的三角模糊数 $C^i = (2, 4.53, 7)$,由此构成双三角模糊数(图 3-1)。

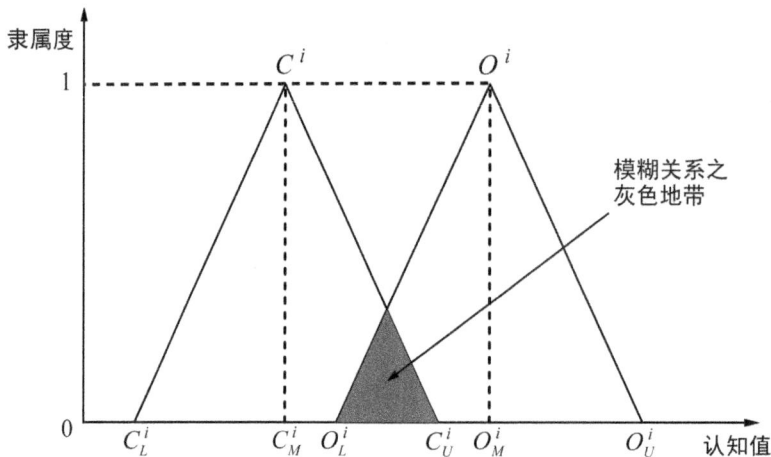

图 3-1　双三角模糊数示意

再次,利用灰色地带判断收敛。计算灰色地带值 Z^i(即 $C_U^i - O_L^i$),得到 Z^i =7-5=2 > 0,表明最乐观认知值与最保守认知值的三角模糊数有重叠现象(图 3-4)。灰色地带值 Z^i 小于最乐观认知值与最保守认知值的几何均值之差 M^i =8.18-4.53=3.65,说明虽然存在微小的灰色模糊空间,但是给予极端意见的专家与其他专家意见差别不会过大,没有出现意见发散(图 3-2)。

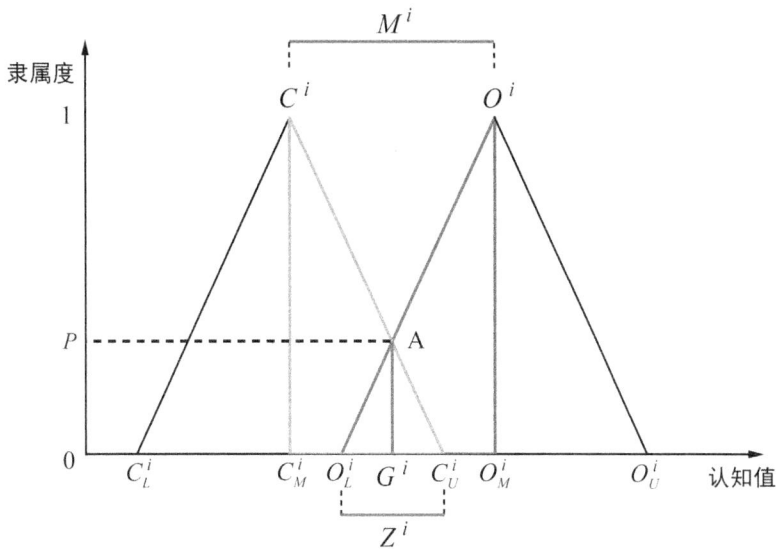

图 3-2　$C_U^i > O_L^i$ 双三角模糊数示意

接下来，计算门槛值。计算最保守认知值与最乐观认知值的几何平均值的算术平均值为 7.288，再根据 80/20 法则，将算术平均值 7.288 乘以 0.8 得到门槛值为 5.830。

最后，判断指标是否保留。因 $Z^i < M^i$，使用公式（1）计算指标共识度值 G^i，得到 G^i =6.126 ＞门槛值 5.830，故指标保留。需注意的是，若最乐观认知值与最保守认知值的三角模糊数无重叠（即 $C_U^i \leqslant O_L^i$），表明灰色地带不存在（图 3-3、图 3-4），就使用公式（2）计算 G^i，再与门槛值比较，进而判断是否保留该指标。

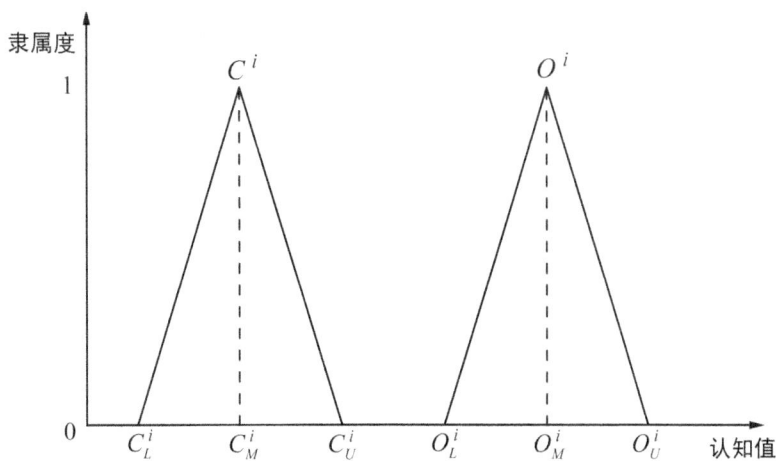

图 3-3　$C_U^i < O_L^i$ 双三角模糊数示意

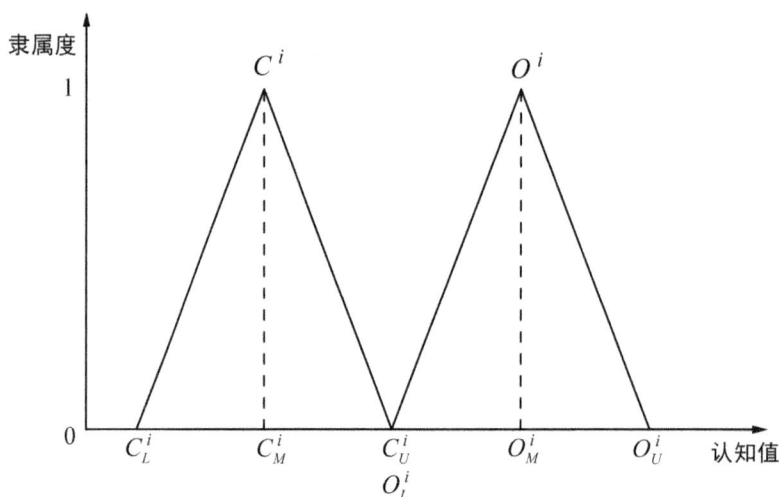

图 3-4 $C_U^i = O_L^i$ 双三角模糊数示意

$$G^i = \frac{[(C_U^i \times O_M^i) - (O_L^i \times C_M^i)]}{[(C_U^i - C_M^i) + (O_M^i - O_L^i)]} \qquad 公式（1）$$

$$G^i = \frac{(C_M^i + O_M^i)}{2} \qquad 公式（2）$$

按照上述过程，可推算其他指标是否保留。第一轮模糊德尔菲问卷调查数据的处理结果如表 3-5 所示，可以看出：A1、A2、A3、C1、C2、F5 指标的三角模糊数有重叠现象，即 $C_U^i > O_L^i$，即灰色模糊地带 $Z^i = C_U^i - O_L^i > 0$，且均满足灰色模糊地带 $Z^i < M^i$（$M^i = O_M^i - C_M^i$），表明给予极端意见的专家与其他专家对这些指标的意见差别不会过大，没有出现意见发散，故这些指标也都达到收敛。其余指标的三角模糊数无重叠现象，即 $C_U^i \leqslant O_L^i$，表明专家的意见区段值具有共识，这些指标均达到收敛；由此，利用公式（1）、公式（2）计算得到 30 个指标的共识度 G^i 也均大于门槛值 5.830，全部指标予以保留，无需再进行第二轮模糊德尔菲问卷征询。

表 3-5　模糊德尔菲调查问卷的数据处理结果

编码		评估指标	最保守认知值		最乐观认知值		几何平均值		均值差	灰色地带值	共识度值	是否收敛
			C_L^i	C_U^i	O_L^i	O_U^i	C_M^i	O_M^i	M^i	Z^i	G^i	
A 倾听技能	A1	全盘接纳医患双方的情绪	2	7	5	10	4.532	8.178	3.646	2	6.126	是
	A2	使各方能够陈述自己的关切与感受，并相互倾听	4	9	8	10	6.406	9.478	3.072	1	8.363	是
	A3	保持适当的眼神交流	3	9	7	10	5.017	9.162	4.146	2	7.704	是
	A4	保持开放式肢体语言	3	7	8	10	4.550	9.104	4.554	−1	6.287	是
	A5	倾听疾病（Disease）与疾痛（Illness）	4	7	8	10	5.353	9.250	3.897	−1	7.302	是
	A6	坚持"三不三要"原则	4	7	9	10	5.618	9.631	4.012	−2	7.624	是
B 情绪应对技能	B1	接纳情绪不要陷入对错之争	3	7	8	10	5.302	9.328	4.026	−1	7.316	是
	B2	注意情绪没有对错之分	4	8	9	10	5.654	9.558	3.904	−1	7.606	是
	B3	学会情绪的延迟满足	3	7	8	10	5.361	9.462	4.100	−1	7.411	是
	B4	碾磨情绪颗粒度	4	7	8	10	5.062	8.962	3.901	−1	7.013	是
	B5	坚持支持性回应，避免冷安慰	3	7	8	10	5.179	9.169	3.989	−1	7.174	是

续表

编码		评估指标	最保守认知值		最乐观认知值		几何平均值		均值差	灰色地带值	共识度值	是否收敛
			C_L^i	C_U^i	O_L^i	O_U^i	C_M^i	O_M^i	M^i	Z^i	G^i	
C 提问技能	C1	保持中立，即以提问作为最主要的谈话方式	3	9	7	10	5.179	8.946	3.767	2	7.675	是
	C2	不预设立场，以空杯心态进行提问	3	9	8	10	5.905	9.695	3.789	1	8.354	是
	C3	提问时保持由衷的好奇心	3	7	7	10	4.223	8.417	4.194	0	6.320	是
	C4	以开放式提问为主，辅以封闭式提问	3	8	8	10	5.170	9.407	4.237	0	7.289	是
	C5	灵活运用度量式提问	3	7	7	10	4.911	8.801	3.889	0	6.856	是
D 叙事技能	D1	重视叙事医学三要素的作用	4	7	8	10	5.232	9.516	4.284	−1	7.374	是
	D2	引导和关注患者叙事，实现"以患者为中心"的医疗模式	3	7	8	10	5.098	9.439	4.342	−1	7.269	是
	D3	相信每一个人都有提升自我生活质量的能力，并尊重患者的这种能力	4	7	8	10	5.502	9.337	3.835	−1	7.420	是

编码		评估指标	最保守认知值		最乐观认知值		几何平均值		均值差	灰色地带值	共识度值	是否收敛
			C_L^i	C_U^i	O_L^i	O_U^i	C_M^i	O_M^i	M^i	Z^i	G^i	
D 叙事技能	D4	医生只有通过叙事真正进入患者的心理世界，把握患者的真正需求	3	8	8	10	5.311	9.550	4.238	0	7.431	是
	D5	透过叙事，探寻当事者表面立场背后的真正需求	4	8	9	10	5.536	9.631	4.905	−1	7.583	是
E 谈判技能	E1	区分立场与利益需求	4	8	8	10	5.456	9.337	3.880	0	7.397	是
	E2	满足当事者的情感需求	4	7	8	10	5.765	9.622	3.857	−1	7.694	是
	E3	讲究一定的谈判策略	4	7	8	10	5.484	9.478	3.995	−1	7.481	是
	E4	谈判理念的转型	5	7	8	10	5.427	9.169	3.742	−1	7.298	是
F 打破僵局技能	F1	适度示弱	2	6	6	10	4.348	8.423	4.075	0	6.386	是
	F2	讲述对方的故事，以澄清对方的需求	4	7	8	10	5.450	9.189	3.739	−1	7.320	是
	F3	站在中立第三方的视角看问题	4	7	8	10	5.817	9.478	3.661	−1	7.648	是
	F4	巧借外力，推动纠纷解决	4	8	9	10	5.873	9.723	3.850	−1	7.798	是
	F5	用人格魅力感化对方	3	9	8	10	5.761	9.328	3.567	1	8.291	是

5. 关于开放式问题的讨论

在模糊德尔菲问卷的开放性问题中，部分专家提出了反馈意见：

（1）有专家建议：人们容易过度关注自己的损失，而不管这些损失是否合法、既得与未得。因此，在衡量损失时，仅仅参考相关法律条文及法院相关的判例作为基准来预估医患双方的心目中的己方损失，往往是不够的。

（2）有实务界的专家认为：术业有专攻，各医疗机构都设有专门负责处理医疗纠纷的部门，如"医患办""医务科""病人关系部"等，这些部门相关工作人员处理医疗纠纷更专业。同时，也可避免一线医务人员在纠纷处理中消耗大量的时间与精力，从而能够服务更多的患者。

但是，根据现代调解理论，只有当事者亲自出面，才有可能真正解决问题。其实，在英、法、美等国，调解是基础教育阶段的一门课程，是人人都需要掌握的。培养每位医务人员都可以独立解决纠纷，将这些调解技能落地也就是医务人员的人文关怀落地，这才是医疗机构长盛不衰之道。

尽管大多数的医务人员不想转入纠纷中，但是，纠纷情景中包含了丰富的学习机会。如果我们处理纠纷的目的不单是阻止伤害行为的发生，而且还准备发展医务人员的纠纷解决技能的话，那么这些纠纷场合就包含了丰富的学习机会。[11]

（3）有专家提出：调解除了要掌握调解技能与策略之外，还要合法、合理。因此，对于法律法规、法律原则的掌握与运用也非常重要。或许，可以将这些要素纳入其中。

在调解中，有意无意我们都会在相关的法律规范中进行处理。我们强调的是，80%以上的医疗纠纷并不涉及法律层面，而且法律只是底线，如果要求医务人员仅仅游走在底线边缘，那是非常容易撞出法律底线的。医务人员作为社会中的高素质阶层，应该有着更高的追求。

四、评分体系的构建

为了建立评分体系，将各指标的共识度值进行归一化处理，进而得到各指标的权重；然后，将各指标的权重扩大100倍，即得到各指标的百分制分值，且分值的总和为100分。各维度的分值为所属各指标的分值的总和，参见表3-6。

表 3-6　医院内医疗纠纷调解技能评分体系

维度（分值）	评估指标（分值）（总分为 100 分）	各等级分值		
		优	良	合格
A 倾听技能	A1. 全盘接纳医患双方的情绪（3） 指标描述：当事方如果处于激烈的情绪当中，是无法理性地进行沟通的。但是，接纳其情绪并不等于同意其观点，接纳的只是对方的情绪与感受。	3	2	1
	A2. 使各方能够陈述自己的关切与感受，并相互倾听（4） 指标描述：提醒打断的一方，不要打断，继续倾听，鼓励其使用会议为其准备好的纸与笔，写下他们的想法、感受，并承诺保证其有发言的机会。	4	3	1
	A3. 保持适当的眼神交流（3） 指标描述：适当的眼神交流可以显示出自己的自信、真诚和关心，也可以在一定程度上增加沟通的亲密度。但要注意的是，过度的眼神交流可能会让对方感到不适。	3	2	1
	A4. 保持开放式肢体语言，即避免抱胸、分心等动作（3） 指标描述：保持开放式肢体语言可以帮助建立良好的沟通关系。例如，抱胸、分心等动作可能会让说话者感觉听话者不感兴趣或者不友好，从而影响两者之间的沟通效果。	3	2	1
	A5. 倾听疾病（Disease）与疾痛（Illness）（2） 指标描述：哈佛大学教授阿瑟·克莱曼认为"疾病（Disease）"和"疾痛（Illness）"有着根本的区别。"疾病（Disease）"是用病理生理学术语解释"疾痛（Illness）"的生物医学原因，仅指困苦烦恼中可以被客观描述的一小部分。相反，"疾痛（Illness）"则是个体的患者（sick person）独特的病痛体验——患者是如何带病生活的，又是如何对付和处理病患的症状以及由之引起的身体异常和不适反应的切身感受，患者及其家人乃至更广泛的社会关系是如何接受病的事实的。（参见 [美] 阿瑟·克莱曼.疾痛的故事—苦难、治愈与人的境况 [M].方筱丽译．上海：上海译文出版社，2010：1~2.）	2	2	1
	A6. 坚持"三不三要"原则（2） 指标描述：三不：不表示个人的价值或是非观，不介入评断当事者的是非，不表露对案件的情绪。三要：要引导双方了解各自的利益点，要引导双方一起来寻找共同的利益所在，要用中立的态度控制场面。除了在健康宣教阶段外，主张不对患者做评判。因为，在事实没有了解清楚之前，擅自评断，容易引起对方的反感与顶撞，导致沟通无法正常进行下去。在问题解决时，双方提出的表面立场，往往不可调和；而其表面立场背后的真正利益却是可以调和的。	2	2	1

维度（分值）	评估指标（分值）（总分为100分）	各等级分值		
		优	良	合格
B 情绪应对技能 （16）	B1.接纳情绪不要陷入对错之争，接纳对方情绪并不等于同意对方的观点（4） 指标描述：当试图去否定或者批评对方的情绪时，很可能会引起对方的反感和不满，这样会进一步加剧冲突。相反，如果能够接纳对方的情绪，尊重对方的感受，那么对方就会感到被理解和被认同，这样有助于缓解冲突，增进彼此的信任和理解。当接纳对方的情绪时，并不是要放弃自己的立场或者原则，而是在尊重对方感受的基础上，通过理性的交流和讨论，寻求更好的解决方案。	4	3	1
	B2.注意情绪没有对错之分，而表达情绪的效果却有对错之别（3） 指标描述：接纳情绪，情绪没有对错之分，但表达情绪的方式和效果却是有对错之别的。如果以不恰当的方式表达情绪，可能会导致误解、伤害或冲突。	3	2	1
	B3.学会情绪的延迟满足（3） 指标描述：学会情绪的延迟满足是指人们能够控制自己的情绪，不被即时的冲动所左右，而是能够耐心等待更好的机会。这样就能够更好地处理人际关系，避免不必要的冲突。	3	2	1
	B4.碾磨情绪颗粒度，让其变得更加细腻入微（3） 指标描述：情绪颗粒度是指对情绪的感知的精细、确切程度。情绪颗粒度大，就是在感知情绪和情感时比较粗线条，对情绪的描述和感知会稍显笼统；情绪颗粒度小，相对而言，就是对情绪的感知和感受会更加的细腻、准确。准确地描述自己的情绪时，即容易更好地了解自己的情绪，找到控制情绪的方法。	3	2	1
	B5.坚持支持性回应，避免冷安慰（3） 指标描述：支持性回应是指通过积极的语言和行为来表达对他人的支持和理解。相比之下，那些似是而非的支持性回应则是冷安慰，它是一种缺乏真情实感和同理心的回应，比如，大而无当的道理等，可能会让接受安慰的人感到更加孤独和无助）	3	2	1
C 提问技能 （16）	C1.调解员及具备调解员心态的医生都应该保持中立，即以提问作为最主要的谈话方式（4） 指标描述：在促进式调解中，不主张调解员提供意见与建议。所以，调解员的发话常以提问的方式进行。提问可以激发对方的思考和探索，便于进一步了解对方的观点和想法。	4	3	1

续表

维度（分值）	评估指标（分值）（总分为100分）	各等级分值		
		优	良	合格
C 提问技能（16）	C2. 不预设立场，以空杯心态进行提问（4） 指标描述：当预设立场并且只关注自己的观点时，很容易忽略对方的问题与观点，从而导致自己的思考和判断受到偏见的影响。以空杯心态进行提问，能够更好地聆听和理解别人的意见与看法，从而更全面地了解问题的不同层面。	4	3	1
	C3. 提问时保持由衷的好奇心（2） 指标描述：好奇心提问的重要性在于它能够激发提问者的思维和创造力，推动提问者从不同角度去不断地探索和理解事情的原貌以及对方的看法与观点。	2	2	1
	C4. 以开放式提问为主，辅以封闭式提问（3） 指标描述：在使用封闭式提问之前，应该通过开放式提问引导对方自由发挥，表达个人的看法和意见，从而获取更多的信息和细节。	3	2	1
	C5. 灵活运用度量式提问（3） 指标描述：也称为评分技术，就是让患者利用量化标准所代表的数值来作答，比如从1到10等，以协助患者将抽象的概念、状态以比较具体的、形象的方式加以描述。例如，如果把疼痛程度由低到高表示为1到10分的话，请用数字告诉我您现在的疼痛程度。	3	2	1
D 叙事技能（17）	D1. 重视叙事医学三要素（即关注、再现、归属）在医疗纠纷调解中的作用（4） 指标描述：丽塔·卡蓉将叙事医学的三个要素归纳为关注、再现和归属。所谓关注，就是要"清空自己，把自己变成工具，接收他人的意义"。（参见 [美] Rita Charon. 叙事医学：尊重疾病的故事 [M]. 郭莉萍主译. 北京：北京大学医学出版社，2015:185.）再现，就是通过各种形式的叙事与患者的所见所感进行组合再现，比如，通过叙事写作、口述等方法。归属，即是让患者找到归属感，形成医患之间的治疗同盟。	4	3	1
	D2. 引导和关注患者的叙事，以实现"以患者为中心"的医疗模式（4） 指标描述：引导和关注患者的叙事是实现"以患者为中心"的医疗模式的重要手段。通过引导患者叙述自己的病情、病史、症状和体验，医务人员可以更好地了解患者的需求和体验，制定更加个体化的治疗方案。同时，关注患者的叙事也可以增强患者的参与感和控制感，提高治疗的效果和患者的满意度。	4	3	1

维度（分值）	评估指标（分值）（总分为100分）	各等级分值		
		优	良	合格
D 叙事技能（17）	D3. 叙事医学相信即使面对苦难，每一个人都有提升自我生活质量的能力，要尊重他们的这种能力（3） 指标描述：叙事医学认为每个人都有自己的故事，而这些故事可以影响到他们的身体健康和生活质量。叙事医学相信，即使在面对苦难和挑战的时候，每个人都有提升自己生活质量的能力。这种能力可以表现为对自己的故事和经历进行重新理解和诠释，达到身体和心理上趋于平衡，从而更好地应对生活中的困难和挑战。	3	2	1
	D4. 医生只有通过叙事真正进入了患者的心理世界，方能把握到患者对医疗的真正需求（3） 指标描述：医务人员通过与患者交流，听取他们的叙述表达，可以更好地了解患者的心理状态、生活背景和疾病状态，初步推测出患者的利益需求，并在临床检测和综合评估的基础上为患者提供更加贴心、有效的医疗服务。	3	2	1
	D5. 透过叙事，探寻当事者表面立场背后的真正需求（3） 指标描述：在很多情况下，患方表面上所说的话和所表达的情绪，并不完全反映他们内心的真实想法和感受，因此需要医务人员去深入了解他们的背景、价值观、情感和经历等方面，来揭示他们真正的需求和期望。透过叙事，去发掘患方的真正需求，就可以更好地解决纠纷。	3	2	1
E 谈判技能（17）	E1. 区分立场与利益需求（5） 指标描述：立场是指一个人或组织对于某个问题或事件的态度或看法，而利益需求则是指他们在这个问题或事件中可能获得或失去的东西，这可能包括物质财富、社会地位、声誉等。有时候立场不可调和，而纠纷背后所追求的真正诉求却是可以调和的，这为纠纷解决指明了方向。	5	3	2
	E2. 满足当事者的情感需求（4） 指标描述：如果谈判的一方在情感上得到满足，感到被理解和尊重，他们更有可能在谈判中表现出积极态度和合作精神。否则，他们可能会在谈判中采取更强硬的立场，甚至导致谈判的破裂。	4	3	1
	E3. 讲究一定的谈判策略（4） 指标描述：在谈判过程中，应该采用一定的策略和技巧来达成自己的目标和使自己的利益最大化。例如，衡量沉没成本、关注锚定效应、利用好损失厌恶等。"衡量沉没成本"指的是在做出决策时，需要考虑已经投入的成本，尽量避免因为已经投入的成本而做出不划算的决策。"关注锚定效应"指的是在谈判过程中，需要注意对方的第一个出价或者某个明显的数字，这个数字有可能会成为谈判过程中的锚点，影响后续的谈判结果。因此，需要注意自己的锚点，尽量让对方接受自己的锚点。在谈判中，当一方面临可能的损	4	3	1

续表

维度（分值）	评估指标（分值） （总分为100分）	各等级分值		
		优	良	合格
E 谈 判 技 能 （17）	失时，他们通常会对这种损失产生强烈的情感反应，这种情感反应被称为"损失厌恶"。"利用好损失厌恶"技巧是指在谈判中，当对方面临可能的损失时，利用他们对损失的厌恶心态来达到自己的目的。这个技巧可以是强调对方可能面临的某些损失，也可以是提供一些让对方避免损失的方法。			
	E4. 谈判理念的转型（4） 指标描述：这些理念包括从分蛋糕转变为做大蛋糕、从切片式思维转变为综合性思维、从追责过去导向转变为面向未来导向。首先，传统的谈判理念是"分蛋糕"，即在谈判中各方争夺有限的资源，例如财富、权力和地位等。而未来要求的谈判理念是"做大蛋糕"，即通过合作和创新，扩大资源的总量，让每一方都能得到更多的利益。其次，传统的谈判思维是"切片式思维"，即将问题分成若干个部分进行独立的协商，而未来应该的谈判思维是"综合性思维"，即将问题作为一个整体来考虑，寻求更加综合的解决方案。最后，传统的谈判导向是"追责过去导向"，即各方主要关注过去的错误和对过错责任的划分，而未来更应该坚持的谈判导向是"面向未来导向"，即各方主要关注如何避免未来的问题和风险，以达成更好的合作与共赢。	4	3	1
F 打 破 僵 局 技 能 （17）	F1. 适度示弱（3） 指标描述：适度示弱可以让对方感到己方处于劣势，从而引起对方的同情和怜悯；同时对方会认为己方很诚实，有利于缓和紧张的调解气氛。适度示弱也可以让对方认为己方的底线很低，从而降低对方的期望值，有助于达成协议。	3	2	1
	F2. 讲述对方的故事，以澄清对方的需求（4） 指标描述：在调解中，调解人员应该倾听当事者的故事，并以客观的方式讲述对方的故事，以便更好地理解对方的立场与需求。这种方法可以帮助当事双方更好地了解彼此的观点和利益，并有助于促进双方达成共识和解决争议。	4	3	1
	F3. 站在中立第三方的视角看问题，去认可对方的观点、求同存异（4） 指标描述：在调解中，中立第三方的角色非常重要，因为他们不属于任何一方，可以从客观中立的角度看待问题，帮助双方理解对方的观点、利益和需求，寻求双方的利益共同点，为双方摆脱僵局，寻找解决问题的最佳方案。	4	3	1
	F4. 巧借外力，推动纠纷的解决（3） 指标描述：当双方无法通过协商和谈判解决争端时，寻求第三方的帮助可以缓解当事者之间的紧张关系，帮助双方平衡利益，减少冲突和损失，最终合力解决纠纷。	3	2	1
	F5. 用人格魅力感化对方（3） 指标描述：在纠纷解决中，用人格魅力感化对方，可以让对方感到己方的真诚和善意，让对方感到信任和舒适，从而达成共识和解决纠纷。	3	2	1

五、结论

本研究通过对已有调解技能的研究和国内外对医患沟通技能要求的分析，以医疗纠纷调解过程为依据，运用文献研究法确定了 6 个维度：倾听技能、情绪应对技能、提问技能、叙事技能、谈判技能、打破僵局技能，并筛选出 30 个指标，在此基础上初步构建了医院内医疗纠纷调解技能体系模型。之后，本研究采用模糊德尔菲法对该技能体系进行了检验并加以完善，最终构建了医院内医疗纠纷调解技能评分体系，为医疗机构开展医疗纠纷调解提供了切实可行的行为参照和能力评价依据。

参考文献

［1］卜涛, 付卫华. 基于德尔菲法的医疗纠纷严重性评价指标体系构建 [J]. 中国卫生法制, 2023,31(1):118–121,113.

［2］金桥. 基层权力运作的逻辑：上海社区实地研究 [M]. 北京：中国社会科学出版社, 2016:254.

［3］谢建晓. 调解就是高品质的沟通 [EB/OL]. (2013–07–19) [2013–07–25]. http://newpaper.dahe.cn/hnrb/html/2013–07/19/content_926883.htm.

［4］MCFADDEN D. Mediation in Greater China: The New Frontier for Commercial Mediation[M] .CCH Hong Kong Limited, 2013:111–127.

［5］梁海明. 调解实务与技巧 [M]. 北京：法律出版社, 2014:93–95.

［6］孙绍邦, DUGAN BA, 张玉, 等主编. 医患沟通概论 [M]. 北京：人民卫生出版社, 2006:18.

［7］KUO YF , CHEN PC. Constructing performance appraisal indicators for mobility of the service industries using Fuzzy Delphi Method[J]. Expert systems with applications, 2008,35（4）: 1933.

［8］[英] 西尔弗曼, [加] 库尔茨, [英] 德雷伯. 医患沟通技巧（第二版）[M]. 杨雪松, 等译. 北京：化学工业出版社, 2009.

［9］魏来临, 张岩. 临床医患沟通与交流技巧 [M]. 济南：山东科学技术出版社, 2005.

［10］萧淑慧. 台湾地区保健旅游地选取指标初探 [D]. 台北：国立台北护理学院, 2008:37.

［11］[美] 贝齐·埃文斯. 你不能参加我的生日聚会：学前儿童的冲突管理（第二版)[M]. 洪秀敏等, 译. 北京：教育科学出版社, 2012:2.

第四章　医疗纠纷促进式调解倾听技能

美国法学家富勒（Lon L.Fuller）曾经说过："法治的目的之一在于以和平而非暴力的方式来解决争端。"[1]人们常常因为致力于和平解决纷争而备受赞赏。要实现和平解决纠纷就需要具备一定的技能，建设性地处理纠纷，引导诱发纠纷的因素向积极、公正的方向转变。也就是说，纠纷处理人员的目标不只是"解决"或者"管理"纷争，而是要促使纠纷向正向、积极的方面转化。如何用谈话代替争执？如何让当事者在紧张和愤怒的气氛下进行面谈？如何引导纠纷双方集中讨论问题，找到解决他们分歧的最佳方案？如何处理积怨与宿仇？这些技能能够引导纠纷，带来正能量，为促进社区和组织的有益发展而出力。

从本章开始，将探讨关于医疗纠纷促进式调解的各种技能，包括倾听、情绪应对、提问、叙事、谈判、打破僵局等六大技能。要强调的是，这里所说的"技能"并不是适用于某种目的的指南式技巧，而是指以某种姿态面对目标行事时，自然而然地表现出来的熟练行为。比如，护士总是在想"扎针用什么样的速度和力度才合适呢？"这样反而无法把事情做好。所以，技能不是有意应用的一种手动"技术"，而是以真诚态度面对目标时，自然而然发挥出来的"技巧"。换句话说，它是由诸如"实践性知识""身体记忆性知识""隐性知识"等词汇来表述的内容。因而，"技能"之中最重要的是"姿态"，在医疗纠纷调解中，比技能更重要的是人文关怀的姿态。

第一节　倾听技能不足之表现

根据孙绍邦等人的研究，医患沟通的能力模型分为以下5个方面：一是职业化态度与服务能力；二是非语言表达与解读能力；三是主动倾听的能力；四是口头表达能力；五是谈判与化解冲突的能力。[2]一般认为，在语言发展的4个重要领域中，"听"是一种与生俱来的自然能力，不需要像"说""读"和"写"能力那样的培养与训练。在这里，倾听能力不仅单独列举了出来，还作为了第3项，可见倾听能力的重要地位。

根据对调解正当性的要求，"调解员是一个公正无私的参与者，即与争议的处理结果没有直接的利益；调解员对争议事前并不知悉；调解员不认识当事者或事前跟他们没有联系；调解员将不直接或间接地对当事者进行评价；调解员不使用其专业知识去影响当事者做出的决定；调解员不代表任何一方当事者，也不偏向任何一方当事者，他对当事者是公平的、公正的和不带偏见的。"[3]对照上述要求，不难发现，在目前的医疗纠纷调解中，调解员的倾听技能尚存在以下不足。

一、倾听技术吸收较少

首先，没有区分"听（hear）"与"倾听（listen）"这两个概念。听（hear），是一个物理过程，是一个无法选择的、声波敲击耳鼓膜的过程，产生电化学刺激而传向大脑。也可以说，听只是一种生理过程，它是听觉器官对声波的单纯感受，是一种无意识的行为。听是用耳朵接受各种听得见声音的一种行为，是只有声音没有信息，被动的、无意识的行为，它主要取决于客观。

倾听（listen），是指大脑获知了传递过来的刺激所产生的意义。倾听不仅是生理意义上的倾听，更应该是一种积极的、有意识的听觉与心理的活动。倾听是主动获取信息的一种行为，是一种积极的、有意识的、需要专心关注的行为，它主要取决于主观意识。[4]换句话说，倾听是对信息进行积极主动的搜寻行为，是赋予声音以含义的内心过程。学界认为，倾听是一个积极的过程，是一门艺术。[5]很多情况下，人"听"而不"见"，比如，你听了令人厌烦的报告，但根本没有去倾听。真正的倾听是非常不容易的，比说话还难，包括了人们内心的活动和人际间的互动。繁体汉字"听"是由"耳、王、十、目、一、心"所组成的"聽"。右侧是"十"目"一"心，要做到用眼看、用心听；左侧为"耳"听为"王"，表示在"听、说、读、写"4种能力中，倾听是最为重要的能力。

其次，停留在传统教育教学方面的倾听技巧上。强调做笔记：因为口语表达有稍纵即逝的特点，不做笔记，听到的内容就很快忘掉，使用时无从查找。强调正确的倾听态度：倾听是人与人之间交流合作的有效手段，体现着一个人的道德修养。强调养成良好的倾听习惯：培养良好的倾听习惯不是一朝一夕的事情，要持续训练，循序渐进。

二、没有对情感的全盘接纳

当前，我国医疗纠纷调解过程中存在法制化倾向，这不仅表现为调解程序的审判化和调解人员的法官化，如调解队伍由司法人员、律师组成，强调诉调对接等，而且调解风格也越来越接近于审判的外貌，就连调解室的布置也与法庭布置雷同。由于法制化倾向的存在，双方常以法律的论点，一味地诉求自己主张的正当性，而从自己的角度去怀疑对方的诚意。这种"非黑即白"的对抗模式，难以慰藉感情上的伤害，难以实现医患双方对感情、人际关系修复的需要。

发生医疗伤害事件后，患者很悲伤或不安，一下子很难接受这一突如其来的严酷现实，通常无法冷静下来，这是正常现象。这时，就要求调解员感同身受地对患者进行全盘地倾听和接纳。医疗纠纷调解就是让患者逐步接受这一现实的心理调适过程。

三、中立性原则的丧失

面对患者的抱怨，医生总是站在自己的立场，或者医院的立场企图解释并说服对方，但是，对于已经乱作一团、怒气难消的患者来说，这似乎是"自己受到责难"或者"医生只不过是在寻找借口一样"，医患双方的裂痕将进一步加深。所以，要求医方和调解员都要在不做评价的基础上，对患方的情感进行充分接纳，特别是在调解的初级阶段。否则，不管调解员做出何种的判断或建议，总难免被一方认为是在偏袒另一方。

由于存在调解的法制化倾向，调解员总是企图像法官一样，通过双方对立的相互攻击来决定胜负，或者企图"居高临下"地做出判断，或者强行引导对话。这就违背了调解员的中立理念，最终会妨碍对话的顺利进行。

作为中立第三方的调解员，不可以规定谈话的论点及方向，不可以表明自己的意见判断或提出解决方案，也就是说，不能像法官那样做出判断。调解员要做的不是陈述意见，而是通过提问、听取当事者的意见，发现双方在认知上的分歧，并帮助双方实现更深层次的信息共享，帮助双方自主解决问题。"对医疗纠纷调解员来说，不断地发现问题和提出问题，是达到上述目的的唯一手段"。[6]

第二节　倾听不能只见"病"不见"全人"

倾听式调解作为一种全新的贯彻当事者意思自治原则、弥补人文关怀缺失的调解模式，受到世界主要国家和地区广泛关注，能够对我国的医疗纠纷调解工作产生深远的、正向的促进作用，值得认真研究和逐步实践推进。

一、只见"病"不见"全人"

2013 年杀害温岭医生的"连恩青案"，不少人应该记忆犹新。为了治愈鼻炎，连恩青在温岭市人民医院做了鼻中隔纠正及双侧下鼻甲下部分切除的微创手术。因对手术术后效果不满，术后几个月，他多次投诉医院，40 次寻找主治医生。

在反复投诉的过程中，连恩青的情绪越来越暴躁，被家人强行送到精神卫生中心。医生对他的诊断是持久的妄想性障碍，需要入院治疗，但是，连恩青坚信自己只是鼻子出了问题。

2013 年 10 月 25 日，连恩青携带事先准备的尖刀，来到医院对医务人员行凶，致

1 死 2 伤。

复旦大学附属眼耳鼻喉科医院副院长王德辉教授事后提醒同行，要吸取这个血的教训，要在精神疾病上有更多的关注度和辨识度，不能光看到鼻子，只盯着鼻子。[7]

医生的眼中，不能只见"鼻子"，不见全人。这句话也可以引申到如今的临床医学工作中。某医院接待过患者这样的投诉：

> 某医生在给他看病的时候只顾看他的病历，连他长什么样子都没看他一眼，就是说不看这个患者，只看他的病历。而且，他说，他的话还没有说完，这个医生就把处方开好了。

于是，医院的接待人员去找这位医生核实情况。这个医生坦言：这个患者你知道他生了什么病？生的胃溃疡，他的胃我都看过，我做胃镜检查看过他的胃啦。意思是说，诊断是确诊无疑、没有问题的，患者长什么样子就不一定要看了。

至于说患者的话还没有说完，医生就把处方开好了，那处方对不对呢？他用的 H_2 受体阻滞药、质子泵抑制药，一点差错都没有。

接待人员就去对患者解释说：你放心好了，这个医生的处方是对的，可以放心吃！患者说："我今天来看病，我要问他，我这个病会不会变癌，我父亲就是过去诊断为胃溃疡，后来又变成胃癌了……"原来，患者有他特定的心理、社会背景，他需要的不仅是开个 H_2 受体阻滞药、质子泵抑制药这类药物的问题。

以上是很典型的只见病不见人的一种临床行为。其实这种行为在我国当今的临床医学工作中很常见。

二、为什么不能只见"病"

不可否认，建立在对疾病分类和治疗基础上的传统诊疗模式，通过诊疗的简化和组织化能迅速切入主题。医生针对几项客观的临床症状，能够有效地决定患者该接受何种治疗，并预期患者将如其他千千万万接受此疗程的患者一样康复。既然这样，为什么看病时，还一定要关心患者的心理和社会背景呢？

首先，要区分、理解两个概念："疾病（disease）"和"疾痛（illness）"。哈佛大学教授阿瑟·克莱曼认为"疾病（disease）"和"疾痛（illness）"有着根本的区别。[8] "疾病（disease）"是用病理生理学术语解释"疾痛（illness）"的生物医学原因，仅指困苦烦恼中可以被客观描述的一小部分。显然，医生的职责是寻找潜在"疾病"的症状和体征，对患者的"疾病"做出诊断是医生传统且核心的议程。相反，"疾痛"则是个体患者（sick person）独特的病痛体验——患者是如何带病生活的，又是如何对付和处理病患的症状，以及由之引起的身体异常和不适反应的切身感受，患者及其家人乃至更广泛的社会关系是如何接受病的事实的。[9]

正如对上述事例的分析所见，疾病模式指引着医生对大部分的器质性疾病（organic disease）做出正确的诊疗。以现在的医学科技而论，很少器质性疾病能逃过医生的法眼。以往，医生倾向于将患者的疾痛框架作为一堆只会干扰发现潜在疾病的、令人困惑的变量而弃之不用。比如，判断一个患者的腹痛到底是不是阑尾炎？通常认为，此时患者的恐惧、焦虑和疼痛阈都会影响医生的发现能力，医生将其认为是患者独特的反应，以免其影响医生的技术性判断。如此一来，最经常的结果是，医生只关心患者的身体，而将所获得的对患者的理解弃置不顾，并没有把患者作为一个完整的人来看待。

但是，随着医学的进步，发现单一症状可以反映千百种器质性疾病。抱怨头晕的患者，可能罹患了脑血管循环障碍、小脑退化性病变、早期原发性痴呆症、前庭神经失调、听神经瘤、阿－斯综合征等，不一而足。还有，患者可能"病"了，但却没有"疾病"。我们经常无法为症状找到潜在的病理疾病根源。例如，患者对痛失亲人的反应，以及忧伤产生的各种症状，或者商人的紧张性头痛，或者幼儿因为学习问题而导致的腹痛。另一方面，患者可能已经有了某种"疾病"，但并没有觉察自己的"疾痛"，例如，一些无症状的疾病，卵巢癌或高血压等。

所以，如果只针对每项可能的器质性疾病做相应的检查，不仅浪费时间与医疗资源，还可能发现问题的根源完全与此无关。以下事例就是一个很好的证明。

一位女士年届40，为下腹部间歇性疼痛苦恼了好些年。坊间所能购得的任何一款止痛药都无法纾解不适，她只好求助医生。

之后的3年里，她看过8位医生，还4次住进妇产科病房。医生把她的症状解释成"原因不明的持续性骨盆腔疼痛"。翻开厚厚一叠检验报告，如尿液、血液、子宫颈等筛检性检查都正常，反复多次的理学检查也都没有发现异样。从一开始的家庭医师，到后来几位由家庭医师转介的专科医师，没有一位能给出合理的解释。

在头两次的住院时，她接受腰部骶骨X线检查、子宫颈扩张与刮宫术，结果全部呈现阴性，最后甚至割除了盲肠，但疼痛依旧持续。帮她诊断过的8位医生洋洋洒洒写下10种可能的诊断，包括泌尿系统感染、怀孕、卵巢水泡、胆管疾病、腹膜炎……却没有任何一位医生注意到这位女士日渐焦躁不安的情绪。

后来，这位女士因为长期情绪低落，求助于心理咨询师。一开始，她依旧压抑着她的情绪。几次的咨询过后，她开始愿意跟别人讨论内心的痛苦。经过几次几近崩溃的、妯娌之间的真心谈话，她终于下定决心和先生离婚，开始了一段新的生活。过了好些年，当人们再次与她会面时，发现她看起来多了几分沧桑却变得更有自信。更重要的是，她说："恢复单身后没多久，我发现自己下腹部的疼痛竟然不药而愈了！"

她继续说道："但是，不是几年前我找过的医生们治好的；相反，他们带给了我更多的痛苦……我觉得，治好它的，应该是我自己吧！"

后来，旁人才得知，原来这位女士的先生有家暴倾向。她忍受痛苦的婚姻长达十余年，却碍于自尊不愿让外人知晓。对丈夫的恐惧让她再也无法接受与之维系亲密关系。心理咨询师推断，这位女士对性的抽象排斥，实体化成可以被感受的疼痛，让她有正当理由可以拒绝行房。结果，一味针对症状抽丝剥茧的医生，非但没有找到问题的核心，反而将患者的忧郁解读成"续发自疾病本身的焦虑与不安"，倒因为果，离痊愈渐行渐远。

由上述案例可以看出，缺乏人文精神的疾病模式，只重视疾病的病理过程，漠视了人的心理活动，忽视人的社会属性。结果，只能是这些患者在各个专科间辗转求诊，不得要领，患者自己觉得很不舒服，医生又查无实据。

三、倾听疾病与疾痛的声音

现在，社会发展很快，工作要求很高、生活节奏很快，几千年田园牧歌式生活造就的人，有的不一定能很好地适应。于是，产生的一些心理障碍、社会压力都会造成人类的疾病或某种不舒服。

这些因为心理问题、社会背景造成的疾病或不舒服，如果单纯从生物医学的角度来考虑，往往是不得要领的。这样的话，如果事先没有对患者期望值很好地把握，到了治疗效果不理想时，很可能会因为期望值的不对称而产生医疗纠纷。

对于浙江温岭发生的连恩青案，王德辉教授这样评述："对这种病人一定要非常慎重，千万不要手术。医生总想用手术刀帮患者解除痛苦，但有时事与愿违，手术不仅没解决问题，反而加重病情。"人体是非常复杂的机体，很多心理性疾病往往在躯体上有所表现，在面中部区域更为明显，因为鼻子是感觉器官，很敏感。"焦虑症常常表现为面部有异常感觉，这时候给鼻子开刀是没用的。"他介绍说，国外学者对某些所谓"空鼻症"患者做检查，发现大脑有异常，问题并不在鼻子上，而是在大脑或者末梢神经上，在手术之前可能就已经存在了，在这种情况下，做手术的医生很容易成为"替罪羊"。[10]

医生不同于心理咨询师，心理咨询师的唯一目标是帮助患者认识到他们的思维和情感如何影响了他们的生活和病患，尤其是没有受过以疾病为中心的医学传统教育的咨询师，不太重视疾病框架，更专注于"疾痛"信息。而医生有着额外的责任，如果医生把自己的作用看成是纯粹发现疾病，那么，就不能全面服务于患者的个体化需求。

医生有独特的责任要兼顾双方，既要倾听来自疾病框架的信息，又要倾听来自疾痛框架的声音，对哪一方都不可置之不理。其中，疾病模式（生物医学观点）的主要框架是：症状、体征、检查结果、潜在病理；而疾痛模式（患者观点）的主要框架是：感受、想法、担忧、期望、情感和思想及对生活的影响。以全人为中心的医疗模式，鼓励医生在每一次接诊中，都要同时兼顾生物医学的观点和患者的观点。

剑桥大学教授乔纳森·西尔弗曼等学者将这一实践方法总结为"疾病—病痛整合的全人诊疗模式"，如图4-1所示，供医务工作者在临床工作时参考应用，解决实际问题。

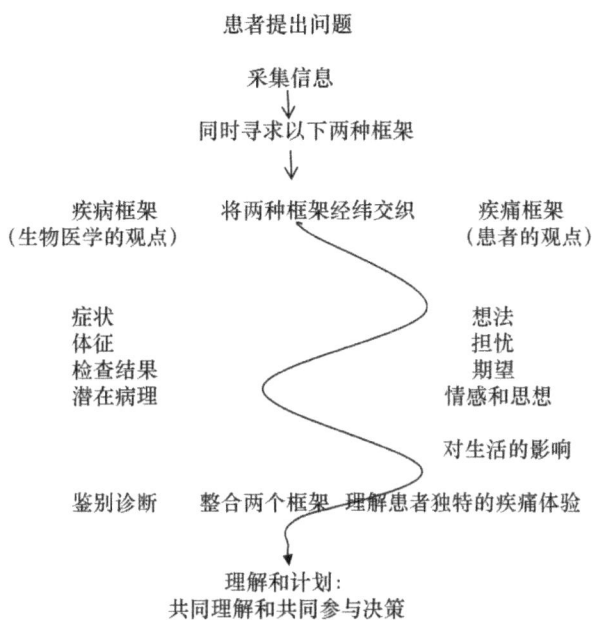

患者提出问题

采集信息

同时寻求以下两种框架

疾病框架 （生物医学的观点）	将两种框架经纬交织	疾痛框架 （患者的观点）

症状 体征 检查结果 潜在病理		想法 担忧 期望 情感和思想

对生活的影响

鉴别诊断　整合两个框架　理解患者独特的疾痛体验

理解和计划：
共同理解和共同参与决策

图4-1　全人诊疗模式

来源：[英]乔纳森·西尔弗曼，[加]苏珊·库尔茨，[英]朱丽叶·德雷伯.医患沟通技巧（第2版）.杨雪松，等译.北京：化学工业出版社，2009：58.

第三节　促进式倾听模式的构建

一、促进式倾听模式

所谓的促进式倾听模式，是指促进式调解模式下对调解员倾听行为的规范化。所以，首先需要了解一下什么是促进式调解模式。评价式调解是指调解员提供与争议有关的法律规定、事实依据及相关意见，试图借此说服当事者双方做出妥协和让步，从而解决纠纷。在促进式调解中，调解员并不向当事人提供任何实质性的意见或建议，不就案件结果发表个人观点或看法，也不预测将来的审判结果。调解员的作用不是告诉当事者双方应该如何解决纠纷，而是增强当事者的自主权（empower），将问题及解决的责任都视为当事者自己的事情,努力帮助当事者有效沟通,自主对话,谨慎决策。关于两者的区别,请见表4-1。[11]

表4-1 两大调解类型比较

	促进式调解	评价式调解
主要目标	回避立场分歧,基于当事者潜在的需求和利益,而不是基于他们严格的法定权利进行谈判	根据当事人法定权利,在可能的裁判结果范围内达成和解协议
调解员作用	引导程序,保持当事者之间的建设性对话,促进谈判和鼓励和解	提供信息、建议,劝说当事者,利用专业技能影响谈判内容,预告将来审判结果
着重点	过程取向	结果取向
特色	1. 调解员是程序的促进者,对调解结果不预测立场 2. 调解员避免提出调解方案,避免对各种方案进行评价,坚持"三不三要"原则,以维护调解员的中立立场 3. 鼓励当事者形成创造性的双赢局面	1. 调解员有评价行为 2. 调解员通常会主动建议解决方案或理想的替代方案,调解员能够决定调解方向 3. 调解结果在将来法院判决范围内 4. 丧失了当事者学习自我解决纠纷的机会

在促进式调解模式下如何规范调解员的倾听行为呢?

首先,应该符合"三不三要"原则:不表示个人的价值或是非观、不介入评断当事者的是非、不表露对案件的情绪,要引导双方了解各自的利益点、要引导双方一起来寻找共同的利益所在、要用中立的态度控制场面。[12]

其次,应该坚持3F倾听。倾听,通常分3个层次(图3-2)。第一层次:以自我为中心的倾听。以自己的观点进行判断,按照自己的意愿倾听,比如,为了证明自己是对的,而努力找寻可以反击的漏洞;为了得到某些特定的信息,而无视其他方面。第二层次:以对方为中心的倾听。集中在对方,能够根据对方的语气、速度、态度给出反应,并有眼神的交流。第三层次的倾听,即3F倾听。Feel:倾听感受。对方讲述的时候,感知对方目前处于什么样的情绪,即用同理心去倾听。Fact:倾听事实。对方讲述时,不根据自己的想法或固定观念评判对方,只倾听原本的客观事实,抓住关键词进行复述。Focus:倾听意图。对方讲述的时候,区分对方的表面立场和真正诉求,认真倾听对方真正的诉求是什么。

按照倾听效率的行为特征,学界通常把"听"分为5个层次:忽视地听、假装地听、有选择地听、专注地听、同理心倾听。促进式倾听主要是从对听到的信息加以整理、理解之后做出的反馈。反馈性倾听(reflectivc listening)具有3个优点:一是听者能获得更多信息;二是能够获得更深入的交流;三是这种深度的交流能够暴露,甚至连发言者以前都没有意识到的潜在问题。[13]此外,在医疗纠纷解决中,还显示出以下两个独特功效:

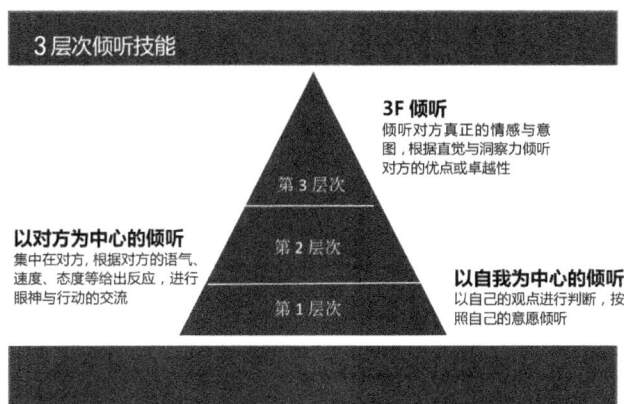

图 4-2　倾听的 3 个层次示意图

一是提供全盘接纳情感的机会。医患交流涉及的是一种特殊而复杂的人际关系。在交流中，患者通常承受着极大的精神负担。患者内心的伤痛、绝望、希望等情感，既可能是疾病的结果，也可能是疾病的原因，接纳患者的情感诉求是调解员的必备能力。二是重建良好医患关系。由于医患关系是一种性命相托的特殊关系，一旦受损极易造成严重伤害。所以，重建医患之间良好的信任关系非常重要。促进式倾听可以保证对方愿意接受其观点，易于增进相互间的信任感。

二、促进式倾听的力量

1. 促进式倾听不预设立场的交流，才能搭建起医患之间无障碍沟通的桥梁。

医生由患者此时此刻的症状来预见病症未来的发展和治疗。虽然在诊疗活动中也要求医生问及患者的既往病史，但是，医生对于患者过去的人生经历往往并不感兴趣。然而，对于患者来说，疾病叙事是包含过去经历的。

医生着重于收集生物医学信息，尤其是病理性的信息。对于医生来说，只有收集到足够的生物医学信息，就可以完成问诊任务。这些信息是客观存在的。而患者的疾病叙事是展现患者的全部生活，充满了主观色彩，更多地强调自己的感受和体验。对于患者而言，对医生的叙事表达不仅是完整的表达疾病，同时具有缓和疼痛的作用。[14]

作为"专业人士"的医生，如何能够深入地了解患者的困扰和疾痛所在？作为"外行人"患者，如何能够清楚地明白医生的诊疗和行医之道？促进式倾听模式建立起平等、尊重、信赖的交流基础，有利于消弭医患之间的认知分歧，从而有效解决医疗纠纷。

2. 促进式倾听不做判断的全盘接纳，才能发现患者表面立场背后的潜在利益诉求。

评价式调解类似于法庭，也是依靠辩论，只求攻不求退；而促进式调解是协商，更注意良好人际关系的维护和修复，是用一颗带耳的心去倾听对方表面立场背后的真正需求，找出双方利益的共同点，调整各自的利益方向以达到双赢的目的。

由于患者来自不同的家庭，成长于不同的社会文化环境，在各自的生命中扮演不同的角色，扛着不同的责任，因不同的幸福而满足地微笑，为了不同的悲伤而心痛地流泪，他们从根本上就是不同的人，对生命有不同的期待，看重不同的价值。所以，必须意识到，首先要了解他的思想，他的个性，他的价值观，他为了什么活着，遭遇了什么样的灾难，才有对他进行"全人照护"的情感基础，才能发现患者表面立场背后的潜在利益诉求。调解本身也是对患者的一种关怀。

三、构建促进式倾听模式的基本设想

目前，我国医疗纠纷调解技能主要以经验性传承为主，"人走政亡"，未形成一套有系统理论支撑、规范化的调解程序。创建规范化医疗纠纷调解倾听模式，结合后续赋权（empower）技能、促进对话技能、察知技能、打破僵局技能的规范化，通过一系列专业培训，让专业技能落地，有助于调解的精细化、专业化、职业化，克服医患双方的对抗性，非黑即白，只顾分清是非曲直，而不顾当事人的意志、情感、偏好等调解法制化所带来的缺陷，切实保障当事者的意思自治和调解员的中立立场，实现我国医疗纠纷解决机制的范式转变，促进我国调解制度的现代化转型。

可以粗略地把说话者所表达的全部分为"内容"和"情绪"。"内容"是对问题的描述。因为，在医疗纠纷调解中有很大的情绪因素，所以，除对"内容"的接纳以外，更注重对"情绪"的接纳，要求调解员要全盘接纳患方的情感诉求，感知患方的心境和痛苦。

调解不同于法院判决，法院判决一般只能就事论事，只能针对案件本身依法形成解决纠纷的裁决，一般不考虑对纠纷不产生直接影响的、隐藏在纠纷背后的深层诉求。调解却不然，如果固守法律思维，则无法重塑问题，调解考虑的因素很广泛，不仅要从表面上解决纠纷，更注重解决当事者的深层诉求。

在医疗纠纷调解中，患方通常情绪比较大，一时无法冷静下来，患方的要求往往只是表面立场，而不是真正的利益诉求。所以，在调解中，需要透过表面立场看到患方的真正利益诉求，抓住双方的共同利益点来调和。有时候立场不可调和，而潜在的利益诉求则是可以调和的。[15]这正是调解的价值所在。因此在进行倾听反馈的时候，就要求调解员不被患方的表面立场所迷惑，在发现患方潜在利益诉求的基础上，确认该利益诉求的正确与否。

双向交流才叫沟通，否则就不是沟通，而是说教。所以，促进式倾听包括倾听和反馈两个过程。在倾听过程中，要对患方的情感进行全盘接纳，要确保"听到"并且"听懂"了对方真正在说什么；反馈过程，则要让对方知道调解员"听到"并且"听懂"了，最后不要忘记询问双方"你们还有什么问题需要问吗？"如果有的话，进入新一轮的倾听、反馈和确认的循环，这是一个可重复过程。参见图4-3。

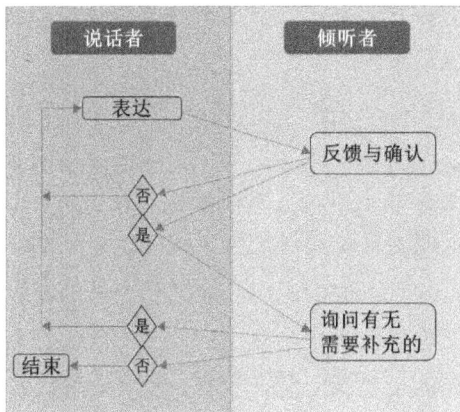

图 4-3 双向交流

四、促进式倾听两大类技能

促进式倾听包括两大类技能。

1. 专注技能

第一，眼神交流：全神贯注，自然注视对方，要与对方有眼光的接触和交流。第二，开放的姿态：面向说话者，自然放松，身体略微前倾。第三，得体的手势：避免容易让人分心的动作。第四，安全、安静的环境：有安全感的安静房间，大小适中，检查有无攻击性器物的存在。

2. 回应技能

第一，感知性回应（1～3个字）：哦/是吧/这样的啊/嗯。第二，反馈内容：对方对问题的描述。第三，反馈情绪：对方表达时的感受。第四，反馈的意义：之所以如此的原因，即未满足的利益诉求。第五，话语格式："听得出来（情绪）……，因为（内容，即对问题的描述），你觉得（未满足的利益诉求）……"

面对患者的抱怨，医院的调解员总是习惯于站在自己的立场或者医院的立场企图解释并说服对方，但对于已经乱作一团、怒气难消的患者来说，不管调解员做出何种的判断或建议，难免被认为是在偏袒医方。那么，如何利用上述回应技能进行应答呢？在此，通过一个案例来清楚地呈现回应技能的5个步骤。

一位患者来到医院医患办投诉某正畸医生，她告诉工作人员：我10月2日托槽掉了，就跟医生说我这掉了咋办。医生说他在休假，没有办法，质问我约好的复诊为什么没去？我也是身不由己呀，那天公司不让我请假。我说我现在磨嘴，很难受。医生说我不应该要求别人善待。这什么话？善待患者难道不应该吗？医生说他这句话没错，还让我去投诉，对他来说是无所谓的事，还说嘴长在那，不让说话，会憋出内伤的。你看看你们医生，什么态度？还说，不懂没关系，反正智商低！我快要气死了！我要换医生！我没有办法再面对他。

对于上述投诉，如果不经意地回应"不会吧？李医生（当事医生）一向对患者的态度很好的啊"或者"医生国庆休假不是很正常吗？医生也是人，也要休息的啊"，很容易让患者觉得连自己的抱怨都不能够被医院的调解员所接受，更不用说调解是否具有公正性了。在这种情况下，通过促进式倾听方法做出回应的话是怎样的呢？

第一步，使用感知性回应语言。

感知性回应的主要目的在于使谈话显得柔和，表现出正处在一个思考的过程中。比如，通常可以用"是吧""哦"来承接患者的话语。

第二步，反馈内容。

一般是原封不动地重复患者的话语，比如，"医生说你智商低，不懂也没有关系，是吗？"这样近乎忠实地重复对方的话语，可以达到3个目的：一是不会因为语言上的歧义，与患者发生争执；二是能够让患者觉得自己的话语确实被工作人员"听见"了；三是当患者从工作人员口中听到自己所说的话时，患者也会开始稍微客观地看待这件事：在听到"医生说你智商低，不懂也没有关系"时，患者可能会觉得医生的确是这样说了，也有可能反省这样说是不是有点儿不符合事实了。

正如在本案例中所表现的一样，患者改口说："啊，是这样，医生在微信上发给我一个表情图，图上的文字是'不懂没关系，反正你智商低'。"总之，这样的回应能够为患者回顾自己的话语是否妥当提供契机。

第三步，反馈情绪。

反馈情绪能够达到3个目的：一是接纳患者的情绪。尤其在医疗纠纷中，由于患者通常带有比较强烈的负面情绪，接纳情绪更为重要。二是通过对情绪的接纳，过滤掉感情强烈的负面情绪词汇，暗中弱化负面情绪色彩。可以这样说："医生的这些话，让您不高兴，是吧？"这里，患者说"气死了"，调解员没有用"生气"，而是用了"不高兴"，事实上这种情感的破坏也没有达到很严重的地步。三是将感情色彩强烈的语言转述成客观、中立表述方式的方法，也有助于患者释放不满的情绪，整理并重新冷静审视当前的状态。

当调解员说完"医生的这些话，让您不高兴，是吧"之后，如果患者认为调解员说到了点子上，一般会接着说："是啊，您说能不生气吗？作为医生，基本的人文关怀都没有！"只要患者话头一接："是啊，……"接下来，一顿抱怨，那么她的不满就已经消除了一大半。情绪只有表达出来，才能释放和发泄。

第四步，表达反馈的意义。

就是挖掘患者想要表达的真实诉求。患者表达的内容有时候并不是他想表达的真实诉求，有几个原因：一是如果患者情绪混乱，他是不知道自己真正需要什么的；二是由于碍于情面，或者认为自己的理由并不是那么充分，不便说出来。比如，有位老人抱怨医生态度不好，不尊重老人，其实质则是，因为现在基本上都在网上预约挂号，老人不会上网，很难挂到号。医患办的工作人员敏锐地觉察到这一点，当即帮老人挂到了号，纠纷一下子就解决了。

在这个案例中，可以回应说："您觉得您作为患者，没有受到应有的尊重，是吗？"有些调解员会担心：我这样猜测能猜对吗？如果这不是患者的真实诉求，那不是没法进行下去了吗？很多人会有这样的担心，这是不要紧的。一般来说，当调解员说得不对时，患者会加以纠正。这样的话，正确的答案不就自然而然出来了吗？也就达到了催促患者自己去"发现"问题产生的原因的目的。

第五步，总结的话语格式。

最后，可以按照这样的话语格式来进行总结："听得出来（情绪）……，因为（内容，即对问题的描述），你觉得（未满足的利益诉求）……"

在这个案例中，可以说："听得出来您对李医生不满，李医生说您不应该要求别人善待您，还发了一个表情图，上面的文字是'不懂没关系，反正你智商低'，并且认为自己并没有错，您可以去投诉。您认为您作为患者，没有得到应有的尊重，以后没有办法面对他，需要换个医生，是吗？"

当然，对话到这里并不会结束。患者肯定会继续反馈她的看法与感受。这时，调解员就需要通过提问的方式引导患者继续对事件进行陈述，了解更多的细节。比如，接下去的对话是这样的：

患者：是啊，医生当然也要有正常的休假。但是，不能对患者左一个"没办法"右一个"没办法"吧。

调解员：也就是李医生就是不肯帮忙，是吗？其实，不应该这样毫无商量余地地拒绝您，即使不能来医院，也应该想想别的办法，或者一些暂时的办法，是吗？

患者：他说没办法，说只能他处理。后来不也安排了其他医生给我重新粘上了托槽，顺便也给我换了丝吗？

调解员：啊，医生是说原则上托槽重粘和复诊换丝都必须是主管医生进行处理，我这样理解对吗？

患者：是的。我这太难受了，我便自己去了医院。软磨硬泡，总算给我处理了。

调解员：是的，托槽掉了磨嘴，的确是难受，需要想办法赶紧处理。（调解员觉察到有些不够理顺的地方）您能详细说一下李医生在什么情况下说的"您不应该要求别人善待您"吗？我有些地方还是不理解。

患者：医生说"国庆我们休假，这个世界按既定规则对待你，并没有欺负你，你也不应该要求别人善待你"，这话是这样说的吗？

调解员：李医生的意思是，按照规定休假，大家都按照规定来，既不能亏待谁，也不能特殊照顾谁。说不能善待您，但是还是请别的医生帮忙处理了。我可以这样理解吗？

　　患者：是的。但是，话说得难听啊！

　　通过继续向患者挖掘更多的信息，倾听患者更详细的叙述，调解员既不会表现出一副对患者置之不理的态度，也不会一味地相信患者的陈述，有助于对事实的忠实讨论。用提问的方法来寻求患者做出进一步的说明，让沟通具体地深入下去，不仅对于倾听者来说能够加深理解，对于说话者来说，还可以帮助其整理究竟发生了什么，不断修正自己的看法与感受。

　　有些调解员可能会有这样的疑问：在第四步反馈患者的真实诉求中，为什么不说出患者"要换医生"呢？其实，前面已经涉及一些，"要换医生"未必是患者的真实诉求。患者投诉提出的往往只是表面的主张，大多数调解员过于重视表面主张，医患双方各自坚持自己的表面主张，往往将其视为调解所必须坚持的重要条件。然而，许多调解员并不一定了解，在调解双方对立的立场背后，可能存在冲突的利益，实际上，还可能存在共同的或可以彼此兼容的利益。本案例中，"要换医生"是不可调和的矛盾，但是，医患双方都希望把"病"治好，则是共同的需求。

　　这是一个真实的案例。故事的结尾也证实了"要换医生"并非患者的真实诉求，最后投诉被妥善处理好了，李医生自己说患者还是比较相信他的，患者不愿意换医生。李医生电话与患者重新沟通了一遍，约好了复诊事宜。

五、五大回应技能与五大高风险回应陷阱

　　倾听是沟通的基础和前提。良好的倾听，是全然开放自己的耳朵，以一种平等和宽容的态度，接纳、邀请，并引导。这样的倾听，心中容得下对方的各种声音：抗拒、抵触、悲哀、绝望、顺从、喜悦……把声音敞现、发送、交流、评价的主动权、创造权还给对方，少一些干预，多一些包容。这并不意味着听者对对方的无条件顺从，因而放弃自己的主张和观念，只是要求对他人的见解保持开放的态度。

　　不良的倾听，是持一种封闭心态，从自我的需求和眼光出发，去捕捉、选择、剪裁来自对方的声音。所有对对方的听，都出于自己的预设，进而把收取的声音强行拉入早已设计好的频道、频率之中，不在此范围内的声音，常常被过滤、屏蔽掉。这样的倾听，常常只是一种验证，验证自己原有的看法、意愿、猜想是否合理。这种预设和自我验证式的倾听，是一种"偏听"，其结果就是听者只能听到自己愿意听的，或者自己所相信的和已知的。

　　在学习调解应该掌握的各项技能中，良好的倾听技能是排在首位的。调解员的倾听技能决定了调解员在调解时所起作用的大小。学会积极倾听，可以让当事者感受到尊重和接纳，并且能够更好地让当事者表达，也能够让调解员更加准确地去理解当事者所表达的意思，建立关系的联结。下面介绍 5 种倾听时的回应技能，以及 5 种干扰有效倾听的行为模

式（图 4-4），以供医护人员在与患方沟通时检验自己的行为要点。

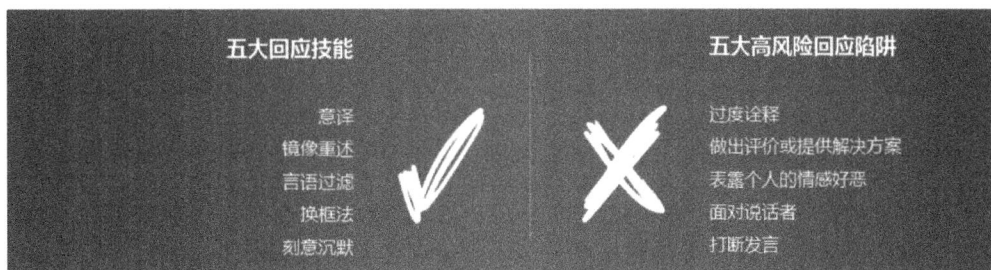

图 4-4　五大回应技能与五大高风险回应陷阱

1. 五大回应技能

（1）意译：要从正面如实反映说话者表达的基本意思，而不鹦鹉学舌，也不简单地掩盖差异。要比发言者的陈述简短。可以说"你觉得……""你认为……""如果我理解正确的话，你的意思是……"不能说"我完全知道你的感受……""我以前也遇到过这样的情况……"。这意味着意译的重点是说话者，而不是你——倾听者。不能有包含判断或评价的暗示。

（2）镜像重述：为了避免意译会被一些人当作隐晦的批评，镜像重述可以显示出调解员在保持中立。镜像重述，就是调解员逐字逐句地重复说话者的发言，让说话者确切地听到自己所说的内容。如果说话者只说了一个简单的句子，就用说话者自己的语言组织复述；如果说话者说了不止一个句子，则需要复述其关键词句。调解员的手势和语调要保持自然，不要显得呆板、做作和模仿别人。

（3）言语过滤：将带有情绪色彩和挑衅性言辞过滤掉，而不会改变对方的观点。所有的表达都得体、中性、温和，不带评判色彩，不包含任何暗示正误、表示指责或建议的词汇。[16]

（4）换框法：纷争中的双方通常各持己见，想法也比较消极、负面，以至于语言当中常充满敌对和破坏性。此时，调解员可以使用"换框法"，将双方的说话内容再次包装，消极变为积极，负面变成正面，破坏性变成建设性，面向过去变为面向将来。如其中一方坚持不肯道歉，调解员可引导其思考还有其他的什么办法能够代替道歉，如声明、告示、澄清、报告、解释、邀请聚餐等。[17]

（5）刻意沉默：是被过于低估的一种技能。它可以起到整理思绪，斟酌是否需要冒点风险来说出一些有争议性的内容的作用。刻意沉默，还可以让全体暂时沉静下来，进行反思、深度体验和内化。

2. 五大高风险回应陷阱

（1）过度诠释：在对发言的解读过程中，倾听者不由自主地加入了主观色彩，形成对说话者原意的扩大或扭曲。

（2）做出评价或提供解决方案：相信当事者有自我解决问题的能力，秉承只有当事者才能真正解决问题的理念，不是告诉当事者应该如何，而是要让双方当事者看到怎么样会更好；不是代替当事者解决问题，而是帮助当事者解决问题。

（3）表露个人的情感好恶：调解员要有空杯心态，不预设立场，不带任何偏见，不先入为主，全盘接纳患方的情绪感受。接纳其情绪不等于同意其观点，只有接纳了当事者的情绪以后，当事者才能冷静下来，形成接受外界"意见"的心理态势。

（4）面对听话者：要求双方当事者面对调解员进行诉说。如果说话者用手指着对方控诉的话，对方很难不做出回应。另外，说话者在指责听话方的时候，如果调解员也面向听话方，容易被理解为调解员也在一起责备听话方。

（5）打断发言：为了保证每个人的谈话不被打扰，在会谈前发给每个人纸和笔，让他们有问题的时候做好笔记，并告诉他们每个人都有发言的机会。[18]

倾听技能看似简单，实则非常不容易。如何针对当事者的发言，快速准确地反馈3方面的内容：情绪、对问题的描述和未满足的利益诉求，考验着调解员对情绪词的准确把握，以及及时发现当事者的利益诉求。

包括倾听在内的促进式调解模式的技能，不是言语化的指南式技巧，而是要通过角色扮演去体会，逐步形成身体记忆性知识，才能自然而然地流露在调解的行为举止当中。

第四节　促进式倾听技能的运用

一、促进式倾听技能优化医患会话

20世纪60年代之后，疾病谱和死因谱发生变化，各种慢性病取代了急性传染病成为影响人类健康的主要因素，生活方式问题、行为问题与健康的关系日益密切，个人主动去改变生活习惯与行为方式已成为维护和促进健康的重要基础。在这一背景下，医患关系的本质发生了巨大变化：①从以医生为中心转向以患者为中心；②从以疾病诊疗为中心转向以满足患者的需要为中心；③从主动与被动的需求关系转向需要互补的积极互动关系；④从缺乏感情认同的契约关系转向信托关系。

在这种医患关系当中，医生往往扮演帮助者、指导者或教育者的角色，患者在医患关系中的地位也从消极、被动转向积极、主动。医患关系的这种转变，在促进式倾听模式中得到充分的体现。

调解通常是指除当事者双方以外，还有第三方即调解员参与的纠纷解决活动。研究表明，在医生与患者一对一的场合中，作为当事者之一的医生，在接受医疗纠纷调解的培训之后，在拥有医疗纠纷调解思维的情况下，能令患者感到非常满意。[19]这一模式叫作自我调解模式，在前面已经有论述。

如何运用促进式倾听技能维护患者的自主权，以患者为中心优化医患会话？以下将展开对促进式倾听技能在医患会话中的运用及其意义的考察。

二、对原始案例的评析

案例说明：这是一个 3 分 10 秒的门诊会话。因为要采集一个能够比较完整运用促进式倾听技能的对话很难，所以，对原始案例进行了局部的改编。括号中的黑体字表示未能说出的话语。

主诉：阴道出血 10 天。

现病史：何某，女，30 岁，平素月经规律，10 天前阴道流血，外院尿检 HCG 阳性，B 超未发现宫内妊娠。外院怀疑宫外孕，建议清宫而未进行清宫。

01 医生：哪儿不舒服？

02 患者：我上一次在外面打工的时候在一家医院检查，他说我孕检（**欲言又止的样子**）怀孕了。

03 医生：嗯！有化验单吗？

04 患者：（**提供前一家医院化验单**）但是说照了 B 超子宫里面又没有，但是呢，现在下面一直在出血，都将近 10 天了。

05 医生：（**阅读前医院病历**）就怕别怀到宫外去，很有可能怀到宫外去了。

06 患者：嗯，是 10 号吧，下面又流了两坨，我也不知道。反正那家医院老是让我清宫，一直弄得我烦死了，我心里……

07 医生：嗯，不是烦呐，就是说它现在（**的情况**），早期没有办法（**看到孕囊**）……

08 患者：因为 3 月 5 号验了又没有怀孕嘛，结果 4 月……

09 医生：怀孕是肯定的，现在就看宫内宫外。在哪儿现在就是要确定了。现在就是从你做的两次 B 超看，宫内宫外都没有看到东西，像这种情况下宫外孕的可能性就会非常大，知道吗？你最后一次月经时间是元月份吧？

10 患者：嗯，元月份来的。

11 医生：阴历阳历？

12 患者：元月 12 号。

13 医生：是不是阴历啊？

14 患者：嗯，阳历吧！

15 医生：阳历现在几月了？3 个多月了！

16 患者：就过年之前嘛。

17 医生：那……

18 患者：但是……

19 医生：你确定是阳历？

20 患者：嗯，但是，3月5号我在那边常规体检，妇科检查没有怀孕。

21 医生：妇科检查？妇科检查哪里检查得出来？B超都做不出来，妇科检查查得出来？

22 患者：查尿验血嘛也没有。

23 医生：哪个都没有是吧？

24 患者：嗯！

25 医生：那肯定是最近才怀的。

26 患者：下面老是流血烦死了！

27 医生：血要验，彩超也要做，现在就是早一点发现宫内宫外孕，你好能放心呗，你放心我们才能放心，宫外孕大多数是要命的嘞。

28 患者：因为……

29 医生：它会死人的！

30 患者：好像3年前也是这个样子吧！

31 医生：是吧？我们也不希望你有事。

32 患者：3年前也是这个样子……

33 医生：是这么回事，需要查个血，听到没有？到时候我一块儿给你处理，血查了以后还要做B超，B超是一定要做的，但是血一定也得查，听见没有？

34 患者：嗯，打工的厂里老是打电话叫我回去，我已经请假20多天了。

35 医生：B超一会儿就做了，去做，做完了拿给我看，交了费到四楼做噢，听见没有？

36 患者：哦。

这段妇科门诊的会话略显啰嗦，但能够比较完整地反映在目前的门诊会话中存在的4个问题：

第一，停留在"父权式医患关系"的医疗服务模式，而没有向"朋友式医患关系"的医疗服务模式转变。具体表现在：在01句中，初次见面，医生既无基本的寒暄语，也没有称呼语，呈现出一副傲慢、冷漠的态度；因为医生是医学领域的权威，在这一模式中，医生自认为是患者最佳利益的判断者，无须跟患者做过多解释，所以才会出现21句中医生的对话："妇科检查？妇科检查哪里检查得出来？B超都做不出来，妇科检查查得出来？"医生面对患者关于医学专业方面的困惑，不是耐心倾听和解释，而是反唇相讥，一种不容分辩、居高临下教训的口吻。这一副高冷的态度一直维持到会话结束，在结尾部分的33句和35句中，医生3次对患者说"听见没有"，也没有特指的称呼语。"父权模式"[20]，只有在医生处理危重患者时才适用。

第二，完全漠视患者的疾病叙事。叙事，就是讲故事。在医学叙事中，要求医务人员有目的地、有方法地理性引导患者讲述故事。[21]患者通过不断深入描写生活中痛苦的经历，明确其内心的社会关切，有助于找回生命意义，从而做出符合患者价值观的健康照护选择。在会话中，医生分别于 08 句、18 句、28 句、30 句和 32 句中 5 次打断患者想要对自己社会背景的叙述，呈现出医者冷漠的强者形象。08 句想要描述在前一家医院诊疗的情形，而 18 句和 28 句则是想要表达自己患病后的一些隐情；对于患者想要提起的"3 年前也是这个样子"，被医生认为与当前的疾病无关，遭到医生的断然拒绝。

第三，没有对患者情感的良好接纳。医生只考虑自己获得想要获得的信息，没有考虑患者当时的心理需求。在对话中，患者于 06 句和 26 句中两次提到"烦死了"，都被医生无情地打断，甚至在 06 句中，不仅没有对这一情感的接纳，而且对它加以直接的否定，患者在诊疗活动中的主体地位荡然无存。患者叙事有助于患者呈现负面想法、宣泄不良情绪，在外界的帮助下，获得积极的情感态度。

第四，没有对患者的医学教育和对医疗决策的积极引导。这表现在 07 句和 21 句中，07 句叙述不完整，加之患者面对的是自己并不熟悉的专业知识，很难理解医生想要表达什么，医生也没有就孕囊的生存和生长做一个通俗易懂的解释。在 21 句中，对于患者的疑虑"为什么妇科检查和 B 超查不出来"，没有做一个令患者满意的说明。在 33 句中，对于诊断结论，仅是告知，没有进行简要说明。在诊疗活动中，医方不但应该向患者提供诊断名称，还应采用通俗易懂的语言，简要地对诊断结论进行解释，对诊断依据进行说明，对病因进行探讨。这样做可能会花费一些时间，但是，完整诊断信息的告知必然会提高患者对医方的满意度和服从度，有利于重建患者对医生的信任。医生的任务之一是对患者进行医学教育和医学知识的普及，对患者错误的自我诊断和医学观点进行解释，从而促使患者放弃错误观点，进而理解和接受医生的诊断和治疗方案。在会话中，这些方面做得还远远不够。

三、按照促进式倾听模式规范后的会话

本研究团队按照促进式倾听模式的要点，在尽量保持会话内容原貌的基础上，对原始案例进行反复演练，认为以下会话能较好地体现促进式倾听的特点。

01 医生：请坐，你哪儿不舒服？

02 患者：我上一次在外面打工的时候在一家医院检查，他说我孕检怀孕了。

03 医生：你是说孕检吗？有化验单吗？

04 患者：（**提供前一家医院化验单**）但是说照了 B 超子宫里面又没有，但是呢，现在下面一直在出血，都将近 10 天了。

05 医生：（**阅读前医院病历**）看得出来你很担心！就怕怀到宫外去，很有可能怀到宫外去了。

06 患者：嗯，是10号吧，下面又流了两坨，我也不知道。反正那家医院老是让我清宫，一直弄得我烦死了，我心里老是胡思乱想。

07 医生：这让你心神不宁呢，加上你还没有小孩，是吧？现在的情况是，因为还是在早期阶段，没有办法看到孕囊……

08 患者：因为3月5号验了又没有怀孕嘛，结果4月又说怀上了。

09 医生：是吧！从现在的情况看，怀孕是肯定的，就是要看在宫内还是在宫外了。在哪儿？现在就是要确定了。从你做的两次B超看，宫内宫外都没有看到东西，像这种情况下，宫外孕的可能性就会非常大。我说的这些，你听明白了吗？

10 患者：嗯！

11 医生：你最后一次月经时间是元月份吧？

12 患者：元月份来的。

13 医生：阴历阳历？

14 患者：元月12号。

15 医生：是不是阴历啊？

16 患者：嗯，阳历吧！

17 医生：阳历现在几月了？3个多月了！

18 患者：就过年之前嘛。

19 医生：你确定是阳历？

20 患者：嗯！但是，3月5号我在那边常规体检，妇科检查没有怀孕。

21 医生：是吧？一般早孕期间，有可能妇科检查查不出来，B超也一般要怀孕6周以上才能检查得出来。

22 患者：查尿验血嘛也没有。

23 医生：哪个都没有是吧？

24 患者：嗯！

25 医生：那肯定是最近才怀的。

26 患者：下面老是流血烦死了！

27 医生：碰到这种事，的确让人很焦虑。血要验，彩超也要做，现在就是要早一点发现是宫内还是宫外孕，你好能放心呗，你放心了我们才能放心，宫外孕大多数是要命的嘞。

28 患者：因为我觉得不太可能！

29 医生：是的，我们也不希望你有事。宫外孕会要命的！

30 患者：3年前也是这个样子，说是宫外孕，又叫我刮宫。那些医生都是半死不活的，你问了好几句，医生才勉强答复一句，最后你也不好意思再问了吧。

31 医生：是吧？当时医生的解释很少，让你很不明白，是吧！是这么回事，需要做个血HCG检查，如果血HCG翻倍增长的话，那么宫外孕的可能性较小。血查了以后还要做 B 超，B 超是一定要做的，到时候我一块儿给你处理。你看这样好吗？

32 患者：嗯，打工的厂里老是打电话叫我回去，我已经请假 20 多天了。

33 医生：请假这么久，工厂是不是也为你担心了？病还是要好好看的！B 超一会儿就做了，做完了拿给我看，交了费到四楼做噢！你还有什么需要问我的吗？

34 患者：哦，好的，谢谢！

在经过反复演练后形成的上述会话中，运用了以下促进式倾听技能：

第一，对患者的情感进行接纳。比如，05、07、27、33 句分别用了"担心""心神不宁""焦虑"等词对患者此刻的情绪进行了接纳，让患者对医生有"你懂我"的感受，能够有效增进医患之间的信任关系。患者总是有一些不舒服的地方才去看病，所以在看病过程中容易情绪化，这是显著区别于其他纠纷的特征之一。当医生没有对患者的情绪进行接纳时，患者对医生的话语容易形成心理抗拒，听而不闻，良好的医患沟通难以实现。所以，在促进式医患沟通模式中，把情感的接纳摆在首位。

第二，将言语过滤，使表达尽量中性、温和。[22]29 句，在原始案例中，医生的原话是"它会死人的"；在经过演练改编后，变成了"宫外孕会要命的"。这一改变既如实反映了说话者表达的基本意思，又使语言中性化和温和了。在 31 句中，患者说医生是"半死不活"，医生复述时则将带有强烈情绪色彩和挑衅性言辞过滤掉，在并不改变说话者观点的基础上，仅就事实进行了反馈"医生的解释很少"，不带评判色彩，不包含任何暗示正误、表示指责的词汇。

第三，注重对患者的医学教育。在我国，有多位医患沟通学者提出，医生在诊疗过程当中应该承担向患者传授医学知识的任务。[23]这样，一方面，能够换来患者的合作，实现疾病治愈的目的；另一方面，能够促进医学知识的普及，达到健康教育的目的。在 21 句中，对于患者的疑虑"为什么妇科检查和 B 超查不出来"，做了一个比较详细的解释。在 31 句中，对非常专业的"HCG"指标如何判断，教给了患者简明扼要、通俗易懂的方法。

第四，对患者前面的谈话内容有无疑问进行反复确认。当自己的解释过于冗长、过于专业化时，医生要有意识地向患者进行确认，有无疑问，避免医生单方面自话自说。比如，09 句，这句话比较长，所以用"你听明白了吗"进行确认。31 句"你看这样好吗"和会话结束时"你还有什么需要问我的吗"进行确认，特别是会话即将结束时，询问患者有无需要补充的，这一点非常重要。可是，目前很多医生仍无法做到。

没有良好的沟通，患者认为医生并没有完全了解自己的情况，对医生的诊断和处方就有可能持怀疑态度，这样一方面不利于患者的康复；另一方面较易导致医患关系的紧张。

不容否认，导致这些问题也有客观原因。在我国，目前尚未建立行之有效的分级就医与转诊制度，造成许多医院患者过度集中，医患沟通时间非常有限，直接或间接造成医务人员缺乏与患者的换位思考与良性互动。良好的沟通和叙事性的倾听，在与患者的最初几次见面时较之传统治疗确实会多花费一些时间，但从一开始便建立起稳固的医患关系，会为后续的治疗节省更多时间。[24] 促进式倾听坚持中立性、促进患者的意思自治，必将为我国调解制度的现代转型提供有益探索。

参考文献

［1］游伟，孙万怀 . 论刑事诉讼中反对被迫自证有罪的权利 [J]. 法律科学，1998, (3):85.

［2］孙绍邦，BEVERLY A，张玉，等 . 医患沟通概论 [M]. 北京：人民卫生出版社，2006:18.

［3］尹力 . 调解正当性的保障：调解员中立性问题研究 [J]. 浙江学刊，2006, (2):159.

［4］[美] 查尔斯·E·贝克 . 管理沟通—理论与实践的交融 [M]. 康青，王蔷，冯天泽，译 . 北京：中国人民大学出版社，2003:61.

［5］[美] 安德鲁·D·沃尔文，[美] 卡罗琳·格温·科克利，[中] 吴红雨 . 倾听的艺术 (第 5 版)[M]. 上海：复旦大学出版社，2010: 序言 .

［6］[日] 和田仁孝，中西淑美 . 医疗纠纷调解：纠纷管理的理论与技能 [M]. 晏英，译 . 广州：暨南大学出版社，2013:17.

［7］戴志悦 . 当患者全世界只剩鼻子时，医生眼里不能只有鼻子 [EB/OL]. (2018-07-31)[2022-06-30]. https://www.sohu.com/a/244293397_377350.

［8］[美] 阿瑟·克莱曼 . 疾痛的故事：苦难、治愈与人的境况 [M]. 方筱丽，译 . 上海：上海译文出版社，2010:1-2.

［9］[英] 乔纳森·西尔弗曼，[加] 苏珊·库尔茨，[英] 朱丽叶·德雷伯 . 医患沟通技巧 (第 2 版)[M]. 杨雪松，等，译 . 北京：化学工业出版社，2009:59.

［10］戴志悦 . 当患者全世界只剩鼻子时，医生眼里不能只有鼻子 [EB/OL]. (2018-07-31)[2022-06-30]. https://www.sohu.com/a/244293397_377350.

［11］晏英 . 在医疗纠纷人民调解中引入促进式调解的若干思考 [J]. 医学与法学，2016, (1):76.

［12］晏英 . 在医疗纠纷人民调解中引入促进式调解的若干思考 [J]. 医学与法学，2016, (1):77.

［13］DALMAR FISHER.ACTIVE LISTENING[J/OL]. [2022-06-29]. http://www.analytictech.com/mb119/reflecti.htm.

［14］[美]RITA CHARON . 叙事医学：尊重疾病的故事 [M]. 郭莉萍，主译 . 北京：北京大学医学出版社，2015:111-114.

［15］[美] 罗杰·费希尔，威廉·尤里，布鲁斯·巴顿 . 谈判力 [M]. 王燕，罗昕，译 . 北京：中信出版社，2009:37.

［16］[美] 罗纳德·S·克雷比尔，爱丽丝·弗雷泽·埃文斯，罗伯特·A·埃文斯 . 冲突调解的技巧 (上册)[M]. 魏可钦，何钢，译 . 南京：南京大学出版社，2011:71.

［17］李中莹 . 简快身心积极疗法 (上)[M]. 北京：世界图书出版公司，2012:200.

［18］[美] 珍妮弗·E·贝尔 . 沃顿商学院最受欢迎的调解课 (第 4 版)[M]. 钱峰，译 . 北京：中国电力出版社，2014:55.

［19］[日] 和田仁孝，中西淑美 . 医疗纠纷调解：纠纷管理的理论与技能 [M]. 晏英，译 . 广州：暨南大学出版社，2013:24.

［20］肖巍，胡宁南 . 从女性主义视角看医患关系 [J]. 医学与哲学，2001, 22(8):30-32.

［21］[美]RITA CHARON . 叙事医学 : 尊重疾病的故事 [M]. 郭莉萍 , 主译 . 北京 : 北京大学医学出版社 ,
2015:190.

［22］[美] 罗纳德·S·克雷比尔 , 爱丽丝·弗雷泽·埃文斯 , 罗伯特·A·埃文斯 . 冲突调解的技巧 (上册)
[M]. 魏可钦 , 何钢 , 译 . 南京 : 南京大学出版社 , 2011:71.

［23］姜学林 , 曾孔生 . 医疗语言学 [M]. 香港 : 世界医药出版社 , 2000:168, 264.

［24］[美]RITA CHARON . 叙事医学 : 尊重疾病的故事 [M]. 郭莉萍 , 主译 . 北京 : 北京大学医学出版社 ,
2015:91.

第五章 医疗纠纷促进式调解情绪应对技能

我们每天都在各种情绪中转换。每个人都不可避免会遇到积极和消极的情绪，用不同的方式去处理情绪，就会得到不一样的结局。情绪失控是件伤人又伤己的事，常常扰乱自己正常的分析判断能力，做出一些让自己后悔不已的出格事情。那些所谓的好脾气、性情温和的医护人员，虽说有性格因素的关系，但多半都是后天努力修炼出来的。我们没有办法切断先天的情绪产生机制，但完全可以通过后天的培养和学习，树立对人生、职业与社会的正确认识，不断地修行，不断地完善自我，做情绪的主人，而不是让负面情绪主宰自己的心灵与理智。

管理好自己的情绪是一种个人能力。身为医护人员，就要管得住脾气，学会如何适时适所，对患方恰如其分表达情绪，避免极端行为的发生。医疗事故都与人有关，与人有关的事故大多数都与情绪管理不当有关。只要管理好情绪，很多医疗事故及纠纷是可以避免的。所以，医院应该把情绪管理上升到危机管理的高度，居安思危，未雨绸缪。

第一节 情绪是心理上的排泄物

人们每天95%以上的时间都是在自动化反应。[1]也就是说，很多时候我们未经思考和判断就做出了情绪和行为反应，而这样的自动化反应常常会给自己带来情感或工作上的困扰。

有一位患者需要预约一些检查，结果医生开出的预约时间和患者的工作安排有冲突。患者想请医生更改一下，医生说需要挂了复诊号才能更改，患者只好认了。

挂到了复诊号后，患者以为就是医生动动手指的事，以为很快，就直接进诊室找医生，没在意排队的事。

患者："医生，麻烦您改一下。"

没想到，这样的行为遭受医生的责骂。

医生："你没看见后面的人都在排队吗？能不能给其他的人做个榜样？怎么这么没素质！"然后，医生直接叫了下一位患者的名字。

患者（感觉很委屈，不甘示弱，反驳）："我第一次来不懂规矩，你好好说，我可以排队，但是和榜样与素质有什么关系？我花了 1000 多元看病，就换你这个态度？"

一、关注情绪的排泄

有人把情绪称作是心理上的排泄物。有了便意，便想发泄，这本无可厚非。因为，情绪发泄是件很有快感的事情，正如有了便意可以立即排泄时很有快感一样。可是，如果不能克制情绪的自动化反应和行为，任由消极情绪泛滥，有时会引发连自己都意想不到的严重后果。

对于一个身体功能没有发育或者受损的人，他的排泄是失禁的，比如，婴儿或者相关成年患者。而一个健康、成熟的人有了便意，就不会随时随地排泄。因为，他会用自己的理性和意志力进行行为支配，不让它即刻付诸行动。即使有时候他因为大量饮水或者腹泻，难以忍受，非常想发泄，也会迅速找到一个合适的环境方便，而不会就地解决。

比如，在这个案例中，医生就应该想想：这样本能式地呛回去，合适吗？患者是不是因为某些意想不到的原因而插队了呢？

二、学会情绪延迟满足

在临床调解工作中发现，有的医生一见患者的不良行为就火冒三丈，充满正义感，去指责患者，没有别的办法来处理自己的不良情绪。一方面，对于那些刻意为之的患者，应该有医生站出来去指出他的问题；另一方面，对于那些不是刻意为之的患者，被医生当头棒喝，会觉得莫名其妙，甚至感觉不受尊重，而怒火中烧引发口角，甚至纠纷。

这就需要医生有等待合适时机和场景再发泄情绪的能力。在这个案例中，体现为医生是不是能先语气缓和地提醒患者，而不要凌驾在患者之上，站在道德制高点上去指责患者。一个不能等待合适情景就发泄情绪的人，被称为是一个缺乏延迟满足能力的人。延迟满足能力是人格健康的另一个指标。延迟满足的意思是，为了追求更大的目标，获得更多的利益，或者为了避免更多的损失，可以放弃眼前的诱惑，克制自己的欲望。在情绪问题上的体现就是，能够克制自己发泄情绪的欲望。研究表明，帮助医务人员调整不良情绪，能够提高医务人员的职业延迟满足水平。[2]

也许有医生会说，这样活着多压抑，难道不累吗？人如果能像婴儿一样由着自己的情绪，的确是很轻松的。可是，在这样一个人与人联系日益紧密的生态系统里，这终究是一件对自己非常不利的事。人之所以为人，除了享受发泄的快感外，还会享受到一种通过忍耐而得来的更加深邃的快乐，这种快乐，可以体现在更大目标的实现、助人为乐的个人价值的体现、人际关系的和谐等方面。那是一种更高级的追求。

三、情绪容纳力

为什么有些医生对患者动辄发火呢？这里涉及一个新的概念，即"情绪容纳力"，是指储存、甚至是在最高境界中驾驭各种情感的能力。

人的思维是很难同时容纳相反情绪的，人们倾向于选择喜欢或者熟悉的情绪。有情绪容纳力的人，能够心甘情愿地接纳那些看似相反的情绪；能包容别人的情绪，将其接住并暂时储存在自己这里，然后自行处理，而不会急于把自己的情绪本能式地倾倒给对方。一般来说，随着人的自然成长，情绪容纳力是在逐渐增强的，越长大越知道如何克制自己的情绪。

但是，有的人尽管长大了，情绪容纳力却没有发展。由于他的情绪容器在自然状态下本身就已经很满了，别人再给他一点，他就要赶紧急着推开。

这些人为什么在自然状态下情绪就很满了呢？一是平时有情绪不注意处理和疏导。比如，小时候被家长教育"不准哭""不许生气""不许发火"等，然后就学乖了，学会了"发脾气是不对的"，而将情绪习惯性地压抑起来，越积越多。二是一直以来没有被培养出接住别人情绪的能力。一个小时候情绪没有被接住过的人，长大后也不会有接住别人情绪的能力。所以，一个人之所以对他人的情绪很敏感，是因为他没有接住别人情绪的经验和能力。

四、憋住情绪的步骤

情绪容纳力没那么强的医生该如何憋住情绪呢？

第一，让自己慢下来。当感觉自己的情绪快要爆发时，停下手中正在进行的事情，深呼吸，吸气5秒，憋气5秒，吐气5秒，在这个过程中，还要在心里默默数数。做3次深呼吸后，一般来说情绪会缓和下来。

第二，无条件接纳患者的情绪。情绪本身没有好坏之分，但是，情绪的表达却有好坏之分。承认并接受患者拥有自己情绪的合理性。情商高的人懂得，别人只能按我们的情绪按钮，但是，我们是否做出本能冲动反应，则是我们自己可以控制的。需要注意的是，这里所说的接纳患者的情绪并不意味着你必须同意患者的观点或想法。在本案例中，患者诉苦道：他本来就对需要挂了复诊号后，才能更改预约时间这一规定很不满，在此事之前就积累了一些情绪。

第三，用好奇心体察患者的动机。不要本能式地臆断患者的错误行为存在恶意，而是要以归零心态，用无偏颇的好奇心探知该行为背后隐藏的动机。每个行为背后都有一个正面的动机。在本案例中，后来这位患者说：一心想着这仅是动动手指，连十秒钟都不到的事情，完全没有注意到排队的事情。

此外，医院需要开展关于情绪接纳的培训。对于一些在平时情绪就很满的医生，应该开展情绪接纳的训练，使之能够对日常生活中的情绪进行疏导和化解。在平时练习中，只需要认真体会自己当前的想法、感觉、情绪，而不对其做任何评价，就能够使心情得到平复和放松。在此基础上，逐步发展出与患者之间有意义的联结。现在，很多的研究表明：一个人可以吃得非常健康，锻炼身体，早睡，戒烟戒酒，但这些东西加起来的总和，可能不如他与别人之间有意义的关系联结所带给他的好处。

情绪化，实际上是心理上的随意排泄。成熟的过程，就是你舍不舍得为了别人而憋屈一下自己。承认并接纳患者的情绪是医患信任之源，而信任是成功的医患关系的基石。

第二节　碾磨你的情绪颗粒度

一、情绪颗粒度

做一名好医生，不仅需要高智商，还需要高情商。情商，即人们的情绪智能商数，主要包括以下四大能力：情绪的识别能力、情感的交流能力、情绪的调控能力、情绪的体察能力。"对情绪的识别与命名"很可能就是影响一个人情商技能的关键因素，这种能力，在心理学上有一个专有名词来称呼，叫"情绪颗粒度"。[3]

既然被描述成"颗粒"，自然就会有颗粒度大、颗粒度小的区分。情绪颗粒度大，就是在感知情绪和情感时比较粗线条，对情绪的描述和感知会稍显笼统；情绪颗粒度小，相对来说，就是对情绪的感知和感受会更加的精细、确切，甚至对很多细微的差异都能感知察觉到，并能表达出来。

可以通过多维分类来细化情绪颗粒度。图 5-1 就是根据唤起程度和愉悦程度将情绪用二维矩阵来划分的图表。情绪粒度细的人，会区分其中的不同差别。

一个人具有的情绪颗粒度大小决定了其生活在一个怎样的世界里，包括：如何感知世界，感知世界后又会如何采取行动，采取的行动又会怎样影响他的感知，这样一系列的过程。甚至可以说，情绪颗粒度不同的个体，有可能不是生活在一个世界里，或者至少可以说不是生活在一个次元里。

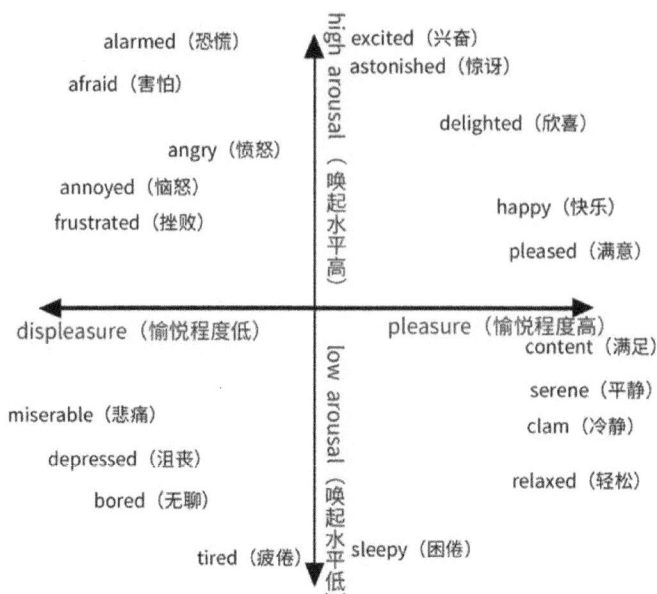

图 5-1　情感环状模式图

二、小姑娘的"笨"与女医生的"累"

上述概念在医院的环境里有生动的呈现，下面这个事例，女医生与患者的对话，生动地展现了两个人生活在不同的次元。

　　女医生：姑娘，你到旁边房间叫护士给你建档。

　　患者：哦，谢谢！

　　过了一会儿，小姑娘回来，手里什么都没拿。女医生抬头看见她，问她：姑娘，你建好档了没？

　　患者：我去了隔壁房间，护士说来你这就可以了。

　　女医生：我让你去建档，不然你来我这没用。

　　患者：可她说来找你就可以了。

　　女医生：你先去建档。

　　患者一脸迷茫，又出去了。过了一会儿又回来了，医生抬头问她：建好档了？拿来给我！

　　患者：护士说来找你。

　　女医生：你来找我得建档啊！（顺手从旁边拿起一份文件晃给小姑娘看）去隔壁房间找那个姑娘拿个这样的档案。

小姑娘过了一会儿又空手回来了，满脸沮丧和迷茫，像做错了事的小孩站在门边，不敢说话，也不知道该做什么。

女医生：你怎么还没建档？姑娘，我怎么跟你说话这么累呢？你怎么就听不懂我说话呢？去隔壁房间建档，建了档我才能给你看。

小姑娘这下连回答都不敢回答了，站着低着头，看得出来她快急哭了。

女医生实在忍无可忍，站起来把她领进了对面的503房间，女医生向护士交代了一下后，回来坐下，跟身边的患者嘟囔道：你说我跟她说话怎么就这么累呢？说得那么清楚了，还是不知道该干嘛！

女医生正写着一份病历，那个小姑娘回来了，手里终于拿着点东西。

女医生说：放那！（用眼神指示小姑娘看一下桌子的角落。）

可怜的小姑娘没看到她的眼神，又不知道该怎么办，连问都不敢问了。

旁边的患者帮她放到了女医生眼神指定的位置。她连说：谢谢！浑身不自在地站着，好像不知道下一秒又会得到一个什么她听不懂的指令。幸好女医生说的是：到外面等吧！

她出去了，也是一肚子的委屈。

这两个人要是各自性格刚烈一些的话，绝对可以对骂甚至打起来。小姑娘可能根本就不知道建档是个什么概念。医生让她到旁边建档，估计她是找错了房间，因为旁边有左边、右边和对面3间房，到底是哪一间，医生没有具体说。最后医生指的却是对面房间。

在医生看来很简单的"旁边"，对小姑娘来说却有多个选项！信息的模糊和不对称，导致了巨大的交流障碍。然后，小姑娘完全被医生的强势地位压倒，不敢多问，把医生的话当圣旨，一遍遍地去找，就是找不到是哪个"旁边"。如果女医生直接告诉她是对门503房间，应该就不会出现这样的尴尬局面了。

三、碾磨情绪颗粒度的 3 个技巧

上述情感颗粒度粗大的女医生，无论如何也不明白患者怎么就这么"笨"。如果是一位体贴入微的医生，结局显然不会是这样。那么，如何来碾磨情绪的颗粒，将它变得更细腻、小巧些呢？

1.学习情绪词汇

耶鲁大学情绪智力中心（Yale Center for Emotional Intelligence）的研究显示，学习更多情绪词汇的学童已经改善了社会行为和学业成绩。[4]情绪颗粒度较小的人能更快、更准确地识别某种情绪，分辨不同情绪之间的细微差别。比如"嫌隙"就比"嫌弃"微妙，"疑忌"就比"怀疑"细腻，而"欣幸"远比"高兴"多出更多联想的空间。

情绪颗粒度较大的人，由于不清楚自己经历的情绪究竟是什么，在面对情绪时，更容易感到自己被情绪所困扰。

比如，在本案例中，女医生只是感到因为小姑娘的"笨"而导致自己的"累"。至于小姑娘是真的智力上的"笨"，还是被作为医生自己的强势地位所吓"傻"，她缺乏准确的主动感知，无法分辨自己的这种"累"不是体力上的累，更多的是精神上的不耐烦。

当这些情绪词汇纳入了意识中，人类的大脑就会自动地应用它们来更好地应对生活。

2. 学会给自己的情绪命名

很多人不会控制情绪，或者情绪控制能力差，多半是因为自己根本不知道自己处于什么情绪状态下，既然不知道它到底是什么，也就无从纠偏。

在学习积累了更多的情绪词汇后，能够帮助人们对情绪进行准确的命名，更好地用语言来表达自己的内心情感。

美国心理学家巴瑞特的研究表明，当一个人能够精确描述自己的情绪时，会更容易找到处理这种情绪的解决方案。[5]

比如，在案例中，女医生认为自己是被小姑娘拖"累"了，"累"并不一定表示对患者的态度不好，这就容易掩盖事实真相，以求得对自己的宽恕。如果这个女医生发现自己的情绪其实不是"累"，而是一种不耐烦时，她应该容易警觉起来：虽然在各种的医疗纠纷中，会发现患者和医生都有着太多的无奈，但是，在全国的医疗纠纷中，有一半以上本身不是医疗事故，而是由于医生的语言、态度、行为所引起的。患者来到医院，往往承受着肉体和精神的双重痛苦。对患者的态度好一点，多一点人文关怀，医患之间的误解就会少很多。

情绪颗粒度较小的人，能够更准确地标记这些情绪，然后预测并构建精确的情感实例，以帮助人们适应这种特定情况、采取最合适的行动。

3. 阅读经典作品

为什么阅读经典作品能碾磨情绪的颗粒度呢？一方面，经典作品中种种细腻地描述情绪的词汇与语句，能够帮助人们用这些词汇来标识自己的情绪，也能学会如何根据情境来精准地表达自己或者揣摩他人的内心情绪。

另一方面，较之通俗作品，经典作品表现手法更加丰富，情节发展变化多端，人物更具特色，读者需要用更复杂的认知方式才能体会其中情感。比如，学会通过观察周围环境的气氛、所在的场景、人物的动作细节来分析人物的心理状态。久而久之，经典作品的读者就能学会在人际交流过程中，通过更全面地收集信息来理解自己和他人的情绪。

在案例中，女医生完全体会不到小姑娘无法言说的满腹委屈。假如女医生在平时的阅读中，能够培养出根据当时的场景、气氛，以及人物的动作、神情，不断探索对方内在情绪能力的话，就可能联想到有些患者存在害怕上医院的各种情形。

比如，有些小孩由于年龄尚小，涉世未深，对"死"字特别忌讳，因为大医院是经常死人的地方，小孩就特别恐惧：害怕自己遭遇不测。还有一些小孩，小时候血管特别细，不好瞄准，护士打针的时候，每次都要扎好几针，导致长大以后害怕上医院。还有的患者，因为家人或者亲戚在这栋医院大楼里发生过不幸，以致忌讳进这个楼层甚至整栋大楼，生怕触及伤心往事影响心情。

如此，女医生能以体贴的心态好好安抚小姑娘，能一层一层揭开和引导小姑娘模糊混乱的情绪，能够理解小姑娘感到委屈的原因了：不是天生我就笨，而是我对医院向来就怀有一种强烈的恐惧感，以致每次到医院后就手足无措。继而，女医生能够察知自己指令中存在的问题，从获取对方的信息出发，调整自己的沟通方式，进行有效沟通，而不应该一遍遍提高嗓音责怪患者的失误。

医生必须具备与患者良好沟通的能力。它不是简单地说笑，而是要用心去倾听、理解、关爱患者，这就需要培养对患者情绪的正确感知，恰当表达对患者的情感和意图。碾磨情绪颗粒度既是第一步，也是关键一步。

第三节　管理好情绪，不要陷入对错之争

有个女孩的妈妈发低烧，去了医院后疑是肺结核，就安排她住院了。结果，打了几天针，发烧没见好，她妈妈的腿还疼开了，不能走路，连床都下不了；腿疼还没好，她妈妈的血压又上去了，再加上治高血压的药；血压还没控制住，她妈妈又开始胃疼；胃疼还没治好，她妈妈又开始浑身浮肿，医生不断加药。女孩很担心妈妈的病情，就去问医生：我妈究竟得了什么病？如果吃了治浮肿的药再出现别的症状怎么办？

医生满不在乎地笑着，轻描淡写地说："那就看情况再加药呗，还能怎么办！"她一听火了，就顶了医生几句。女医生鄙夷地说："激动什么？你们家人都这么爱激动吗？"这时，她才知道，前几天她姐姐因为要求会诊，而女医生不同意两人就杠上了。当天，这位女孩就让她妈妈转院了。

生病的过程，有时候充斥着恐惧、责备，甚至羞耻等负面情绪，这些心理活动增添了疾病给患者带来的痛苦，让其生活的深层意义发生了变化。患病前，每一个患者都有个人的生活方式；患病后，他们的生活有了限制，被封闭进疾病中，严重者要换上病号服，住进病房，贴上"病人"的标签。病房在很大程度上，将患者的过往突然切断，患者觉得，自己变成了没有未来的、漂浮于真实生活之上的人。

这时候，对医生的诉求就会带着情绪，会表现出想要把握自己人生方向的态度。也就是说，患者接受治疗，除了生理学目的，通过医生的诊疗解除病痛以外，还有一个心理学上的目的，即在医护人员的指导和帮助下，缓解和释放不安与焦虑。这第二个目的，却常常被我们的医护人员所遗忘。

一、与患方争对错好不好?

医护人员作为专业的医学技术人员,在面对患者的情绪时,有时也会心浮气躁,认为自己明明是用科学的诊疗方法在挽救性命,却被对方不怀好意地揣测和不理解。这时候常常会陷入对错的争辩之中。既然患者的需求不是单纯的生理康复,应对患者或家属的情绪时,与之论对错的意义到底几何?

正常的宣讲和解说是毋庸置疑的,但部分医护人员有这样的想法:"我不顶几句回去会感到特别委屈,因为我自己是对的,而对方是错的。"其实,这就是陷入了对错之争的模式中。

争执对错是一种让彼此都容易激动和挫败的方式。双方一旦进入争执之中,彼此背后的期待都没有被理解,这也导致了彼此情感上的需求得不到满足。实际上,每个人最根本的需要,不是别人一定按自己的想法去做,而是可以理解这些想法背后的期待。当这些期待被照顾到,感情功能就是完善的。在这样的基础上,即使面临冲突也更容易化解。

二、是什么让我们常陷入对错之争?

其实与我们成长环境相关。在小的时候,家人经常会告诉我们什么是对的,什么是错的;在漫长的求学生涯及进入社会后的工作过程中,我们总会受到权威老师或领导想法的左右,他们也无时不在告诉我们什么是对的,什么是错的。所以,我们的成长氛围并没有给我们辩证看待问题的基础和养料。当作为家长的我们仅仅以自己是对的,别人就是错的观点来看待问题时,我们的孩子很难不传承我们的处事模式。所以,我们经常看到一些青春期的孩子,总觉得自己是对的,而别人是错的。这样的观点,经常充斥着我们的周围环境。

现在,越来越多的管理者开始认识到:情绪作为资本的一种,将与知识、智力、专业素质等并驾齐驱,在组织的成就里占有一席之地。现代组织内的人力资源管理将克服过去的盲点,将情绪管理纳入人力资源管理的范畴。但是,目前我国医疗机构对于专项的情绪管理培训少之又少。

在广州市白云区的一家整容医院,杨小姐和她姐姐各交了9万元和6万元,接受了隆鼻手术。手术后近一个月,仍显示鼻中偏移,右边鼻炎,下巴也明显歪了。杨小姐哭着去找主刀的医生,即该院院长。结果,院长不予理睬,还很凶。医院工作人员还对杨小姐说:"你从这里跳下去,从这里跳下去会摔死的!你去跳,你去跳!我这里就有一个窗口,你赶紧的!来,你跳!真的可以!"杨小姐说:"你居然叫我们去跳楼!"结果,姐妹俩果真爬上一栋八九层楼高的建筑天台上,意欲轻生,造成附近交通严重堵塞。半个小时左右,消防人员赶到,在楼下放置气垫,随后成功解救了意欲轻生的姐妹俩。[6]

这个案例真实地反映了对于医疗机构管理者进行情绪管理训练的迫切性。医疗机构的管理者既不懂得如何对员工的情绪进行管理，甚至也不懂得如何进行自我情绪的管理。[7]

三、如何进行情绪管理

拿破仑曾说："能控制好自己情绪的人，比能拿下一座城池的将军更伟大。"关于情绪管理，有一个很著名而且很重要的理论，叫作情绪 ABC 理论（图 5-2），是美国心理学家阿尔伯特·埃利斯（Albert Ellis）提出的。[8]

A（activating events）是指不断发生变化的环境所引发的事件。

B（belief）是指人们对这个事情的信念、感觉或者观点。

C（consequence）是指引起情绪与行为的后果。

ABC 理论认为，人的情绪与行为的结果（C），不是由于某一激发事件（A）直接引发的，而是由于经受这一事件的个体对事件的认知和评价所产生的信念（B）这一媒介所诱发的。人们无法控制事件的发生，但是可以调整自己对事件的看法（B），这就在情绪对环境的变化当中加装了一道控制阀。一个人只要把自己的信念调整好，就可以保持稳定的情绪。所以，B 才是关键。

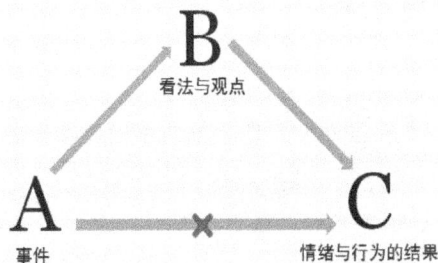

情绪ABC理论: 导致我们情绪和行为的不是事件本身, 而是我们对于事件的想法与观点。

图 5-2　情绪 ABC 理论

在即将引发激烈情绪时，反问自己：我这样认为有根据吗？多想想诱发事件的其他可能性。只要成功反驳了自己的不合理看法或信念，你的情绪就会得到改变。那么，如何让自己在千钧一发的时刻保持克制呢？

1. 从 10 倒数到 1

当气愤的时候，慢慢由 10 倒数到 1 再说话：深呼吸，说话的声音及速度要保持平稳。

2. 暂时离开与对方对峙的现场

处在剧烈情绪状态时，暂时离开激怒你的患方，找个安全的地方让自己静一静。比如，回办公室，或者上洗手间。

3. 转移注意力

当火气上涌时，有意识地转移话题或做点别的事情来分散注意力。比如，发现自己要发脾气的时候先去洗个手。

4. 换位思考

站在对方的角度想问题。通过与患方角色互换，体会患方的情绪与感受，并试着去理解对方。

5. 冷静后再沟通

永远不要在生气的时候去理论。待自己冷静下来的时候，再去平静地沟通与解决问题。

6. 给情绪找个出口

比如，去进行激烈的体育运动，或找信得过的人倾吐苦水。适当的时候也可以哭一场，或者大声喊叫。

第四节　对待患者，你是冷静还是冷漠

患者总是希望碰到热情的医生，可有时候医生就是板着脸，一副很冷漠的样子，由此引发的医疗纠纷并不少见。有位患者家属曾经讲述过一次急诊看病的经历。

老父亲夜间突发心前区闷痛，紧急含服速效救心丸后，将他送到了就近的医院。可是，任由家属怎么心急火燎，接诊医生也不慌不忙。先安排做心电图，听诊，然后指挥护士抽血，然后又坐到了办公椅上，冷冰冰地询问病史，看不出一丝着急的意思。虽然最后诊断是心绞痛，而非心肌梗死，但家属感觉非常的不爽，认为这个医生太冷漠了。

其实，从另一个角度看，可以理解上述医生的这一表现，正如有些医生开玩笑地说："你是来看病，不是来聊天的"。环境因素、职业习惯和医患关系等原因导致了很多医生面对患者时难露笑颜。不少医生一上午，少的时候看四五十位患者，多则要看上百位，不喝水不上厕所平均也就 2 ～ 4 分钟看一位患者。超负荷的接诊量让很多医生累得热情不起来。要知道，在美国和英国，一个医生一上午最多看 25 位患者。

另外，患者和家属在无助中很容易将医生神化：医生就是权威，代言着生死，尤其是在生死攸关的时候。面对家属的期待，让医生对自己的言行极为谨慎：万一医生给予了不切实际的希望，未达到诊疗效果，最终患者会感觉失望、被欺骗，反而会带来更大的伤痛。在医患关系仍然紧张的当下，患者易于迁怒于医生甚至整个医生群体。于是，在没有确切证据之时，没有态度就成了最无害的态度。

在患者眼中，你也很冷漠吗？当行医多年，见惯了各种各样急危重症，抢救过无数要死要活的患者，血雨腥风早就见怪不怪之后，一旁家属的焦急和询问，是不是让你只觉得吵闹？因为，你觉得他们干扰了你的诊断思路？

一、两种截然不同的画风，孰是孰非

北京青年报曾经报道过这样一件事：

> 有位医生在下班时刚走到病房大楼楼梯口，一位患者因为忍受不了治疗的痛苦而跳楼自杀，重重地摔落在他面前大约两米开外的混凝土地板上，脑袋变形，身形扭曲，抽搐了一会儿后慢慢地死去了。医生被溅了一身的血。
>
> 面对这样的情景，没有反应是不可能的。他立即通知同事来处理，之后自己在一旁的椅子上一言不发地坐了一会儿，调整呼吸，然后在医院洗澡换衣后回家了。在家中，他跟妻子以极其平静的态度描述了这件事，喝了些酒，接着如常地睡去。[9]

估计很多人听完这个故事会目瞪口呆，忍不住要问："医生的反应怎么就这样？"

这个医生面对诸多质疑说了这样的一句话："只能这样，第二天我还有4台手术。如果我放任自己的情绪宣泄出来，肯定睡不好，那么，必定会影响第二天的状态。而在手术台上，手一抖，就又是一条人命了。"

有医生坦言："十年前我第一次进急诊室觉得很震撼，现在再进，对生死的感触又不一样。真的不会看到一桩生老病死就感天动地，何况天天在里头工作的人，没法要求对方如家属一样为你哭，为你痛。"

医生每天都要经历常人一辈子才有几回的伤痛。那样的煎熬，谁也不愿意承受。为了不让这样的故事总对自己造成情感上的冲击，作为医生会不得已和患者保持一定的情感距离。出于情感的自我保护，他们会把自己安置在相对安全的情感地带。不能平复心情，就没办法继续面对接下来的工作，无法承担另一个生命及这个生命所连带的其他生命所给予的期待。看起来虽然冷血，但是，对于他们来说，对单个生命过分的悲痛，可能意味着对另一个生命的忽视。所以，为了保护自己，同时也为了保证工作的有序进行，医生职业化的表情是值得理解的。

对于刚刚从学校毕业进入医院的医务人员来说，在医院这个每日上演以生离死别为主题、悲剧居多的大舞台上，难免不动真感情。

> 在一次早晨的交班会上，大夜班护士讲述了一位临终患者于昨晚大、小夜班交班时，症状急剧变化，不久后生命就自然地结束了的情况。护士讲述了患者的生理变化

及相关的医疗处置后，简略地介绍道："那个时候家属按铃，护士小慧过去照看，不久病房里就传来号啕大哭的声音。我们以为发生了什么大事，赶紧冲过去察看，这才发现患者已经走了。但是，在哭的人竟然不是家属，而是小慧……家属一边牵着小慧的手，一边安慰她不要太伤心。"

这位护士接着说："可能是患者跟她最好吧，小慧实在太难过了，一直哭个不停！没办法，我们只好把她扶到休息室，然后赶快做后续处理。"

护士讲到这不禁笑了出来，在座的护士有的笑道："这太夸张了。"有的人默不作声，也有人问小慧后来有没有感觉好些。

这个场景的确有些出人意料，一般以为哭的应该是家属，安慰的人应该是护士，没想到情况却正好相反。

在一些年资较深的护士看来，是不是会觉得小慧用情太深呢？对患者用情太深，的确会给医务人员带来沉重的情感负担，一旦手术失败，带来的负疚感难以回避。作为过来人的年资较深的医务人员曾对同事感喟道："曾经我也像小慧这样，非常感性地对待每一个患者，但是久了，特别是有时候自己付出了很多，最终他们却没有得到一个理想的治疗（因为各种原因走掉了），我开始变得保守、冷漠，因为他们走的时候，每个人的脸我至今都记得，甚至我连名字都记得，对我来说负担太大，我扛不住了。"

对于一些扛不住的医务人员，应该谨记《当呼吸化为空气》里的一句话："也许病人鲜活的生命就握在我们手中，但死神总是最后的胜者。就算你是完美的，这个世界却不是。"[10]

二、3 种不同的境界，你在哪儿?

上述两种不同的画风，代表着医护人员的基本人性在临床工作中表现的不同阶段。从医护人员人性显现的角度看，一般要经历以下 3 个阶段：

第一阶段是去人性化的阶段。这时，医护人员是一个非常淳朴的人。二十出头，刚刚进入临床科室，跟普通人一样，见到出血就觉得恐怖，见到大伤口就想呕吐，听到患者哀叫或者哭泣就会不忍心。这是基本的人性。去人性化就是要将医护人员的基本人性暂时压抑起来，以便医疗工作可以进行得下去。

第二阶段是养成专业的医护人员特质。看到出血能够很镇定，面对大伤口能够不动声色，听到患者的哀叫还可以利落、高效地完成医护工作。可以说，这一阶段正是医护人员医疗技术的快速成长期。如何与其他专业沟通合作，人际关系的调适，患者千变万化病情的掌握等，这些繁重的医疗任务需要理性与智慧的结合。压抑基本的人性，可以让医护人员更有效学习技术，并掌控一切。此时，追求"王一刀""李一针"变成了主要目标，技术的有效性成为医护人员的主要成就来源。

第三阶段则是再人性化阶段。在上述第一、二阶段中,医护人员的基本人性并没有消失,工作一段时间后,当技术变得炉火纯青时,医护人员的关注焦点已经从伤口、症状等扩大到面对一个受苦的人。这个时候,人性关怀才能够比较好地进入到医护人员的视野中。现代医疗越来越重视对全人的照护,此时,身体以外,心理与社会的问题也被纳入到医疗的照护之中。第三阶段已经超越了技术范畴,迈向了深度的人文关怀,而临床工作中所接触到的种种病苦,也转化为了医护人员认识自我,以及心灵成长的源泉。

毋庸置疑,大多数的医护人员还处在第二阶段:技术主义至上,压抑了人类世界里该有的精神和人文。而医学的核心价值是人文精神,是对生死病痛的体恤和关怀。

难怪前辈医学家们,以及许多老师,晚年不约而同地更愿意进行医学本源的探讨和医学人文的思考。他们不断提醒年轻的同行,不要迷失在技术的追逐中,而忘记抽离出来体味医学的最终目的——如何体面地照顾人的生老病死。

三、要冷静不要冷漠

"冷静"与"冷漠"虽一字之差,含义却千差万别。两者都是形容一种态度,本质的区别在于:是否用心。前者遇事沉稳又积极果断,老练却重视有加,胜不骄,败不馁。后者一副漠不关心、消极避世、无所作为的态度。两者的结果可想而知,因为,两者的努力方向已经背道而驰了。

不得不说,一些医护人员错把冷漠当成冷静。网络曾报道广东汕头某医院内三科医生李某在微博中抱怨:因为不想深夜起床收尸,所以她盼望病人等她下班后再死。微博在互联网上激起轩然大波,被网友称为"冷血微博"事件,该医生也被称为"冷血医生"。网友评论说,"医护人员道德意识淡漠往往会造成责任心下降,所以,不出医疗事故是大幸,出了医疗事故是正常。"以下事件就是对这一概括的高度印证。

> 一位5个月大的婴儿在南京儿童医院住院期间病情恶化,晚上几次向值班医生求救,却因医生"要睡觉"甚至玩游戏而延误了抢救时机,孩子入院20小时后死亡。

这样的医护人员岂能赢得患者的尊重?要成为一位受人尊敬的医护人员,务必要进入再人性化的阶段。医护人员的悲喜是自己的,没有必要花时间一一展现在患者的面前。但是,如果对患者的生命无常、生老病死,在无人时也未曾流过一滴眼泪,就该扪心自问:是不是真的麻木了?针对这一现象,上海中医药大学附属龙华医院倪伟医师撰文讲述了他的一段经历:

> 某一天的下午,倪伟在结束完上午的专家门诊后,匆匆赶往龙华殡仪馆参加一位患者的追悼会。这是倪伟所在科室一名矽肺合并胰腺癌术后患者,年仅42岁。因多

次住院两人已成朋友。在追悼会哀乐声中，看着患者泣不成声的妻子和撕心裂肺拼命呼唤爸爸的9岁女儿，倪伟不禁潸然泪下。

倪伟感慨道：本应是生命守护神的我们，眼睁睁看着年轻的生命转瞬即逝而一筹莫展，深感内疚和自责，也真切地感到作为一名医生肩上所担负的沉甸甸的责任。[11]

只有像倪伟医生一样，深深体恤患者的生死病痛，并以解除患者的疾痛为己任，才能感到作为一名医生肩上沉甸甸的负担。而正是这些负担，把悲伤和一心赴救的压力化作了在医疗职业上不断进取的源源不断的动力。这些负担正是医学如此神圣的原因——医生选择背负起别人的十字架，而不管自己被十字架的重量压垮。

第五节　沉默的应对与技能

在医疗纠纷调解中，由于人们很大程度上把"调解"理解成"争论"，因而，对于沉默的使用和应对，大多数医务人员存在盲区和误解：害怕沉默，认为沉默就意味着理屈词穷，而滔滔不绝则表示自己有理、自己的主张有充分的正当性；遇到像石头般冷漠的沉默患者无计可施；容忍不了沉默，沉默稍一发生，便会不由自主地开口讲话，制造一些话茬，好使对话立即继续下去。

沉默是人最关键的情绪状态，如何恰到好处地灵活运用沉默，是医患沟通中的一项重要技能。"无言"不等于沉默，并非任何不发表言论，或者不进行交流的情形都意味着出现了沉默。沉默是个体有意识的行为，只有当不发言源自于个体有意识地保留某些重要信息时，才属于沉默行为。

一、患者的沉默

沉默在医患沟通的不同阶段皆有可能出现。不同情景下发生沉默所代表的意义也各不相同。由患者发起的沉默，可能包含以下几种含义：

1. 茫然无措

在接触医生初期，患者因为对医生和环境不太熟悉，对就诊的要求不太了解，从而产生不信任感，要不要把某些信息说出来还处在犹豫之中；有时因为搞不清自己到底是什么问题，无法表达或表达不清；或者是想表达的东西很多，却不知从何说起，而一时陷入沉默的状态。这时，患者的目光常是游移不定的，含有询问的色彩。

2. 情绪表达

患者因对疾病的恐惧、担心而产生焦虑，也会由于疾病的原因而引起愤怒、沮丧、无兴趣、退缩或者是空白等情绪状态。受这些情绪的困扰，患者常常无法客观陈述自己的病情。表现为回避与医生的眼光接触，低着头，有时手脚不停地乱动。在患者情绪高峰之后，通常会有一段沉默。

3. 防御与抗拒

这是被动启用的防御机制。主要指那些被动患者，他们本人不愿意接受治疗，是别人要他们来的，因此，用沉默来表明自己的抵抗态度；或者，沉默可能是患者的一种戒备状态，以防自己说错什么，特别是在意识到医疗纠纷容易发生的时候。

4. 思考

针对医生提出的问题进行思考，因为思考而导致的沉默。沉默有时候表达了患者对谈话内容的困惑，或者说他们需要时间来组织一下自己的想法、感受。沉默给了患者一个思考的时间，通过这个机会，他们可以探索自己心中的想法和感受。

二、医生的沉默

作为一名医生，在患者面前沉默寡言，有时会带来尴尬，甚至被患者误解为冷漠。可是，有的时候，医生的沉默简直就是患者的天籁之音。比如，在查胎心的时候，在仰望着天花板、等待着医生宣判的时候，医生如果说了一句："留一下你电话。"那简直是对患者心脏承受力的极限挑战：难道发现有什么问题，要拿我当典型病例？

如何在适当的时候，恰到好处地运用沉默？这一问题经常困扰着医生们。根据沉默的目的，美国学者约瑟夫·巴特尔斯把医生发起的沉默分为以下4种：[12]

1. 同理心沉默

同理心能让对方觉得自己被看到、被了解了。如何做到同理心沉默呢？最简单的方法，就是什么也不说，不评判，不打断，不揣测，去理解对方"到底发生了什么"。下面这则案例发生在烧伤患者植皮手术前。

管床医生去找患者的丈夫谈话签字，患者的丈夫却没有要签字的意思，在楼道里徘徊、抽烟。两位医生都沉默下来，看着他抽烟。一根烟快抽尽，他还没有扔掉烟头的打算，也没有要签字的意思。

这位医生对管床大夫说道："让他抽完吧，本来病区是不准抽烟的，可他是在发愁啊！"听到这位医生的话，患者的丈夫哽咽着落泪了。不错，他在迟疑、在担忧：钱很紧张，却不知道花了钱能不能治好病……

这位医生拍了拍男人的肩膀说："放心，老乡，我们会尽力的，也尽量为你省些花费。"

这位五尺男儿愣住了，他稍微定了一下神，一把拉住医生的手："医生，我相信你，我马上签。"

次日，手术如期进行，一切顺利。而且在评估保证安全的情况下，医生将两次手术植皮计划一次完成了。患者的丈夫知道后，更是感激得无以言表。

在这沉默的时间里，医生完全清楚，当时患者丈夫的心中充满了犹疑与痛苦。医生能感同身受，所以才不发一言，给他以时间来消化。医生识别出患方的情绪，并产生共鸣感，是"同理心沉默"必备的条件。这是无声胜有声的瞬间，是医患之间联系最紧密的时刻。

2. 邀请沉默

医生邀请患者表达想法或感受，此时，医生并不急于获得患者的回答，而是耐心地等待。

> 医生：你和家人聊过自己的病情吗？
> 患者：呃……
> 医生：（沉默）没说吗？
> 患者：嗯，其实我跟男朋友聊过，说了我的癌症，他很理解我。但我还没告诉我妈，这种病的平均生存期只有两年……我只开玩笑地提起过。医生，你知道，我吃得很少，她让我少吃糖，说得了癌症得少吃糖。
> 医生：嗯，嗯。
> 患者：然后我说，妈，我反正早晚要死，让我吃吧。
> 医生：我明白，这种对话对你来说很艰难！
> 患者：是啊。

在这段对话中，对于患者的迟疑，医生采用了短暂的沉默来进行接纳，仿佛无声地表示"我想听你说，不用急，慢慢说。"有时候，患者需要足够的"酝酿"才能把内心深处最难触碰的东西表述出来。这种耐心的等待能让患者镇静下来，充分思考、捋顺想法，娓娓道出难以言状的疾病困扰。"邀请沉默"促进了医患之间更深入的交流。

3. 中立沉默

将刚才的话题告一段落，中立沉默对会话没有明显影响。

> 医生：你好！感觉怎么样？
> 患者：感觉还没完全好，跟昨天感觉差不多。昨天回家时感觉好多了，今天早上也不错。
> 医生：（想要进行查体。看着患者这么行动不便，还拎着一大堆东西，沉默地看了看）有没有家人陪同？叫他进来。

中立沉默就是"喘口气"，充当对话中的逗号，沉默的有无，不会对谈话造成任何影响。它更常出现在纯粹的信息沟通中，此时患者情绪稳定，沉默片刻并不会影响医患之间的情感交流。

4.疏离沉默

无视患者的存在，自顾自地忙自己的事情。

> 50多岁女性胃病患者就医。
>
> 患者：对了，我这舌头总是麻，你开这药治不治？
>
> 医生：（沉默，低头写处方）
>
> 患者：也不知道从什么时候开始的，经常麻，这是咋回事？
>
> 医生：（沉默，继续写处方）
>
> 患者：开这药，是不是就能治这麻？
>
> 医生：回去先吃吃再说，好吧？

"疏离沉默"类似于"走神"，医生不说话，仿佛把患者当成了空气。在没有任何转换语句的情况下结束谈话，让对方觉得会话结束得很突兀，这会让医患关系趋于疏远。当然，现在很多医生的确工作量太大，非常希望缩短患者的就诊时间，使其尽快离开诊室。

相信很多医生都这么沉默过，而且，并未意识到它属于"负面沟通"。这种无视患者的"无言"，会让患者感觉倍受冷落和不尊重。如果不巧患者脾气不好，甚至可能会引发医疗纠纷。

怎么避免呢？不如在这20几秒的时间里，闲扯几句。"今天是开车来的吗？""最近脸色不错。"这些虽然是"废话"，但对医生和患者来说，都不失为一种减压方式。

三、沉默运用原则

有时候，保持沉默也是一种良好的沟通方式，应该改变许多人对社交情境中的沉默感到尴尬，并努力保持谈话的理念。针对患者的负面沉默模式，应该注意以下几个原则：

1. 无论是针对此时此刻大脑可能一片空白，不知道说什么好的患者，还是进入了自省的阶段，正在思考的患者，一定要给予患者充足的空间和时间，让他们与自己待上一段时间，这样有利于患者理清思路和记忆。

2. 当患者再次开口时，医生应该告诉自己，这是患者表达自己的时间，而不是你用来证明自己权威的时间。[13]适当时间的沉默之后，很有可能是患者敞开心扉，自我袒露，因此，医生最好不要打断对患者而言非常重要的叙事过程，也不要传递任何打断患者说话的明示或暗示信号。

3. 在涉及临床坏消息的医患沟通中，简要陈述和适当沉默，特别有助于确保患者本人及其家属完全接收和理解医疗信息。其间，医生提供给患者时间，允许患者静默、流泪和提问，这是沟通临床坏消息的关键技能。

4. 如果在沉默中感到不安，试着放松自己，用期待的眼光看着患者，以使患者明白他们应该接着说。

5. 引导沉默的患者开口，可以使用以下语句："你沉默的时候在想什么呢？""能告诉我你刚才在想什么吗？""只需要说出你想到的任何东西。""难以决定接下来说什么，是吧。"

尝试沉默，不要图一时的口舌之快。学习如何适时适当地正确使用沉默，需要通过一些练习，给自己一点耐心，给自己一些时间去琢磨。当明白如何高效利用沉默时，你的医患沟通会变得高效和顺畅很多。

第六节　"冷安慰"与支持性回应技能

在医疗纠纷中，患者通常处于较为强烈的负面情绪中，如何应对患者的负面情绪，既要避免"冷安慰"，又要达到支持与鼓励患者的目的，帮助患者正确应对困难，顺利渡过危机就显得格外重要。

支持性回应，是指倾听者表明自己与倾诉者处于同一立场，对倾诉者表达关心、照顾的感情，并对倾诉者所讲的内容表示感兴趣的话语。支持性回应能够帮助患者消除顾虑，由消极变积极、由悲观变主观、由被动变主动，使患者正确地理解疾病，树立与疾病做斗争的信心。

一、支持性回应的类型

支持性回应主要包括表达同情心、同意、提供协助、赞美、恢复信心等类型。

同情心：因为长时间的住院治疗，导致了您处于一种和社会环境与家庭环境脱节的状态，加上您是单位的主要领导，孩子又面临升学，您很忧心医院外的这些事情。我非常能理解！但是，话又说回来，留得青山在不愁没柴烧，只有好好养病，既来之则安之，才能更快地回去处理那些事情。

同意：您说得对！病不在医生身上，医生是很难体会的。但是，请您千万记住，没有一个医生不希望自己的患者康复。您要把遇到的困难勇敢地说给医生听！

提供协助：这里牵涉的环节很多，让您辛苦啦！这样吧，您有什么问题直接找我，由我来沟通协调！

赞美：您女儿真孝顺啊！现在像她这样孝顺的女儿真是不多了。

恢复信心：患者由于长了个异生齿，在读大学期间把它拔掉了。拔牙的过程很轻松，几分钟就搞定了。医生把那个牙齿给了患者，说："收着，拿好了啊，圆圆的，还挺可爱的！"患者问医生为什么会长异生齿，他想了一会儿说："因为聪明呗，你见过猫耳朵里长的聪明毛吗？猫聪明了就会多长毛，你聪明，所以就多长了个牙齿。"其实，这个中年男医生是很沉稳的，医术也很赞，大概是看患者紧张，编了点"一本正经胡说八道"的笑话来安慰患者吧！

"有时去治愈，常常去帮助，总是去安慰。"特鲁多医生（E.L.Trudeau）的这句墓志铭说明了医护人员的工作职责，不仅要治疗、治愈疾病，更要去帮助和安慰患者。支持性回应是安慰患者的基本技巧，而如何去安慰患者和患者家属，却并不是一件容易的事情。下面，看几个常常误用的例子吧。

二、支持性回应技能的误用

有研究显示，经年累月发生的微不足道的沮丧与压力会严重威胁身心健康，如果能适时得到情绪上的支持，将非常有益于健康。那么，当发生重大问题时，收到周围人的支持，就更显意义重大了。支持性回应可以让自己觉得对方与自己是心连心的，下面的这些误用情形却达不到如此效果，值得各位医护人员多加注意。[14]

1. 否定患者拥有某种感觉的权力

这种回应是在暗示患者拥有某些感觉是错误的、不应该的，例如，在"没有必要这样担心"这句话中，虽然它的目的是为了让患者消除心中的恐惧，但它的潜在意思是希望患者可以换一种感觉。应该看到的是，这样的回应对于患者来说是没有帮助的。毕竟，患者不会因为你这样告诉他们，他们就真的可以停止忧虑。

还有其他拒绝患者感觉的例子，包括"这也没什么，不值得你那样难过""您想多了"。对于人们的情绪回应，研究结果表明：如果受挫者的情绪或观点被对方否定，就只能隐藏起自己真正的想法，这样的回应将无助于受挫者；如果受挫者所传递的信息中的情绪和观点被明确、清楚、合法地接纳，这样的回应才会有助于受挫者。

2. 看轻事情的重要性

有一个正在上一年级的7岁小孩得了猩红热。猩红热是一种法定传染病，根据《传染病防治法》，需在线报卡。也就是说，两个星期孩子要在家休息，不能上学。孩子的妈妈不同意，希望只休息一星期。结果，家长与医生发生了冲突。

医生没有好好接纳患儿妈妈的情绪，倾听其观点，而是认为两个星期不上学也不是什么要紧的事，他说："你有必要这么激动吗？孩子读书好不好也不是靠这一时半会儿的功夫。"[15]

案例中的医生对担心疾病耽误学习的患儿妈妈嗤之以鼻。类似的，认为医疗上的过失"还好这只是一个小小的疏忽，你不必放在心上。"

试着换位思考看看，如果你是这位心急火燎的家长，得到医生这样的回应，你的反应会是什么？你可能会觉得医生根本不了解你的感觉。对于这位儿科医生，他的心中一心想着：没有在线报卡的话，医生和医院都可能会受罚。这些都没有错，这也是法律的规定。但是，患儿妈妈是孩子的法定监护人，当患儿的妈妈不同意时，是不是需要给她一个接受医生建议的心理调适过程？

发生在患者身上的疏忽，尽管没有产生什么不良影响，但对于某些患者来说，可能就不仅是这次的"疏忽"而已，而是会怀疑在医院的管理、其他的治疗环节里是不是也会有自己所不知的"疏忽"存在。因此，医护人员在遇到患者或者其家属对某件事情十分看重时，不可用轻慢、随意的态度让他们觉得你不重视他们看重的东西。

3. 聚焦在"彼时彼地"，而非"此时此地"

在患者遇到困难时，我们会认为睡一觉醒来，患者隔天的心情就会好一点，但是，有的时候患者的心情反而更糟。

> 一女子做隆鼻手术后，发现自己的鼻子明显歪了，这样的结果令她难以接受。拆除胶布后，她发现自己的鼻子依然是歪的。该女子去找院方沟通，院方却对她说：如果她对手术不满意，半年后可以继续为她做整容手术，直到满意为止。
>
> 但是，该女子犹豫了：一方面，对院方已经失去信心，担心他们没有把握做好；另一方面，也对要再挨刀子感到胆怯。结果导致该女子以跳楼相威胁，引起了附近严重的交通堵塞。[16]

虽然说"半年后继续做手术"也是一种补救方法，但是，这种安慰的话对现在正值心情低潮的患者来说确实没有多大帮助。因为，患者一直觉得现在这样无法出去见人，到跳楼轻生事发为止，已经一个多月每天以泪洗面。

这些话的目的是希望对方可以多增加一点信心，但是，这些聚焦在"彼时彼地"的说法，对今天正在心碎的人来说毫无安慰的效果。需要说明的是，在这里并不是要否定引导患者向前看，而是认为，在没有解决患者所提到的"此时此地"的观念和情绪之前，不应该将注意力转移到"彼时彼地"。

4. 火上加油式的评断

> "你们这些人，有病还不愿去医院，现在后悔了吧？"
> "叫你抽烟，现在知道厉害了吧？"

当患者因为错误的决定导致了不良后果来到医院，听到医生讲上述的话，肯定会真的感到很泄气。这样的回应反映出倾听者的评断态度，患者会觉得医生并没有和他站在同一阵线上。一个评价式的、使人屈服的言论是无法发挥助人效用的，反而会让对方带来更多的防卫。

5. 自我防卫　有一种回应，在回应别人的时候，话中还不忘防卫自己。

> "不要乱吃药哈，到时别怪我没告诉你。"
> "这不是我的问题，我已经说过输液速度不要乱调！"

很显然，说话者其实是觉得关心自己比关心对方还要重要，他们很有可能不是真心在为患者提供支持。

三、"冷安慰"：似是而非的支持性回应

以上这些安慰，是不是很耳熟？很多人认为这样的安慰并没有问题。这些话听着好像对患者有些帮助，其实没有多大意义。在沟通的艺术中，把这些看起来是在为对方提供帮助，实则无益的安慰称为"冷安慰"。常见的"冷安慰"还有：

> 别这么难过，人总是有寿命的。
> 那也没什么啦，比你倒霉的人多的是！
> 跟你说了你也不懂，按照我说的去做就行了。
> 人的一生中不可能没有一点挫折。
> 现在总算结束了，否则对大家来说都是个负担！
> 既然选择来看医生，就要相信医生。
> 其实也不是什么大病，只是你想得太多了。
> 没事儿别瞎担心，毛病是自己吓出来的。

四、支持性回应的参考原则

为了避免"冷安慰"，达到有效的支持性回应，可以参考以下几个原则：[17]

1. 对于患者内心的挣扎提供支持，但不表达自己赞同或否定的想法

例如，对于患者的决定，你有不同的看法时，可以客观陈述你的想法，但不表示赞成与否，最后使用支持性回应："我相信您已经考虑得很周全了，我想您会为自己做最好的选择。"这样的回应不但不会违背你自己的想法，也可以表达你对患者的支持。当然，并不反对医务人员在对患者进行医学教育，或者在原则性问题上表达自己赞同或否定的想法。

2. 观察患者对你的支持性回应

如果你发现，你的回应似乎对患者没有太多的帮助，就必须换一个适合患者继续探索问题的回应方式。

3. 支持并不意味着永远受欢迎

一项调查显示：有些人不需要社会支持，因为他们自己可以解决所发生的问题；也有人认为，未预料到的支持其实是一种打扰；有些人甚至觉得这将使他们陷入更加焦虑的境地。大多数的被调查者表示，不管要不要跟别人讨论这些烦恼的情境，他们都希望能自己掌控局势。

参考文献

［1］［日］古川武士. 坚持，一种可以养成的习惯 [M]. 陈美瑛，译. 北京：北京联合出版公司，2016:11.

［2］陈瑞霞，朱记芬，祝巾玉，等. 护士自动思维与职业延迟满足的关系研究 [J]. 中华护理教育，2016,13(10):781.

［3］［美］莉莎·费德曼·巴瑞特. 情绪 [M]. 周芳芳，黄扬名，译. 北京：中信出版社，2019:227.

［4］［美］莉莎·费德曼·巴瑞特. 你感受到了"绝望"？这是件好事 [J/OL]. 李琼，译. (2016–11–16) [2022–07–02]. https://cn.nytimes.com/opinion/20161116/are–you–in–despair–thats–good/.

［5］［美］莉莎·费德曼·巴瑞特. 情绪 [M]. 周芳芳，黄扬名，译. 北京：中信出版社，2019:238.

［6］搜狐网. 女子花 9 万整容失败 院方却对她说"你去跳楼啊" [EB/OL]. (2018–07–07)[2022–07–03]. https://www.sohu.com/a/239757880_255783.

［7］刘文萍，魏丽丽，孙黎惠，等. 三级甲等综合医院护士情绪管理现状及影响因素分析 [J]. 中国护理管理，2018,(6):795.

［8］［美］阿尔伯特·埃利斯，雷蒙德·奇普·塔夫瑞特. 控制愤怒 [M]. 林旭文，译. 北京：机械工业出版社，2013:27.

［9］梁鸿儒. 医生冷面背后的隐情 压抑情感表达 [N]. 北京青年报，2013–12–03(C05).

［10］［美］保罗·卡拉尼什. 当呼吸化为空气 [M]. 何雨珈，译. 杭州：浙江文艺出版社，2016:102.

［11］倪伟. 冷漠，医生最大的敌人 [N]. 健康报，2011–10–17(08).

［12］BARTELS J,RODENBACH R,CIESINSKI K,et al . Eloquent Silences:A Musical and Lexical Analysis of Conversation between Oncologistsand Their Patients[J]. Patient education and counseling, 2016,99(10):1584–1594.

［13］［美］RITA SOMMERS–FLANAGAN,JOHN SOMMERS–FLANAGAN . 心理咨询面谈技术[M]. 陈祉妍，等，译. 北京：中国轻工业出版社，2001:94.

［14］［美］罗纳德·B·阿德勒，拉塞尔·F·普罗科特. 沟通的艺术 [M]. 黄素菲，译. 北京：世界图书出版公司，2010:219–220.

［15］钱江晚报. 7 岁男孩患猩红热 医生欲按规定上报被家长暴打 [EB/OL]. (2018–12–05)[2022–07–07]. https://3g.163.com/news/article/E294UUI90001899N.html.

[16] 搜狐网 . 女子花 9 万整容失败 院方却对她说"你去跳楼啊"[EB/OL]. (2018–07–07)[2022–07–03]. https://www.sohu.com/a/239757880_255783.

[17] [美] 罗纳德·B·阿德勒 , 拉塞尔·F·普罗科特 . 沟通的艺术 [M]. 黄素菲 , 译 . 北京 : 世界图书出版公司 ,2010:223.

第六章 医疗纠纷促进式调解提问技能

大部分人生活或工作的环境并不鼓励提问，并不重视如何思索更多更好的问题来帮助我们找寻到全新的解决方案，甚至将提问视为一种赤裸裸的反抗。我们童年时并不缺少创造力和好奇心，但在成长的过程中，这些宝贵的东西渐渐消失了。

现代管理学之父彼得·德鲁克在《管理的实践》一书中评论道："最重要而困难的部分，从来都不在于能否找到正确答案，而在于能否提出正确的问题。因为，最徒劳无功的做法（即使不是最危险的做法），莫过于为错误的问题寻找正确的答案。"[1] 不良提问导致的错误做法，往往把宝贵的时间和资源放在了错误的地方，结果，既无益于解决目前的窘迫，也延缓了真正问题的解决。

好的提问往往能够赋能、具有开拓性、是未来导向的问题。在医疗纠纷解决中，它能够赋能当事者，让当事者成为自己人生的主人；能够帮助当事者打破思维定式的高墙，开拓新的思维空间；能够引导双方当事者积极面向未来。

第一节 提问技能的重要性及其主要分类

一、提问技能的重要性

很多学者将提问列为医患沟通能力评价的要素之一。1996 年，Smith 等人将医患沟通能力的行为指标划分为接受性行为、信息性行为和情感性行为三种：①接受性行为：包括应用开放式提问、征求患者意见、言语鼓励、积极倾听、言语和非言语信息、尊重的沉默、不打断等行为，主要指创造条件使患者积极参与沟通；②信息性行为：包括提供信息、健康教育、咨询、非专业术语的使用等行为，强调信息交换的效果；③情感性行为：包括互动表达、引出患者的顾虑和社会心理问题、同理心、表达关心和反思、热情、信任等行为，强调建立一个好的人际关系和创造一个自由积极的关系。[2]

Arthur 在 1999 年制定了模拟患者访谈评定量表（the Simulated Client Interview Rating Scale，SCIRS），他从人本主义和以患者为中心出发，将组成沟通能力的各种技能分为两大块：①建立关系：包括眼光接触、捕捉和理解患者的言语和非言语信息、设身处地的理解患者，并将自己的体会与患者沟通等；②显示尊敬：应用开放式提问、不与患者争辩、表达适度的热情等。[3]

Humphries 在 2001 年编制的利物浦医生沟通能力评价量表（Liverpool Communication Skill Assessment Scale，LCSAS）中将医患沟通能力划分为 4 个维度：基本沟通能力、尊重与同理心、提问能力、反馈信息的能力[4]，具有良好的信效度。

2002 年，Hulsman 将医患沟通能力划分为六大类：①提问行为：包括开放式提问、封闭式提问、寻求澄清等行为；②提供信息行为：包括提供信息和建议、回答明确、含蓄问题等行为；③增强信息行为：包括重复信息、总结、核实理解等行为；④接受性行为：包括运用沉默、鼓励患者参与、意译等行为；⑤体会感受行为：包括反映沟通的体会、与患者讨论体会；⑥负性行为：包括不告知坏消息、延迟坏消息、使用专业术语、打断患者说话等不良沟通行为。[5]在上述医患沟通能力评价表中，还特别指出了开放式提问的重要性。

正如撒拉纳克湖畔特鲁多医生所说："有时去治疗，常常去帮助，总是去安慰。"医学面对的是人与人的问题，所以医学的本质是"人学"。遗憾的是，长期以来，临床上多致力于以"治"为内容的临床技术的发展和应用，而普遍遗忘或忽视了从医学诞生之时就确定的"关怀、安慰"的责任。在此背景下，医患沟通中浓浓的人文情愫，有助于避免医患关系的唯技术化，以及只追求医学价值最大化的弊端，有效保证医疗服务的公正性和公平性，最大限度地满足患者的自主性要求。

医患沟通主要是通过对话来进行的，其中最重要的则是提问技能。提问可以让医务人员更全面地了解患者的内心世界及其痛苦的经历，想象患者的境遇，反思治疗对于患者的影响，从而尊重患者及其家属的选择，最后做出最佳的伦理决定，达到平衡和改善医患关系的目的。

在医患沟通中，医生需要获取患者的信息以进行准确的诊疗，这一主要的谈话方式就是提问。尤其是在医疗纠纷促进式调解中，医生与患方面对面时，在没有调解员参与的情况下，需要具备调解员的心态，俯视包括自己在内的当事者，客观看待事态，除了做出诊断和对患者进行医学教育外，要求医生及调解员坚持中立立场，不做判断，不发表意见和建议，提问便成了医生、调解员与患者最主要的谈话方式。

但是，常常会有一些因素在不知不觉中制约医生或者调解员向患方进行有效提问。另外，医生与调解员本身也对促进式沟通中的提问缺少清晰认识，比如，它的基本特征，以及应该秉持的基本态度等。

二、开放式提问与封闭式提问

提问可以分为"开放式提问"和"封闭式提问"两大类（表 6-1）。

表 6-1 开放式提问与封闭式提问

	开放式提问	封闭式提问
回答方式	情节性的回答	简单回答
认知过程	复杂的情节构造过程	单纯的事实回忆过程
构成内容的主导权	说话者是主体	倾听者是主体
说话者的感受	满足感、信任感	不安全感、不信任感
"察知"的可能性	高、自发性叙事转换	低、无叙事转换机会
信息特性	丰富、不明确	贫乏、准确

简单来说，"开放式提问"不能通过"是""不是"或单纯指出事实来回答，"封闭式提问"却与此相反。例如：

"这是昨天晚上发生的事吗？"—回答只能是"是"或"不是"
"医生是什么时候来查房的？"—回答是"×月×日"或"×时×分"

上述这些是"封闭式提问"。

"能请您讲一下事情发生的有关经过吗？"
"能否请您稍微详细地介绍一下医生来查房的情形？"

上述这些则是"开放式提问"。

"封闭式提问"，是说话者仅就日期或场所等具体特定的事实进行回忆的比较单纯的过程。与此相对的"开放式提问"，是说话者对各种各样的信息进行处理及情节构造的复杂认知过程。

第二节　开放式提问与接诊谈话

一、开放式提问的 3 个效果

对"开放式提问"的回答，说话者倾注了自己的感情或很深的诉求，能够达到以下效果。

1. 体现了对主体的尊重与信赖

对于"开放式问题"的回答，因为是说话者自己来设定情节构架，所以说话者会感觉自己作为主体得到了尊重，还会形成"让我充分地发了言""很认真地倾听了我的讲话"的印象。而"封闭式提问"的情节构架则由提问者来设定。对于说话者来说，与其说是感到自己的话被人倾听，还不如说是对自己被人询问的印象更深。因此，说话者通过回答"开放式提问"而感到被尊重并被认真地倾听，能够形成对倾听者的信任感。

2. 促进对自己关注点的"察知"

在进行自己的情节构架时，说话者可能会察知到自己的情节中没有道理的部分、夸大事实或者没有被注意到的自己真正诉求的部分等。特别是在与公正、中立的医疗纠纷调解员说话时，与向对方发泄怒气的情况不同，说话者不得不克制自己的情绪、采取顾及第三方人员在场的说话方式。像这样，回答"开放式提问"过程中的冷静和克制，都有利于说话者得到各种各样"察知"的机会。

3. 能够获取丰富的信息

"开放式提问"对于医疗纠纷调解员来说有很大的价值。这是因为通过说话者对自己认知框架的叙述，可以得到说话者关于"对问题的看法"等丰富的信息，并不时获得有助于理解更深的真正诉求的线索。需要特别注意的是，不仅是话语的内容，而且说话时的行为举止或表情等非语言性信息中也隐藏着重要的线索。

当然，也不是说不能进行"封闭式提问"。根据情况的不同，为了对"开放式提问"的回答有更加准确的理解，在给容易扩散的"开放式提问"的回答提供方向时，也可以使用"封闭式提问"。

另外，"开放式提问"与"封闭式提问"的差异，还可以从是"拓展事实"还是"缩小事实"等不同的方向来观察。

医生为了下诊断，将患者话语的焦点集中于必要的某些要素上，通过"封闭式提问"来确认，从而确诊。另外，对于医疗纠纷调解员来说，为了通过提问引出当事者没有看到的、隐藏于对方背后的情况或深层想法，从而达到促进双方信息共享这一目的，就需要尽可能地挖掘扩大事实。所以，经常需要"开放式提问"。

现实常常给人一种错觉：医护人员应该是活跃的，患者则应该是被动的，习惯于简单作答。其背后的机制是：只要你提的问题足够多，就自然会有答案了。但是，这样患者就根本没有机会探究自己的真正诉求，一起参与治疗方案的制定更是无从谈起。该如何避免这种情形的发生呢？熟练地掌握"开放式提问"这一基本谈话技能显得尤为重要。

二、接诊谈话的圆锥模型

美国 Robert Smith 等学者将接诊谈话分为两个主要阶段：前半部分是"以患者为中心"的面谈，后半部分是"以医生为中心"的面谈。在面谈开始时，使用以患者为中心的面谈技巧，可以让医生收集到患者对症状的独特看法及重要的心理、社会信息。相反，在面谈的中间阶段，使用医生为中心的技巧，收集的大多是症状信息，而心理、社会信息较少，即使有心理、社会信息，这些心理、社会信息也大多不能表现出患者的独特性。然后，医生必须使用他的医学知识来解读、整合这些信息，形成对患者的生物—心理—社会方面的综合描述。[6]

在接诊谈话中，"以患者为中心"的面谈方式与"以医生为中心"的面谈方式是相互补充、相互促进的，任何一方都不可以被孤立地使用。以患者为中心的面谈的重要性体现在以下几个方面：[7]

1. 可以探知患者就医行为背后的因素

在生物医学时代，医生认为，他们的任务只是诊断患者的症状和治疗疾病。他们没有意识到，患者决定就医的背后通常有着更为复杂的原因，比如，下背部痛的年轻患者，如果他只是在办公室工作的话，可能就不会去看医生；而如果他是码头工人，疼痛影响了他的工作，他才去看医生。当医生试图了解患者症状背后的个人和情感因素时，疗效和患者满意度将会得到提升。

2. 更容易获知患者最关心的问题

研究表明，初诊患者平均每次就诊通常有 3 个或者以上担心的问题，而且，患者提出的第一个问题通常并不是他所关心的最重要问题。让患者有所畅言，可以发现患者后面才提出的最重要问题。

3. 允许患者讲述症状史，有利于正确诊断

与只通过以医生为中心的面谈了解患者症状的医生相比，鼓励患者讲述症状史的医生更易于快速做出正确的诊断。因为，患者描述症状的方式与陈述的事实同样重要。

4. 允许患者讲述症状也是治疗

当患者得以叙述其病痛，而不是仅仅回答以医生为中心提出的问题时，他会产生宣泄的感受，也就是说，即使仅仅把故事讲出来也会让宣泄者感觉更好。

5. 能够认识到，患者并不希望医生解决他们所提到的所有问题

有些医生会因为无法解决患者提到的某些问题而感到焦虑，而以患者为中心的医生能够理解：患者并不希望他们解决所有的问题，有些问题只是患者想要倾诉而已，医生只要做出回应即可。

6. 能够让患者感受到医生的关怀

因为患者通常有疼痛、恐惧、担忧或者沮丧等重要情绪，他们可能对医生的固有关怀，如为成为一名熟练医生所做出的努力、每天的辛勤工作等不太敏感。但是，以患者为中心的医生拥有同理心的沟通，可以让患者的疼痛和恐惧减轻，让患者感受到人文关怀的温暖。

以患者为中心的技巧，专注于患者已提到的内容，鼓励由患者引导面谈，虽然医生会对面谈产生一定的影响，但是以患者为中心的方法已经最小化了医生所产生的影响，这一

阶段，在会话方式上体现为以开放式提问为主；而以医生为中心的面谈技巧，则用在面谈中补充患者病史的细节，收集所需的常规数据，在会话方式上体现为以封闭式提问为主。

医生首先采用开放式提问技巧，获得从患者角度所看到的问题总体概貌。然后，虽然还采用开放式提问，但应逐渐锁定特定的问题，最终用封闭式提问来引出患者可能会忽略的其他细节。从开放式提问开始，然后再逐渐过渡到封闭式提问，被称为从开放到封闭的圆锥（open-to-closed cone），[8] 如图 6-1 所示。

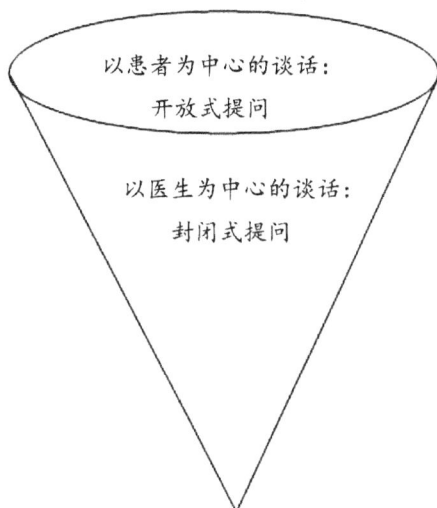

图 6-1　从开放到封闭的圆锥

理解如何在接诊面谈的不同时间节点上，有意识地选择开放式还是封闭式提问风格至关重要。开放式提问技巧的运用，在探寻任何问题的开始时都非常关键——作为一种信息采集的工具，它的力量无论怎样强调也不过分。但是，即使在欧美等医学比较发达的国家，在接诊谈话中过快转入封闭式提问也是最常见的错误。[9]

第三节　接诊谈话中的"三过"现象

在由误诊引起的医疗纠纷中，通常医院方要承担主要责任。误诊，多数情况下是由于接诊医生在收集资料、分析病情、进行判断时，出于主客观因素，没有做出正确诊断。所以，患者认为，医生存在误诊是导致恶性医疗纠纷的最主要原因。规范、良好的接诊谈话是建立医患良好关系的重要手段与方法，不完整或无序的接诊，除了难以正确诊察疾病之外，还会因为程序残缺而为医患纠纷埋下隐患。在接诊谈话中，常见以下 3 种错误做法，在此将其归纳为"三过"：

一、开放式提问不足，过多封闭式提问

封闭式提问是那些特定的，并且经常用一个词来回答的问题，比如，预期回答"是"或"不是"。这种问题的答案被提问者限定在很窄的范围内，患者通常用一两个字来回答，不需要发挥。

开放式提问则相反，是导出一个探寻的范围，而不过分限制或聚焦回答的内容。提问也会引导患者到一个特定的范围，允许患者的回答更为随意，并且，提示患者自由发挥既合适又受欢迎。

> 案例 1（背景：男性、头晕患者）
>
> 医生：咋的不带劲了？
>
> 患者：哼……有时候，头晕得很；有时候，一阵儿一阵儿的，晕得轻了，躺那睡会儿就行了。
>
> 医生：晕得很的时候，手麻不麻？
>
> 患者：手不麻。
>
> 医生：腿也不软，啊？
>
> 患者：反正就是没劲儿。
>
> 医生：没劲儿？
>
> 患者：嗯！
>
> 医生：几天了？
>
> 患者：呀，好多天了，一直都没在意。

这是来自门诊现场的真实案例。在医生提出了一个开放式提问后，接下来用了 4 个封闭式提问为病史的采集设定了不同的话题，分别是关于患者的手、腿和患病时间等疾病状况。并且，前 3 个封闭式提问，更是将患者的回答反应限定在肯定与否定两种选择的狭窄范围内。

医生询问病史，一定是从最基本的开放式提问开始的。但是，仅此是远远不够的，每一个症状都需要得到全面探查，这就需要使用足够量的开放式提问来使信息采集的效果最大化。开放式提问常常能使患者公开谈论他们对患病的看法和感受，是了解患者对患病全貌的一个很好的切入点。

但是，这并不是说开放式提问一定比封闭式提问好。两者各有利弊，关键是要看使用在什么场合、情境中。本研究中发现，接诊中的医生常常表现出过多使用封闭式提问。比如，下面是同一病例使用两种提问方式所产生的不同效果：

案例 2（采用封闭式提问方式）

医生："现在来谈一下您的胸痛——疼痛的位置在哪里？"

患者："呃，在前面这里"（用手指胸骨部位）。

医生："是什么样的疼痛——是钝痛还是锐痛？"

患者："相当锐利的疼痛。"

医生："您采取了什么应对措施了吗？"

患者："用了些抗酸剂，但好像不太管用。"

医生："疼痛还连带别的地方吗？"

患者："没有，就是这里痛。"

案例 3（采用开放式提问方式）

医生："和我谈谈您最近以来的胸痛吧。"

患者："胸痛是最近几周才变强的。我总是有点消化不良，但都没有像这次这么重。我感到这里很尖锐的痛（指向胸骨部位），还老是打嗝，嘴里有非常讨厌的酸味。如果我喝上一两杯酒的话就更糟糕了，连觉都睡不好。"

医生："我知道了。能再多谈谈这个问题吗？"

患者："我怀疑是不是因为我吃了治关节病的药物引起的。关节病加重了，我就吃了布洛芬。我必须能走路，需要照顾约翰和所有的事。"

比较这两种提问方式，可以发现封闭式提问可能会遗漏非常重要的信息，比如，该事例中关于布洛芬引起的不良反应。发现关于胸痛的更有用的信息是通过两个开放式提问，而不是 4 个封闭式提问获得的。

美国迈阿密大学教授威廉·斯蒂尔斯等人的研究表明，在医院非预约门诊就诊的患者，如果被允许用自己的语言自由表达，而不是只针对封闭式提问回答"是"或"不是"的话，那么，患者对问诊中的信息采集阶段会有较高的满意度，较少遭受来自患者的医疗纠纷投诉。

二、打断患者的话语，过早锁定于特定领域

有研究表明，语言打断与控制权势和社会地位有关，有权势、地位高的说话人显然比地位低的一方更易取得发言权。医患会话的一个特点就是患者的话语常常被医生打断。下面通过案例进行分析。

案例 4（背景：50 多岁女性患者、主诉头晕头疼）

医生：你是咋不舒服了？

患者：我觉得这……这三四天跟那愣哩巴怔哩样，可肯往这着儿，还可没劲儿，晚上还老是睡不着。这两天哩……还觉得压气，一口气在心口这儿，你不知道……

医生：没做过什么检查吧？

患者：嗯，就因为我这头，可是没少检查……

医生：最近检查了没有？

患者：我跑到郑州，就是前些时候……

医生：不说了，不说了。

患者：他给我开哩那……

医生：最近检查过没有？

患者：……黑药。韩大夫看哩，开了点药我吃。

医生：不说别哩，哦，最近没检查过，是吧？

患者：啊。

医生：再检查检查，吃点药？

在这个案例中，医生提问后，患者尝试较为详细地陈述了自己头晕的当前症状，包括头晕的感觉、发病持续的时间等。除此之外，她还陈述了其他的两个当前症状："晚上睡不着""这两天觉得压气"。医生觉得这位患者的陈述过于繁杂，于是没有等患者陈述完，就打断了她的陈述，选择自己认为比较高效的问题。这样，医生忽视了患者的主体感受和体验，将不利于提高患者对医生的满意度。

患者的话语常被医生打断的原因，除了因为医生时间宝贵、追求坐诊的效率外，医生拥有权势是主要原因。在医院中，医患双方存在多方面的不均衡，如个人信息、医学信息等。医生由于具有绝对的医学知识，了解患者个人信息和状况，对患者做出诊断，并直接影响患者的诊疗效果和经济支出，是决定者，相对于患者来说享有较高的权势；而患者完全是被决定者，明显是弱势的一方。

另外，许多医生通常是边收集信息边预先形成一个可能的诊断，而这个预先可能的诊断，往往会对最终的诊断起到关键性的作用，决定着诊断思维的方向，这就是"先入为主"。如果预先形成的诊断偏离了正确的方向，靠着后续修订扭转，则会存在一定困难，较难跳出这个已经形成的思维定势。

医生的权势，加上上面分析的过早使用封闭性提问，以及"先入为主"的思维定势，使得会谈在没有获得从患者角度所看到的问题的全貌之前，过早地集中在某一个特定的领域，继而脱离了患者的参与，导致信息采集的低效率和不准确。这不仅造成在患者的主要担忧还没被发现之前会谈就结束了，而且会使对疾病的假设检验是在患者没有机会讲述他们的故事或提供信息的情况下进行，从而遗漏某些重要的诊断线索。

三、患者不参与表达，过少运用辅助性回应

患者由于缺少医学知识，要"求医""求人就要听人家的"，且担心提问过多可能被认为是对医生的冒犯或者不信任。如此一来，在一定程度上导致了患者对医生权势的顾忌，便会倾向于保持较为被动的角色，出现了患者较少向医生提问、努力通过简短的回答来依从的局面。

从前面的案例可以看出：如果没有医生的辅助，让患者觉得他们自己的意见对医生而言非常重要的话，许多患者并不愿意表达自己的想法。

任何有助于让患者对他们已经谈到的问题再多讲述些内容的做法，都是一种辅助性回应。它们表示了对说话者所说的话语非常感兴趣，希望他们继续讲述。辅助性回应可以用于辅助患者对某一话题讲述更多的内容。它包括语言和非语言的技巧，语言性技巧主要有以下几种。

1. 鼓励

伴随着非语言性的点头和面部表情的运用，医生在专心倾听时还可以用大量的口头语言鼓励暗示患者继续讲述，比如，一些中立性的辅助性评论，如"嗯啊……""接着讲""是啊""哦……""我明白了"等，能够在很少或不需要打断患者的情况下，使患者有必要的信心继续讲下去。

2. 沉默的运用

对于患者的反应而言，沉默的主要功能是鼓励患者说话。这是因为当医生不说话时，来访者就面临巨大的压力要说点什么。沉默也许会使患者非常焦虑，感到他自己应对这沉默负责。当然，有时候医生比患者更容易感到沉默在造成焦虑，这之间需要十分微妙的平衡。总之，医生应该切记：绝大多数言语辅助，如果没有立即伴随以非语言关注式的沉默，都不会有效果。

3. 镜像重述

重复患者所说的最后几个字会鼓励患者继续讲述。医生常常担心这种原原本本的重复显得不太自然，但是，却出奇地容易被患者接受。镜像重述能够鼓励患者从最后这些词开始继续讲述，因而比鼓励或沉默稍微更有指向性。

4. 意译

是用医生自己的语言重述患者信息背后潜藏的内容或者感受。这与总结不太一样，总结是简单地确认自己的理解，而意译是要使患者的信息更明晰。意译可以检查自己对患者真正意图的解读是否正确，也是进入患者立场特别好的辅助性切入点。

5. 分享自己的想法

告诉患者你为什么会问这些问题。这是一个能够鼓励患者的回答更有参与性的、非常有效的辅助手段。

埃克塞特大学教授尼基·布里顿等人归纳了14类有关的误解，涉及医生不了解患者

信息、患者不了解医生信息、信息相互矛盾、对于不良反应的意见分歧、对医生的决定缺乏沟通，还有相互关系的因素等。该研究认为，所有的误解都与患者在接诊会谈中缺乏参与有关。

对医生的误解也会在一定程度上导致医患不信任，进而引起医患关系的紧张。而患者参与，在程度上的加深及在范围上的扩大，都会增强患者对就医过程的控制感，增强患者对医生的信任。所以，医生应该掌握这些辅助性回应技巧，重视从患者参与的角度来改善紧张的医患关系。

综上所述，在接诊过程中，不要运用过多的封闭式提问，不要过早锁定于特定领域，不要过少运用辅助性回应。谨记这三"不过"，才能有高质量的面谈效果。

第四节　提问要着眼于打造医疗人际型关系

一、促进式调解中提问的基本特征

在医患沟通中，如何有效提问非常重要。除了一些社会、环境因素在不知不觉中制约医生或者调解员向患方进行有效提问外，医生与调解员自身对促进式调解中的提问缺少清晰认识，比如，对它的基本特征，以及有哪些应该秉持的基本态度等，也是严重的阻碍因素。

埃德加·沙因教授被推崇为企业文化领域的奠基者，在其著作《谦逊的问讯：以提问取代教导的艺术》中，沙因教授谈到他的妻子玛丽在50岁时第一次发现患上乳腺癌的经历：

> 玛丽遇到了一位极富同理心的肿瘤科医生。就诊时，这位医生仔细询问，并通过全然的注意力、眼神的交流等肢体语言，以及对玛丽的回复给予了充满同理心的回应，让玛丽充分感受到他对她本人及她的生活方式的关切。在切入治疗话题之前，医生都会询问玛丽与她日常生活相关，与她个人特质相关的一些问题。这令他的妻子感受到像健康人一样被尊重，以致他的妻子对于治疗有任何担心顾虑时，都敢于大胆地提出来。[10]

在书中，"谦逊的问讯"被定义为"是帮助他人畅所欲言，不带预设答案的提问，带着对另一个的好奇心和关注建立良好关系的态度。"[11]而所谓促进式调解，是指作为中立地位的第三方调解人通过发挥中介作用，促进医患的合意，一般不向当事者提供意见、判断和建议。由此可见，在促进式调解中，提问便成为调解员或者医生与患者之间最主要的谈话方式。

沙因教授围绕该案例，将"谦逊的问讯"在医疗纠纷解决中表现出来的特征归纳为：

①谦逊的问讯可以非常迅速地建立起医患之间的互信关系，缺乏这样的态度时，就会很快引发患者的焦虑和不安。②谦逊的问讯包含了医生对患者的整体态度，而不仅仅是医生询问出的特定问题。③能够让医患建立互信关系的问题往往是与患者自身生活相关的，而不是医学或技术方面的。其实，这就是促进式调解中提问的基本特征。

二、促进式调解中提问的基本态度

那么，促进式调解中提问所应秉持的基本态度有哪些呢？

第一，不预设立场，以空杯心态进行提问

该类提问不是想要引导患方或者让患方感觉只需要给对方一个客客气气的反馈，而是想让患方感受到医务人员对他的接纳和关心，希望提问能够让患方直截了当地表达真实的想法。这就需要在提问前，清空自己原有的一切评价与成见，从零开始，以一种毫不设防的心态去了解事实真相。

第二，由衷的好奇心

沙因教授认为："谦逊的问讯是将我对对方的好奇心和关心最大化，而最小化偏见和成见。"[12] 在共同所处的情景下，激发对患方心里真实想法的由衷的好奇。

有些医务人员会问，提问时我们可不可以只是装装样子，难道一定要真诚吗？没有促进式调解所需的那种感受和态度，是不是也能让患方相信我们是关心他的呢？

人类是非常敏感的生物，当我们和他人展开对话的时候，对方从我们的身体语言、声音的语调、说话的时间和节奏、我们的穿着打扮，以及目光接触时的神态所有这些元素中，形成了对我们的整体印象。其中，大部分的信息是在我们并未觉察的情况下传递出去的，而恰恰是那些我们无意间释放出去的信号，创造出了他人对我们的印象。因此，我们必须意识到，如果我们不是真正地关心对方，无论怎样措辞，对方很有可能马上会觉察到。反之，只要我们心怀诚意、充满关心，那么，所有问出的问题，即使用词不是非常到位，肢体语言、语气语速及其他的细节都会真实呈现出那份关心。

医务人员有时并不想与患方建立起积极的关系，医务人员希望自己能居高临下，胜券在握；有时医务人员只是有目的地把提问当作一个策略，引导患方和盘托出，从而让自己在沟通中占据优势。但是，医务人员很快就会明白，这样的伎俩是危险的，因为，患方很可能从医务人员传递出的混杂信号中看穿其中的虚情假意。在这种情况下，医务人员实际上会弱化关系，失去患方的信任。

第三，以构筑良好医患关系为目的

在关系建立的初期，开启沟通的话题可以是非常基本的，正如案例所见，询问患方的工作情况，以及患病对工作、生活、个人特质的影响等，让患方感到作为一个完整的人被对待，而不只是一个患者的职业角色，甚至是见"病"不见"人"。

当沟通的双方级别不同时，建立信任的最好方式就是级别高的人更主动，利用温和的提问，先多"暴露"一下自己，而不是去问对方很多问题。每一点的打开，我们都会展示更多自己的价值观，也会让自己处在更不设防的状态下。如果对方对我们的接纳程度不断提升，那么，彼此之间就会建立起高度的信任。

需要注意的是，即使这种提问的确是源自于你的好奇心所表现出的一种态度，你也的确是因为不知道答案而发问，但由于你并不知道你的好奇所引发的回复内容是什么，或是你的问题有可能被误解，实践起来仍会很复杂。另外，表达好奇，或者问一些问题很容易因为过于私人化而引起反感。所以，深刻理解文化中关于私人化，以及亲密程度的规则就变得非常重要，更要严格遵守这些规则。

三、促进式调解中提问所面临的障碍

医务人员常常会觉得很难进行这种提问，面临各种的不适应，不知不觉中就开始了评判与说教。这是为什么呢？

1. 受喜欢说教文化的影响

人们普遍认为教导比询问更有价值，只有问出关键的问题才是有价值的，而泛泛而过的提问则于事无益。人们也觉得，提问有时会暴露自己的无知和弱点，而显示有学识才能被人尊敬，特别是在专业性强的领域，像医疗行业，人们苦于专业壁垒本来就不愿意与行业外人士进行沟通。因此，人们很自然地养成了让他人觉得自己才华横溢的习惯。当他人向我们询问问题时，或者我们被晋升到更高的职位后，好为人师的冲动就会更加难以抑制。

2. 受任务型关系的影响

在书中，沙因教授将我们所处的关系简要分为任务型关系和人际型关系。[13] 前者是因一方希望从另一方获得特定的事物而建立的，后者则是一方或者双方因喜爱对方而建立的。在强烈追求经济效益的文化里，人们更加趋向于任务型关系，即因事而聚。这样的关系往往被打上"职业化"的标签，暗含大家只是称职地在一起工作，而避免个人交往。在这样的文化里，建立人际型关系往往被视为"不够职业"。

在我国，随着经济的进一步发展，人们越来越崇尚实用主义、个人主义和以成败论英雄这些理念。这些理念造成对工作成就具有强烈的偏好，加之个人主义，导致人们将建立互信关系、团队合作和齐心协力当作手段而非目的，低估了其价值。因此，会自然而然更重视做事和说教，而不是提问和建立良好的关系。

但是，随着技术令世界日益复杂，人员日趋相互依赖，而文化日趋多元化，常规的操作流程和检查清单并不足以应对突发情况，建立良好的关系、团队合作和齐心协力就变得愈发重要。一个团队的成员只有建立了高度信任的关系，才能出色地完成任务，医疗领域也不例外。

3. 受业绩导向胜过建立关系的文化影响

在一个强调实用主义、个人主义，鼓励竞争，以任务达成为导向的文化里，谦逊下问是被边缘化的品质。一个人的身份地位和声望来自于他所获得的成就，一旦你的成就超越他人，你便获得了可以教导他人的特权。就医务人员的整体而言，其地位和声望是超越了社会的平均水平的。所有这些，无形中造就了医务人员喜欢教导患方的倾向。

在医疗行业里，以完成任务为导向，而不注重互信关系建立的倾向，令医生经常会对护士、技工，甚至是患者表现出不敬的态度。同样，由于要给带教的学生讲解"病案"的原理和问题，医生经常会忽略患者的个体特质。所有这些现象的背后都是成本效益优先的态度在作祟，使得医生会临阵磨枪一般，尽可能地在最短的时间内处理最多的任务，而不愿意花费时间来和他人建立互信的关系。

四、打造医疗人际型关系的有效方法

那么，在医疗行业，该如何有效地打造人际型关系呢？

第一，放慢速度，调整节奏

谦逊提问并不是要我们学习如何加快速度，恰恰是教会我们如何放慢速度，以确保我们仔细审视、观察并掌握时下真实的状况。只有当我们在拥有尽可能全面数据的情况下，我们基于这些数据对事物的分析和判断才是真正有价值的。如果我们对这些收集的数据进行了错误的解读，或者是因情感将其扭曲了，那么，随后分析结果和判断也必然会产生偏差，后续所有详尽的计划和分析都会变得毫无意义。

这其中隐含着一个重要的提示，即我们必须要从最开始就意识到我们的推理能力是有限的，只有提升信息的正确性，才能达成更好的决策。慢下来，谦逊提问正是这样一个获得正确信息的可靠手段之一。尤其是在我们观察到某个现象后感到愤怒或者焦虑的时候，更应该慢下来，谦逊地询问他人，搞清楚真实情况。在做出判断和冲动行事之前，我们应审视自己的反应是否合理。

建立全新的关系有一个彼此了解的过程。我们需要适当地放慢节奏来建立信任，而一旦建立起互信的关系，工作会开展的很快。谦逊提问之所以成为如此重要的能力，是因为真诚的好奇和关心会将发生误解、误判以及不当行为的可能性降到最低。

第二，寻找工作之外的交往天地

建立人际型关系要承认对方是一个完整的人，而不只是你的工作中的一个角色，即患者。要做到这一点，就需要暂时放下那个职业化的任务导向的自我，把交往拓展到工作关系以外，询问或者和对方谈论一些与工作完全不相干的话题，从而增进相互了解和人际交流。比如，问问她住在哪里、家庭情况、工作地点，或者自嘲一下紧张的工作安排令自己只能每天吃食堂等。

可以把医患双方召集到一个工作场景以外的环境，不要安排和工作相关的事情，而是一起参与一些像野外烧烤、公益活动或者参加娱乐等，更能促进人际交往。一旦人际型关系的进程被启动并被广泛接纳，就会产生无穷的与个人相关的询问和发现。但是，正如前文所述，选择话题时必须考虑到相应的文化背景。

第三，适当改变组织结构

在医学领域，医生和护士之间的职业差别历来都是非常分明的，因而也就造成了职业距离感。一个看似不大的组织结构的调整，比如，改变急诊室的大小、组合等都会引发医务人员之间人际型关系的提升。

> 某医院急诊室因为急诊患者占用时间过长，总是人满为患，需要找到有效的解决方案。于是该医院决定打造一些小型的"治疗舱"，每一个舱里面都有一种应对急诊治疗所需的专业设备。患者和医务人员都是随机地安排到空闲的舱内。经过一段时间以后，每一位医生、护士、技工都会和不同的人一起工作，而且，因为都是以小组的形式，因此建立起了很多人际型关系。

人际型关系的提升所带来的医务人员之间沟通的畅通，无疑对减少和防范医疗纠纷，提高医疗质量，保障医疗安全大有裨益。

第五节　度量式提问，让状态真正被看见

关于提问方式，常见有开放式提问、封闭式提问、假设式提问和探寻式提问等，每一种提问方式的背后都蕴藏着一种独特的思维方式。很多时候，一个好的问题比答案更重要。下面将就度量式提问试做解析，以期待医务人员在与患者沟通中重视对"度量式提问"的灵活运用。

在与患者沟通中经常会遇到一些难题，比如：①当患者陈述病史时，无法确知病情的轻重程度；②在讲解完治疗方案后，不知道患者到底对该治疗方案了解多少；③在决定治疗方案后，无法评估患者对该治疗方案有几分信心；④在行动步骤上，无法预知患者的行动力，因而错失敦促患者行动的机会；⑤在确立问题清单后，如何对问题进行优先排序。

仔细观察这些难题，发现它们都具有一定模糊性，其模糊点在于：对状态进展的程度难以进行定量。

度量式提问（scaling questions），有时也称为评分技术，[14]就是让患者利用量化标准所代表的数值（如从 1 ～ 10）来作答，以协助患者将抽象的概念、状态以比较具体的、形象的方式加以描述。本节将以度量式提问在医患沟通中用于描述"严重度""清晰度""把握度""承诺度""问题的优先排序"为例进行逐一分析和探讨（图 6-2）。

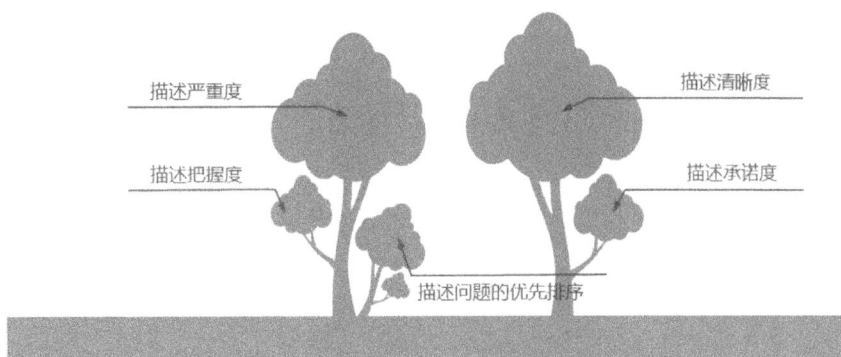

图 6-2　度量式提问的作用

一、如何描述严重度

比如，关于患者的疼痛程度，医生可以要求患者通过 1 ～ 10 的量级评分来将现在的疼痛与以前有过的疼痛做比较，以获得对疼痛强度的衡量，其中 1 代表没有疼痛，10 代表目前为止最严重的疼痛或者以前的经历（牙疼、生孩子等）。

> 医生：告诉我您的疼痛有多严重。
> 患者：好吧，不太严重。
> 医生：想象一下，目前有一个从 1 到 10 的度量尺，"1" 代表一点儿都不痛，"10" 代表最糟糕，像无麻醉情况下进行手术之类的，您会用哪个数字来评估现在的疼痛呢？
> 1 ← ▽—▽—▽—▽—▽—▽—▽—▽ → 10
> 患者：真的，没那么严重。我想应该是 3 吧。
> 医生：和牙疼比起来呢？
> 患者：没有牙疼那么糟糕。

一般来说，疼痛越严重，问题越严重。然而，一位患者如果看上去十分安逸却用 10 来形容他的疼痛的话，那么，他有可能患有精神方面的疾病，或者服用了成瘾的物质，或者觉得他需要通过夸大自己的症状来缓解疼痛。值得注意的是，不是很强烈的疼痛并不意味着病情不严重。[15]

二、如何描述清晰度

当医生把治疗方案表达结束后，要询问患者对治疗方案的清晰度。医生不要认为自己讲清楚了就没有问题，即使在医生讲得很清楚的情况下，往往也存在患者听得稀里糊涂、一知半解的现象，医生讲了 10 分，而患者可能就听了 3 分。

在这个环节里，医生需要确认患者对治疗方案的清晰度。如果把清晰度由低到高表示为 1 ~ 10 分的话，患者认为是几分？患者说是 5 分，医生就应该追问那没有明白的 5 分是什么？医生要进一步明确患者对治疗方案的理解。

如果医生没有让患者表达对治疗方案的意见，就会导致患者的不理解，不理解就会不支持，不支持就会不行动，最后不了了之，甚至会导致患者在医院不接受治疗，扭头就走。为了防止这类问题的出现，医生就要问患者："我给您说的治疗方案，您理解了几分？"如果患者表示理解了 5 分，医生就必须一件一件地详细解释，解释完了以后，再问患者是否理解了。当患者对治疗方案理解力达到 100%，也就是 10 分的时候，解释工作才能结束。

三、如何描述把握度

患者经常会问医生：这个病你给我治，有多大把握？没有接受过专业训练的医生在跟患者沟通的时候，对于这个问题往往难以回答。这时候，医生应该向患者详细讲解治疗方案。

比如，等待患者对治疗方案的清晰度得到 100% 的确认后，如果医生对疾病的治疗有很大的把握，可以这样对患者说："我对您的疾病有 80% 的信心，还差您 20% 配合，您对自己的康复有信心吗？"患者说有。

医生要问：在 1 到 10 分之间，您的信心是几分？

患者说：7 分。

医生问：那 3 分是什么呢？

患者说：那 3 分是自己的坚持与配合，以及家人的支持等，有一句话叫作"三分治七分养"，对于某些疾病，在治疗过程中"养"也很重要。

四、如何描述承诺度

很多疾病的治疗，医生需要患者对某些行为或者习惯做出改变。为了达到对这些行为或者习惯改变的目的，医患双方都应该做出承诺，表明做这件事的决心与投入程度。首先，医生应该向患者承诺："如果您决定做出改变的话，我每周都会为您提供帮助。"接下来，要敦促患者做出承诺："告别旧习惯的过程的确很艰难，这需要我们双方的共同努力，您准备好了吗？"[16] 对于一些持犹疑态度的患者，可以使用度量式提问尝试让他们做出承诺。

医生：您真的承诺每天进行散步？

患者：是。

医生：如果对承诺按照坚定度由低到高分为 1 到 10 级的话，1 代表不承诺，10 代表坚决承诺，您觉得您现在的位置在哪一级？

患者：在 8 级吧。

医生：那怎样才能帮您做出 10 级的承诺，也就是坚决的承诺呢？

……

五、如何描述问题的优先排序

医生必须获得患者想要讨论的所有问题的清单，以确保最重要的问题在面谈的过程中得到解决，并尽可能避免在面谈结束时才提出重要的问题。有研究表明，70% 的患者在与医生面谈时，并没有分享到他们最关心的问题。问题清单在诊疗中的运用也往往被我国的广大医生所忽视。

电子病历的篇幅和格式比较灵活。现在，由于电子病历的普及，在一些国家推行电子病历书写时，会在最上端部分列出患者的"问题清单"。

比如，为某患者列出的问题主要有：①问题背景下的头疼；②与上司之间的矛盾；③咳嗽；④结肠炎；⑤她想知道是否需要增加结肠炎药物。

接下来的步骤是对清单上的问题进行排序。如果某些问题的解决需要用时太长，医生可以将权利交给患者，由患者决定优先解决哪些问题，哪些可以推迟到下一次。

医生：您提到了 5 个问题。我想我们今天没有足够的时间来谈及所有问题，请选择其中最重要的一两个，我们来集中讨论。下一次，我们再解决其他的问题。

患者：好的。头疼是最要紧的，还有咳嗽吧？

医生：头疼是最需要解决的问题。还有咳嗽，是吧？如果您现在为咳嗽设置优先级，由低到高是 1 到 10 分的话，您打的分数是多少？

患者：8 分。

医生：我们再来看看有没有其他的事项高于 8 分？

……

为什么不直接让上述的 5 个事项在一条尺度上进行优先排序，而要进行逐个事项的打分呢？好处在于，如果直接将 5 个事项进行排序的话，患者容易脱口而出。脱口而出的话语，说话者往往是没有过心的，只是随意应付而说的。

有时，这些问题对于患者自己也不曾认真思考过，甚至患者并不知道自己想要什么。当使用度量式提问引导患者进行自我探索时，患者所回答的话语，往往是他来不及粉饰的，因而更为真实。比如，"咳嗽"与"与上司之间的矛盾"，刚开始对"咳嗽"打了 8 分，后来发现"与上司之间的矛盾"应该高于"咳嗽"，于是将"咳嗽"改为了 6 分。为什么改为 6 分呢？这就是通过"度量式提问"引导患者自我整理、从含糊到精确化地去思索的过程。

度量式提问可以为患者疾病的严重程度提供数字刻度。在持续的治疗中，如果不同时间点所反映出的刻度化数字有所改变的话，就形象地比较出治疗的进展，让人们看到患者的过去、现在和未来；看到问题的开头、中间和结尾；看到迄今为止治疗的意义和提高分值需要做出的改变是什么。

当然，并不是每一次接诊面谈都需要这样繁复，视具体情况而定。此处呈现了"度量式提问"如此强大的技术。感受、态度、动机、信心和想法等抽象概念通过"度量式提问"都可以转变成具体的、形象的方式加以描述，想必医务人员在以后的医患沟通中一定能善加利用。

参考文献

［1］［美］彼得·德鲁克.管理的实践[M].齐若兰，译.机械工业出版社，2009:285.

［2］VERHEGGEN FM, JONKERS R, KOK G . Patient's Perception on Informed Consent and the Quality of Information Disclosure in Clinical Trials[J]. Patient Education and Conseling, 1996, 29(2):137–153.

［3］ARTHUR D . Assessing nursing students, basic communication and interviewing skills:the development and testing of a rating scale[J]. J Adv Nurs, 1999, 29(3):658–665.

［4］王冰寒，颜巧元.护患互动测评工具研究进展 [J]. 护理研究，2016, 30(7C):2572.

［5］HULSMAN RL, ROS WJG, WINNUBST JAM, et al . The effectiveness of a computer–assisted instruction programme on communication skills of medical specialists in oncology[J]. Medical Education, 2002, 36(2):128.

［6］［美］罗伯特·史密斯，奥古斯特·福廷，弗朗西斯卡·德瓦米娜，等.以患者为中心的面谈技巧 [M]. 王岳，等，译.北京：光明日报出版社，2017:10.

［7］［美］罗伯特·史密斯，奥古斯特·福廷，弗朗西斯卡·德瓦米娜，等.以患者为中心的面谈技巧 [M]. 王岳，等，译.北京：光明日报出版社，2017:6–7.

［8］［英］乔纳森·西尔弗曼，[加]苏珊·库尔茨，[英]朱丽叶·德雷伯.医患沟通技巧(第2版)[M].杨雪松，等，译.北京：化学工业出版社，2009:68.

［9］［英］乔纳森·西尔弗曼，[加]苏珊·库尔茨，[英]朱丽叶·德雷伯.医患沟通技巧(第2版)[M].杨雪松，等，译.北京：化学工业出版社，2009:68.

［10］[美]埃德加·沙因.谦逊的问讯:以提问取代教导的艺术[M].李艳，王欣，译.北京:机械工业出版社，2020:66.

［11］[美]埃德加·沙因.谦逊的问讯:以提问取代教导的艺术[M].李艳，王欣，译.北京:机械工业出版社，2020:18.

［12］[美]埃德加·沙因.谦逊的问讯:以提问取代教导的艺术[M].李艳，王欣，译.北京:机械工业出版社，2020:72.

［13］［美］埃德加·沙因. 谦逊的问讯：以提问取代教导的艺术［M］. 李艳，王欣，译. 北京：机械工业出版社，
2020:105-106.

［14］刘盆美，徐町. 新时代背景下高校辅导员工作方法的新视角：基于焦点解决短期心理咨询技术［J］.
高教学刊，2019, (16):157.

［15］［美］罗伯特·史密斯，奥古斯特·福廷，弗朗西斯卡·德瓦米娜，等. 以患者为中心的面谈技巧［M］.
王岳，等，译. 北京：光明日报出版社, 2017:86.

［16］［美］罗伯特·史密斯，奥古斯特·福廷，弗朗西斯卡·德瓦米娜，等. 以患者为中心的面谈技巧［M］.
王岳，等，译. 北京：光明日报出版社, 2017:171.

第七章　医疗纠纷促进式调解叙事技能

获得普利策奖的美国作家裘帕·拉希莉（Jhumpa Lahiri）写过一本名为《疾病解说者》（Interpreter of Maladies）的书。一位中国医生在读过这本书后说："疾病的确是需要解说的，但是我要做的重点，不是把疾病的知识讲给你听，而是在交流过程中，能够使解说者和倾听者达到逻辑路径的一致，这样，才能提高医患之间的信任度和治疗的依从性。"

目前，我国的医患关系仍显紧张，医疗纠纷有增无减。对疾病故事的叙事，能够帮助医生深入患者的疾病世界，从生物—心理—社会模式全方位理解患者，达到医患目标一致，形成医患双方相互合作的关系模式。

医疗纠纷促进式调解提倡不评论、不指责，站在中立立场无条件接纳患者的情感诉求，鼓励医生和调解员要逐步进入患者的疾病故事，尤其是在自我调解模式中，强调医生在诊疗活动中要同时具备中立第三方调解员的心态，排除先入为主的观念，倾听患者的声音。

语言作为临床医学中的重要工具，早在希波克拉底时代就被广泛认可。在古代医学中，无论古希腊医学还是我国的中医，都认为医学是"融入情感的科学"，有情才有温度，有温度才会情暖人心。

叙事医学主要是通过叙事技能来丰厚医学所认知的生命、疾苦、死亡的意义，用叙事能力来实践医学的人文关爱，聆听被科学话语所排斥的患者的声音。医学，在本质上是叙事的，叙事在医学知识的传播上，能够起到不亚于数字、专业术语所起的作用。叙事，简单来说，就是讲故事。通过"讲故事"了解疾病的框架，达到医患共鸣，并一起探索面对疾病与死亡的智慧。

叙事始终贯穿医疗活动的各个环节。本章在讨论叙事医学理论的基础上，分别从医疗纠纷防范以及调解、术前准备、构建患者的自我认同、提高患者的依从性等方面探讨叙事医学技能在实践中的运用。需要强调的是，叙事医学首先是一种人文情怀，而不是简单的技巧。

第一节　医疗纠纷促进式调解中的叙事医学理论

患者的叙事提供了一个全方位了解患者和疾病的框架，涉及大量关于患者心理、身份、主体等信息，这些信息的重要性甚至不亚于机器检查报告，其中隐藏着意想不到的治疗潜能。具备叙事能力的医生，能深入"阅读"到暴露在疾病之中的、患者个性自我的深层状况，让患者全方位感受到医生对个体生命的尊重，更积极地从心理上和身体上配合医生的治疗，让医患双方以和善忍让、互勉互谅的态度实现自我与他人深层次的动态认可。[1]

一、叙事医学的本质

2001 年 1 月，美国哥伦比亚大学长老会医院的内科医生、文学学者丽塔·卡蓉（Rita Charon）在《内科学年鉴》上发表"叙事医学：形式、功能和伦理"一文，首次提出了"叙事医学"概念，意味着文学与医学进入了叙事医学的时代。

卡蓉认为，技术日益复杂的当代医学是冷漠的医学，是以牺牲患者和医生的关系为代价的。医生似乎没有时间去思考和理解患者所要面对的痛苦，而患者则期望医生能够理解和见证他们的苦难。卡蓉的叙事医学从"叙事能力"出发，认为叙事能力有助于医生在医疗实践中提高对患者的同理心、职业精神、可信赖度和对自己行为的反思，由具有"叙事能力"的医生的实践医学就是"叙事医学"。

哈佛大学人类学终身教授、美国科学院和文理科学院院士、国际医学人类学最著名专家阿瑟·克莱曼，也是叙事医学的重要贡献者。他对于医学人类学的首要贡献是提出了"疾病"（disease）与"疾痛"（illness）的两分法。他认为，有些疾病不仅是生理病变那么简单，很有可能跟整个社会文化环境有关，解决起来则要通过医生施展人文关怀和患者发挥能动性。

早在 1996 年，美国学者在分析了当时的临床医学决策过程、医患关系、卫生法案判决结果、医学教育和临床研究的现状后宣布：美国进入了"以患者为中心的医学时代"。以患者为中心的临床实践，要求医生不仅从生理、病理、病因、治疗选择等纯粹生物医学的视角来解释患者的病痛，还要关注患者的叙事，从而催生了患者参与临床决策的做法。

有效的医患沟通被认为是实现以患者为中心的医学的第一要素，而"叙事医学"则成为临床工作中实现"以患者为中心"必不可少的路径。叙事医学尊重并关注患者的社会属性，将影响患者生命和健康的心理、情感、社会、文化、伦理道德等生物学以外的一切因素纳入医学关注的范畴，其本质是一种人性化的、有效实现"以患者为中心"的医疗实践模式。

二、叙事医学三要素

患者不单是疾病的载体，而是有情有性的生命体，良好的治疗效果不仅依赖于医生精湛的医术，也取决于医患之间良好的沟通。丽塔·卡蓉反复强调叙事医学的三要素："关注、再现与归属"[2]，三者合一，为现代医学注入了情感的活力，有利于促进医患关系和谐发展，从而减少医疗纠纷。

1. 关注

任何医疗卫生工作都始于对患者的关注[3]，同样，在医疗纠纷调解中也要求调解员给予患者以"全人"关注，懂得调解所面对的不仅仅是疾病，更是有思想、有情感的人。这是因为，其一，绝大部分医疗纠纷并不存在医疗过失，并不需要按照"法条"照本宣科的"宣判"。中国医院协会医院维权部副主任郑雪倩研究认为，医疗诉讼中90%以上都是因为医院告知不足或医患沟通不足[4]。即使在日本，70%的医患纠纷源于患者的误解[5]。其二，由于医学的高度专业化，人性被漠视，缓解医患关系需要还原医学应有的温度[6]。医疗技术的进步使得"患者"一词被分解为病因、病理、症状、体征等单个的词素，患者的痛苦被转化为检验单上的数值和各类影像图片。于是，技术至上流行，医生仅把患者当成是一个疾病的载体，医生成了只会看"病"的"医匠"，而不是对人类痛苦高度敏感、具有关怀理念的医生。调解正是要弥补上述医患关系中的不足。

所谓关注，就是要"清空自己，把自己变成工具，接收他人的意义"[7]。在医疗纠纷中，患方由于受悲伤、不安情绪的影响，通常很难冷静下来。这时，就要求调解员对患方的情绪进行全盘接纳，特别是在调解的初期，不需要评价，不需要建议。此时的调解员只是一面镜子，故事的世界映照其中，调解员要做的仅是擦亮自己，回映真相。其实，"我们在倾听"这个事实本身对患者来说就具有很大的安慰力量[8]。

2. 再现

关于再现的涵义，丽塔·卡蓉认为："再现行为是将感知、神经处理、相关体验等复杂过程进行组合，然后再想象性地填补、迂回、发展之所见，创造出新的东西。"[9]通俗地说，就是通过各种形式叙事与患者的所见所感，包括丽塔·卡蓉在书中列举的叙事写作、平行病历和口述，进行组合再现。

进入20世纪50年代以后，各种慢性病成为人类健康最大的威胁。慢性病的发生和发展是多方面因素综合影响的结果，除了生物学因素外，还与人的生活习惯、行为方式、环境污染等有密切关系。对医生的要求，主要是以慢性疾病的应对为主，要求在更广阔的文化传统和社会背景中寻找病因。利用叙事医学的技能，促进医患之间的对话，了解患者背后的社会因素及生活环境，这是疾病治疗的需要，也是缓解医患矛盾的需要。具有叙事能力的调解员能够在认真倾听患方陈述的过程中确定患方的价值观，有利于形成医患双方都满意的调解方案。

医疗行为常常在密室中进行，无第三者见证，外人很难判断行为的好坏。加之，医学治疗的高度专业性，当亲人的身体受到伤害时，人们想知道这到底是什么原因？这本是人之常情，无可厚非。

3. 归属

丽塔·卡蓉这样阐述在叙事医学中归属的作用[10]：倾听同事、队友对临床工作的叙述，他们也倾听我的叙述，通过这种方式，能够更系统地与他们进行个人接触。所有这些在临床背景下阅读和交流的人发现，通过我们的实践，强化了医学院班级内部、医院科室团队成员之间、社区医疗中心与儿科住院医师和社区卫生人员之间的联系！虽然并没有意识到会有这样的效果，但是我们确实强化了联系。最初看起来似乎只是叙事训练带来的一个可喜反应，但现在却成了它最重要的驱动力——我们共同的叙事行为。让我们与患者个体形成有效的照护关系，与同事形成有凝聚力的职业集体。

由上述论述可以看出，作为叙事医学三要素之一的归属，旨在形成医患之间的治疗同盟，培养医务工作者的团队协作精神。具体到医疗纠纷解决领域，就是要修复受损的医患关系。医疗纠纷的解决并不是医疗纠纷调解的主要目的，而是重在良好医患关系的重建。

三、叙事医学的理论体现

叙事医学在医疗纠纷促进式调解制度中的应用理论主要体现在以下几个方面。

1. "现实"是建构的，对于医患间的认知分歧需要强化沟通

社会建构论属于后现代主义的思想体系，批判了本质主义的观点。社会建构论认为，人们所看到的"世界"和"现实"（reality），是用既存的主导性情节进行言语性建构的相对性的东西，否定了"客观真实的存在是唯一的"这一观点。面对"现实"时，大多数情况下，人们只能从主导性情节去认识事物。然而，这种主导性情节并不是始终如一，它会因人们的职业及知识的不同而具有相对性，甚至以相互矛盾的形式存在，比如，医生的专业眼光与患者作为外行的眼光所认识的"理所当然的现实"是完全不同的。

在此理论基础上，在医疗领域提出了"叙事医学"理论。既然"现实"是在主导性情节的影响下所构成的言语性的内容，那么，通过对话可以在与其他情节交错中获得线索，然后构成新的代替性情节。医疗纠纷调解，就是指当医患双方出现认知分歧时，在医疗纠纷调解员的帮助下，通过促进自主对话从而达成信息共享，以寻求解决问题的方法。[11]

2. 全程接纳式的倾听是构筑双向对话的前提

面对患者的抱怨，医生往往会产生如坐针毡的感觉。如果医生没有过失的话，会从专业知识及专业判断的角度陈述合理的理由，试着去说服患者，取得谅解。但是，不管看上去多么真诚、多么有效的说服性应答，对于因愤怒而思想混乱的患者来说，听起来就像托辞，甚至会加深患者的疑惑与愤怒。

所以，医生要客观地看待事态，"首先要原封不动地接受患者的主张及不满"。[12]也就是说，医生的态度要从说服性应答转变为感同身受的倾听。通过感同身受地倾听可以体会患者在情绪和认知上的混乱，聆听患者隐藏在愤怒背后的内心真实想法及受伤的心情。因为，在抱怨和愤怒背后还隐藏着许多不为人知的实际情况、遭遇或受伤的心态。但是，接纳并不等于同意。对患者来说，即使医方不赞成自己的说法，但只要充分尊重并倾听自己的主张，大多数患者应该会冷静地与医方对话；而且，由于被尊重、被接受，患者本身也会构建能够接纳包括医方在内的"其他意见"的心理准备，从而能够有效达成双向对话。

3. 要从疗治模式（cure model）转变为照护模式（care model）

从 18 世纪到 19 世纪，以传染病为代表的急性病成为医疗的主要内容。当时，随着自然科学和医学的高度发展，生物学家、医学家提出了进化论、细胞学说，发现了微生物等致病因子，人们从生物学角度能够较快确诊疾病发生的原因。因此，光靠疗治模式（cure model）也没有出现不满的情形。患者只要安静地等待就可以把病治好。

进入 20 世纪 50 年代以后，各种慢性病成为人类健康最大的威胁。慢性病的发生和发展是多方面因素综合影响的结果，除了生物学因素外，还与人的生活习惯、行为方式、环境污染等有密切关系。对医生的要求，主要是以慢性疾病的应对为主，要求在更广阔的文化传统和社会背景中寻找病因。这就需要建立照护模式（care model）[13]，在与患者充分沟通的基础上，发挥患者的主动作用，与患者形成良好的治疗同盟，才能让患者恢复健康。

4. 只有当事者才能解决问题

叙事医学相信，即使面对苦难，每个人都有提升自己生活质量的能力，应该尊重他们这些能力。在医疗纠纷个案处理中，往往存在向患者倾斜保护的定势思维，认为患者才是弱者，才是受害者，需要同情和关心。事实上，不仅患者，在医疗纠纷中的医生同样也是弱者和受害者，也需要提供心理关怀。

由于医患纠纷中的医患双方处于非正常状态下，被混乱、不安所折磨，医疗纠纷调解员通过给当事者提供关怀，帮助当事者自己解决问题，而不是"代替"当事者做些什么，让双方通过自己本来拥有的自我治愈能力重建现实，振作起来。如果有人认为只要把纠纷全权委托给医疗纠纷调解员，医生就不必直接面对患者了，那是大错特错的想法。[14]

无论什么时候，医疗纠纷调解员要做的是，通过当事者之间的对话来帮助当事者克服问题，并以此为中心提供援助。所谓"关怀"，绝不是强调要代替对方做事情。正如《关怀的力量》作者米尔顿·梅洛夫所说："当我关怀一位成年人，会尽量避免替他做决定。我会提供资讯、建议、替代方案，并指出可能的后果，帮助他作自己的决定，我始终明白那些决定都是他要作的，不是我。"[15] 总之，完全尊重并支持一个人的主体性与自律性的力量就叫关怀，这一观点也构成了日本医疗纠纷调解制度的理念基础。[16]

第二节　叙事技能的应用研究

历经 20 年的争辩，西方医学教育家形成共识：叙事医学是抵达医学认知的新路径。近年来，日本及中国台湾等地也纷纷响应。然而，叙事医学在中国大陆仍处于理念推广阶段，还没有深入到医学教育和医疗实践之中。

根据中国医师协会的调查显示，在各种医疗纠纷中，因医疗技术原因引起的不到20%，而 80% 的原因是由于语言沟通、服务态度等方面的问题。所以，急需一种更加科学全面的医学模式来指导行医。叙事医学则不失为适应这种需要的有效尝试。

一、医疗纠纷中讲故事的作用

叙事医学就是讲故事。那么，讲故事对防范医疗纠纷有什么用处呢？

2020年1月20日，北京朝阳医院眼科医生陶勇在出门诊时，遭遇了恶性伤医事件。犯罪嫌疑人崔某是陶勇接诊的无数眼科疑难杂症患者之一，天生双眼高度近视，其他医生曾给他做过3次手术，但术后出现了严重的并发症，视网膜脱落。崔某转投陶勇医生，经陶勇医生施与手术后，崔某的视力本已部分恢复，却未曾想崔某对陶勇医生动了杀机，持刀去了朝阳医院。陶勇医生的左手骨折、神经肌肉血管断裂、颅脑外伤、枕骨骨折，失血1500ml，两周后才脱离生命危险。该事件令国人扼腕叹息。

陶勇医生在遇袭后的首次网络直播中表示：

"那位伤害我的患者可能就是充满了痛苦和仇恨。因为他肯定是在生活工作中，感受到了很多的痛苦和仇恨，所以他才会做出这么极端的行为。

如果有朝一日，他了解到当时为了给他完成这么复杂的手术，我忍着巨大的腰痛和背上的6颗钉子，给他做了两个小时手术，终于保住他的眼睛和视力，他的内心还会不会如此阴暗？是否能够感受到整个过程中别人对他的关心和爱呢？"

看了这段话，更令人痛心：为什么在事发前没有让患者了解"陶勇医生腰伤复发，忍痛为他施予手术"呢？为什么陶勇医生没有去关心患者生活工作中的"很多的痛苦和仇恨"呢？

假如能够相互倾听彼此之间的这些故事，正如陶勇医生自己所说：他的内心也许就不会"如此阴暗"，也许就能"感受到整个过程中别人对他的关心和爱"。这就是叙事医学，实实在在的叙事医学。

二、叙事技能的应用分析

下面，将结合几则案例简要分析叙事技能该如何具体应用。

1. 引导患者讲故事

在日本的叙事医学教学实践中，非常注重教会调解员和医生在不同层次倾听和引导患者讲述故事。比如，当医生问："你的这一症状有多长时间了？"患者说："从我离婚开始。"这时，如果是一位没有受过叙事医学训练的医生，下一个问题很可能是："那你离婚多久了？"而与之相反，一位在叙事医学上训练有素的医生接下来会问："谈谈你俩的关系。"

认识生命故事的生活结构，是医生工作的最大收获之一。医疗的重大特权之一，就是被允许进入患者的生活隐私。每一个患者都是一个生活故事，治疗意味着介入一个特定的生活世界。

2. 医疗纠纷调解的目的不是"息诉罢访"

在日本医疗纠纷调解教育课程的教材《医疗纠纷调解——纠纷管理的理论与技能》中有这样一个例子。[17]

> 案例1:
> 有一位门诊患者对医生不满,调解员来协调此事。调解员真诚地倾听了患方的想法,于是患者对调解员说:"你能够认真听取我的这些不满,就已经让我心情轻松了很多,谢谢你!"接着,医疗纠纷调解员即使说:"要不和医生谈谈?"患者也可能会说:"不必了,你能够给我这样一个倾诉的机会,我已经很满足了。"说完,患者就回去了。

对于这件事,可以认为到此已经处理得很圆满了吗?或许,从以往应对抱怨的处理经验来看,会被认为处理得很好。但是,从医疗纠纷调解的观点来看,这种做法并不可取。为什么呢?因为我们不知道患者对医生本人是否还有不满的情绪,可能他再也不会去那个医生那儿看病了。若不满只是因为单纯的误解而引起的,那么,只需面对面地做些沟通就可以解决问题并改善双方关系。而且,从他们面对面的对话中,还可能发现有益于提升医疗安全质量的意见。但是,这个面对面的机会一旦失去,医患之间只能继续维持恶化的关系。下一次患者能否坦然面对该医生,是否心生怨恨,这些都是需要解决的问题。

3. 关注患者背后的情绪因素

在日本接受培训的时候,训练师曾经讲到过接待一名边缘性人格障碍(一种介于神经症和精神病之间的心理障碍)患者的故事。

> 案例2:
> 这位患者对自己的接诊医生又是踢,又是吐医生一身痰。最后,竟然一边踢打医生,一边叫嚷着:"给我滚开!"这位医生却淡然地说:"你叫我滚开?我是不会走的,我要好好给你治病!"

这位取得了训练师调解员资格的医生接着解释说,这类患者为了让别人体会到自己同样的痛苦,体会到自己对人生的愤怒,常常会对周围的人发起挑衅行为来激怒对方,以挑起对方的愤怒。这位患者叫医生滚开的这种行为,只是来试探医生是否是真心要挽救自己。这位患者的内心对自己被旁人抛弃怀有深深的恐惧。假如这时医生真的都离开他,他就会认为自己是一个"被抛弃的人"。所以,这时的医生要理解患者内心的这种痛苦,给他以治病的信心,坚定地对患者说:"我不会走的,我会好好给你看病!"也就是说,不管患者多么态度恶劣,都要持之以恒地让这类患者感受到自己会得到很好的治疗。

愤怒只是一种表面的情绪。不管患方有多生气，其心底隐藏的最根本的情绪是被伤害后的悲痛、苦恼和不安等，而愤怒只不过是其表现形式之一而已。医生和调解员要做的是用心倾听患者的想法，以及了解隐藏在愤怒背后的原因。这样的话，感到愤怒的患者就会慢慢平静下来，从而对医生和调解员产生信赖，积极配合治疗。

4. 关注疾病背后的社会因素

案例 3：

医生：你患牛皮癣多久了？

患者：哦，大约 15 年了。

医生：是从哪里开始的？

患者：在我读大学时，当时我处在大量考试的压力下，而且有皮肤问题的家族史；那时是冬天，我穿着厚毛衣，这似乎干扰了我的皮肤；我的饮食……

医生：不，不！我的意思是你最先注意到皮肤上的病斑是在哪里？

患者：我的肩膀和膝盖，但有时我的头皮也有问题，那是我从未……

医生：过去几年，它的进展如何？

患者：这些年都很艰难，我是说，我的工作和个人生活上都有很大的压力。我……

医生：我是问你，你的皮肤病的情况如何？

在以上对话中，患者是一位 35 岁的女性，患牛皮癣 15 年。她也曾多次去看过医生，效果都不是很好。作为 15 年的老病号，正如俗语所说"久病成良医"，她认为她对牛皮癣这种病非常了解，认为这种病与生活压力有很大的关系。可是，当她企图阐述自己的看法时，接诊医生却从专业医生的角度，采用生物医学模式，只对与临床诊断和疾病治疗有关系的生物医学内容感兴趣，对自己认为不必要的患者的谈话拒绝倾听。

本来，医患对话是"医学的声音"与"生活世界的声音"的对话。可是，在临床实践中，"生活世界的声音"常常被"医学的声音"所遮断、所压制。作为多年的老病号，来自患者的生活世界的声音自然包括对疾病的独特理解和对治疗的独特希望，而这些常常不被医生倾听和理解。叙事医学实践就是要恢复被"医学的声音"所压制的"生活世界的声音"，重新锻造身体和心灵之间的联系。[18]

利用叙事医学的技能，促进医患之间的对话，了解患者背后的社会因素，甚至家庭因素，这是治疗的需要，也是预防医疗纠纷的第一步。

三、构建实实在在的叙事技能

叙事医学强调以患者为中心，医生要倾听患者的叙事，医生在倾听中想象患者的痛苦、境遇，反思对于患者的影响，邀请患者参与到治疗过程当中，改进与平衡医患关系，面对伦理两难问题时，尊重患者和家属的选择，更好地应对医生与患者、自己、同事、社会的关系。

叙事医学有两个重要特点，一是主体的转变，患者参与其中，主角不再只是医生，还包括患者；二是治病不仅是身体上的，还有心理上的。最终达到尊重患者，医患一体，共同面对疾病的完美结局：医生和患者只有一个共同的敌人——疾病。

为什么正确的治疗却得不到患者的理解？为什么医生成为了高危行业，医生被逼成为防身术的爱好者？那是因为，医生仅局限于检验单上的数值和各类影像图片，而甚少关注患者作为"人"的反应。

叙事医学使得行医过程，变成了医生进入到患者的病痛情境中来理解患者复杂叙事的过程，变成了患者通过叙述来反映他的疾病、痛楚及各种背景因素的过程，包括家庭环境、生活习惯、行为方式等。叙事医学使医生的诊疗过程从生物模式转变为人文模式，从而使医患凝结成一个感知病痛的共同体，成为克服病痛的伙伴和战友。这就是实实在在的叙事医学。

第三节　叙事医学三要素的应用事例研究

丽塔·卡蓉在叙事医学的奠基作中，将叙事医学的3个要素归纳为"关注、再现和归属"。这3个要素表现在医疗纠纷调解中，就是要不预设立场地全盘接纳患者诉求，引导双方将诊疗过程和事件叙事化，以及修复受损的医患关系。本节将通过分析一起医疗纠纷调解事例，阐述叙事医学技能对医疗纠纷解决所产生的显著影响。在目前的医疗纠纷解决中，正是由于这3个要素的缺失，所谓的纠纷"解决"也只能是息事宁人，受损的医患关系没有修复，调解的中立性也因此深受影响。

一、来自医疗纠纷调解现场的案例

本案例来自医疗纠纷调解现场，是笔者前些年在某省医调委工作时，在省医调委调解室采集到的。大概案情如下：一新生儿，因羊水粪染、胎儿宫内窘迫行剖宫产娩出。生后无活力，行气管插管胎粪吸引，次日血游离钙0.50mmol/L，经家长同意后静脉输钙6天，后改口服钙剂治疗，血钙恢复正常。出院后发现左下肢腘窝留置针穿刺部位皮肤发青，有肿胀。后经拍片，发现两处3cm×4cm的钙沉积，于是来找医院要说法。出场的有调解员、新生儿的父亲、爷爷、奶奶，其中奶奶是位医生。

　　父亲：你是说让我们回家做热敷？

调解员：对。

父亲：然后呢？

调解员：然后的话呢，再做上一段时间，比如做上半个月，看看有没有效果啦。如果它固定了，也不会再小了，咱们再说。

父亲：在医院还是在哪做？

调解员：在医院做也行，但是呢，有个问题，她住的是新生儿病房，新生儿肺炎很多，这你妈妈也知道，她住在病房里空气也不好，对小孩也不好。

父亲：我们也没有办法呀。这到底是谁的责任？我先不说治疗。

调解员：我们现在在治疗中，没法定责。

爷爷：（扯扯儿子的衣服）走走走，走吧！（突然回头，提高嗓音，对调解员厉声道）你从头到尾就是偏袒医院，首先是说我家孩子的责任，再一个就是要我们出院，出了院，这个事情谁负责？你负责，你写个保证书！

调解员：（很激动）我让你们出院了吗？我让你们出院了吗？

父亲：（走近调解员，反问道）治疗好了怎么就知道谁的责任？

调解员：那肯定就有专家来说了。

父亲：治疗好了，专家才来说？那就有了结果？那今天我们来干嘛？就是跟你们说一下事实，我们回家治疗去？我来干嘛来着？

调解员：来这弄清楚是怎么回事。

爷爷：咱们回吧，什么也别说了，这就不是在处理问题。（拍着桌子）你不为老百姓考虑一下，光为院方辩护，你光听人家说，怎么促使我们回去？回去了这事情怎么处理？

奶奶：现在已经出了事了，我也不怕事，主要的是，想让小孩的病怎么能治好，不留后遗症，咱们怎么能好就怎么治，你说是不是？又是个女孩，肯定有损失。现在能不能迈开步，迈开腿，这也是……（相对冷静得多的奶奶也忍不住眼泪夺眶而出，哽咽失声了）你也得考虑这一点吧，你们也不能一而再再而三地说，这地方输过钙没有，那儿输过钙没有，其他的地方呢，还输过其他的液体吗？现在腿坏了，意思是不是输钙的事？说什么以前输过钙，你说的是怀疑输过其他的液体。咱们是这么说的就是这么说的，不能今天一个说法，明天一个说法，到时候一拖再拖，发生了这个事情以后，我们已经拖了十几天了。一会儿一个主意，我们也是想看看，医院有没有更好的治疗方案或者是有什么更好的医院可以治疗，能不能协商。你们想想谁也不愿意造成这样，不论是哪个人，医生也好，护士也好，我也是搞医的，谁也不愿意造成这个！

爷爷：我们都等两个多月了，还等？这可是马上就要过年了，我们全家人都耗在这，家里人都转不开。这纯粹就不是在为老百姓考虑问题吗？这跟定不定责有什么关系？（儿子和爷爷愤怒地出去了）

奶奶：走，你们跟医院穿一条裤子，我怎么跟你说？这个事情，摊到谁家，谁也着急，要是谁家摊上，心情就不一样。我们在住院期间，如果有个好态度，说话有个好话语，比如说现在医院条件不好，我们一步一步地来什么的，听了心里平衡一些。（过了一会儿）你这不是人民调解，就是叫人回去！这心里听了不舒服呢！……

调解员：说完了吧，这是在跟你们商量，我调解，就是听听他们的，听听你们的。……

（这时，爷爷进来把奶奶拉出去了）

二、基于叙事医学三要素的案例分析

1. 关注

在案例中，调解员一开始便建议患者回家做热敷，一再强调自己的主张，而不是虚心听取患方的诉求，更谈不上放空自己，不做指导、不带任何主观评价地敞开心扉去聆听。

丽塔·卡蓉这样阐述医生倾听的态度和作用：[19]

> 她在讲述，而医生在倾听，仿佛此时此刻，对于医生来说，除了患者之外其他的事情都不重要。这样的医患关系不是靠医生展示的行医执照或患者行使患者权利而决定的——医生的凝视、书写病历时手臂的摆动，以及一连串的问题，表示他听到了她的叙述，这些决定了良好的医患关系。

对医疗纠纷调解员又何尝不是这样？可是，案例中，即使在后面的调解中，身为医生的奶奶已经泣不成声了，也没有见到调解员一句安慰、体贴的话语，反而导致调解员与患方相互指责，矛盾不断升级。本来，在陷入僵局的情况下，作为同行，有着相同的职业体验又相对冷静的奶奶是最好的突破口。

2. 再现

在案例中，患方提到医院"一拖再拖""一会儿一个主意"，还有快过年了，"家里人都转不开"等，这些都是一些很好引导患方叙事的切入点，其中可能有家庭背景的原因，或者存在对医院某些方面的误解，可是，却被调解员轻易地忽视了。"我们相信再现临床经验是理解的关键一步。一旦我们经历的事情得以再现——不仅是通过言语，而且通过文类、暗喻、时间、选词、叙事形式和结构——我们就能从各方面审视这些经历。"[20]

医生从专业角度出发来判断医疗结果是否符合程序或规范，即医生专业模式；患方则主要通过自身的主观感受，或接受周围其他人的意见来看待医疗结果，即外行人士模式。[21]这两种模式之间必然存在巨大分歧，调解员的目的就是打造一个医患双方自主沟通的平台，引导双方进行叙事，从而缩小认知分歧。

在案例中，调解员一开始便建议患者回家做热敷。这句话本不应该由调解员说出来，即使要说，也是由医方说出来才对。只有引导医方说出来，才能澄清事实。可是，在当时的现场上，医方虽然也在，但基本上不说话，几乎全部由调解员来代替医方发言。这样的单向沟通，不仅不能化解纠纷，正如案例所见，还会因为怀疑调解员的中立性，而让调解员自身也深陷纠纷与敌对之中。

为什么说医院一拖再拖？为什么说医院一会儿一个主意？这里面有没有误解？这些都需要引导当事方通过叙事展开，予以一一确认。当患者说到快过年了，"家里成员都转不开"，就应该问问患方的家庭情况，看看患方情绪激动背后有无家庭因素的影响。

当一方进行陈述时，调解员从说话者的角度对说话者所说的要点进行归纳整理，使说话者感到被认真倾听而得到尊重的同时，容易促使说话者发现自己陈述中的一些错误、不合常理、不能自圆其说的认知，进而引发说话者自行修正。这正是调解员发挥重要作用的地方。

3.归属

目前我国的医疗纠纷调解仅承担着"息诉罢访"的职能，正如有些调解室的张贴所书"依法调处、定纷止争"等。这一点从案例所呈现的不积极引导医方参与对话，而是有意让医方退居幕后，唯恐双方正面交流产生冲突等方面也可以得到验证。

但是，医疗纠纷的解决并不意味着医患双方沟通的终结。从医疗纠纷调解的观点来看，发生医疗纠纷后，那种认为"只要患者不再找上门来就没事"的想法并不可取。为什么呢？因为我们不知道患者对医生本人是否还有不满的情绪，可能他再也不会去那位医生那儿看病了。经过调解后，医方不仅要挽回在患者心目中的声誉，而且要借此事件改进服务，使医患关系进一步和谐，要让患者感觉到"他仍然是我的好医生，我还会找他看病。"这才是医疗纠纷调解工作的更高目标。

三、叙事医学技能缺失对医疗纠纷解决所产生的影响

目前，我国医疗纠纷调解技能主要是对人民调解委员会调解技能的承袭，少有创新，缺乏立足于国际前沿交叉学科对调解技能的拓展，其中包括叙事医学。由于调解过程没有很好地运用叙事医学的相关技能，对医疗纠纷调解产生了一些不利影响。下面将围绕叙事医学三要素的缺失所造成的影响展开分析。

1.关注方面

由于缺乏对患者的足够关注，尤其缺少对情感诉求的接纳，常常以法律的论点来评判是非，导致调解呈现法制化倾向。

在交流中，患方通常承载着极大的精神负担，尤其是发生医疗伤害事件后，患方很悲伤或不安，一下子很难接受这一突如其来的严酷现实，通常无法冷静下来，其实这是正常现象。这就要求调解员：首先，展现愿意倾听的态度，被倾听以后患方的情绪就能够大大地缓和；其次，应该认识到医疗纠纷与其他类型的纠纷不同，要求优先关注患方情绪，情绪没有平复之前，患方是难以形成接受外界"意见"的心理态势的。

可是，在实际调解中，调解员常以法律的论点，依据辩论的输赢来决定对错，调解程

序也已经审判化了。这就是所谓的"调解法制化倾向"。这一倾向还表现为调解人员的法官化、调解室的布置也与法庭布置雷同等。这一倾向的"非黑即白"的攻防模式，必然进一步扩大双方之间的不信任和情感对立。另外，调解员严格执法的办事风格也会压制当事人自治权的发挥，使得当事人不敢畅言法律以外的要求，即使是合理要求，比如，寻求感情的慰藉、良好关系的修复等。

2. 再现方面

没有引导双方进行叙事"重构"，不利于消除双方之间的认知分歧和调解方案的选择。

很多疾病的发生，除生理因素以外，还与心理、社会因素有关。在医患关系中，医务人员往往把交往的注意力集中于对方作为患者的角色中，而忽视了患者的心理、信仰等其他方面的特质，而恰恰就是在很多患者的观念当中，患病的经历往往只是其人生经历的很小一部分，其内心世界的建构更多的来源于生活史的其他方面。医患双方关注点、信息面的不对称，容易导致一方的内心被忽视，从而导致医患之间的矛盾。在医疗纠纷调解中，调解员通过引导双方将诊疗过程和事件进行叙事化，引导双方重新建构"事实"，即丽塔·卡蓉所言叙事"再现"，患者对外的叙事表达，除具有缓和疼痛的作用以外，[22] 还可以消除医患之间的误会和认知分歧。

调解不同于法院判决，法院判决一般只能就事论事，只能针对案件本身依法形成解决纠纷的裁决，一般不考虑对纠纷不产生直接影响的、隐藏在纠纷背后的深层诉求。而调解却不然，如果固守法律思维，则无法重塑问题。调解考虑的因素很广泛，不仅要从表面上解决纠纷，更注重解决当事者的深层诉求。调解员应该在不预设立场和"空杯"心态下，引导双方展开叙事"再现"，透过故事对话发掘当事者表面立场背后的真正诉求。很多时候，双方的立场不可调和，而他们立场背后的潜在诉求却是可以调和的。这便是调解的价值所在。

3. 归属方面

医疗纠纷调解并没有着眼于修复受损的医患关系，纠纷的解决仅仅停留在定纷止争、息诉罢访上。

在长期以来"稳定压倒一切"的惯性思维模式下，不少地方形成了行政、司法、卫生、公安、保监、财政、医调委等部门通力协作，"横向到边、纵向到底的网络"医疗纠纷调解机制。该机制的目的不是提供双方自主解决问题的平台，而是以"拦、堵"为要务，抑制国民正当的利益诉求。在这一机制下，所谓的医疗纠纷"解决"并没有注重解决当事者的深层次矛盾，包括情感方面的诉求，被破坏的社会关系并没有得到修复。

广东省人民医院的陈仲伟事件就是一个例证。陈仲伟被砍 30 多刀，行凶者随后从 18 楼跃下身亡，这是怎样的深仇大恨？按照常理，25 年前做的烤瓷牙，谁还会记得是哪个大夫给你做的？这说明当时就有医患矛盾了，后来之所以没有重视，当然是以为纠纷已经解决了。今日观之，当时的不稳定因素并没有得到化解。即便是现在，很多的医疗纠纷解决办法在很大程度上也只是治标不治本的权宜之策。

从现代调解理论来看，没有当事者参与的纠纷调解是不可能真正解决的。如上述案例所见，有些医院把纠纷转移到医调委后便基本甩手不管了，让医调委代替医院来处理这些纠纷。这样的纠纷"解决"只能是息事宁人，修复受损的医患关系更是无从谈起。

总之，叙事医学三要素体现在医疗纠纷调解中，就是要对医患双方进行人文关怀和修复受损的医患关系。调解员要专注于医患双方的叙事本身，带着谦卑、接纳的态度去聆听医患双方的叙事，避免受到先入为主和定势思维的影响，避免站在专家的角度做出价值判断。否则，纠纷即便解决了，也只是息事宁人，不仅不能修复受损的医患关系，调解的中立性也会因此丧失殆尽。

第四节　叙事医学技能在术前准备中的应用

目前，我国医疗纠纷发生数量仍处于增长阶段，而手术治疗的外科科室是医疗纠纷的高发区、危险区，[23]其中因术前准备不充分发生的医疗纠纷占相当大的比例。本节将探讨叙事医学在术前准备中如何关注患者的需求，真正进入患者的内心世界，这无论是对提高手术治疗的安全性，还是降低医疗纠纷的发生率都有着十分重要的意义。

一、在手术准备中缺少对患者需求的关注

手术是外科治疗疾病的主要手段，其完整流程包括术前准备、术中监护与技术操作、术后处置等3个重要环节，其中，术前准备是整个流程质量的基础。一次成功的手术，完全可能毁于术前准备的不足。

目前，我国医院开展的术前准备，主要包括访视、评估、谈话三部曲。术前访视由巡回护士执行，主要有以下两个目的：①增强与患者的信任。掌握患者的主要病情及一般情况，与患者会面，介绍手术室环境，减轻患者的陌生感和不安，缓解焦虑，[24]使患者处于手术前最佳的心理适应状态；交代术前注意事项，使患者了解有关知识，以配合手术，包括手术大概所需时间，介绍施行麻醉、手术时的体位配合，术中可能出现的感觉，等等。②作为手术室整体护理工作的重要内容。[25]收集资料，了解病情，预测术前、术中可能出现的护理问题，为此做好在术前、术中、术后采取相应护理措施的思想准备。

术前访视由麻醉医生执行，主要目的是为实施麻醉创造有利条件。获得患者病史，注意与麻醉有关的疾病，掌握麻醉适应证和禁忌证，签署麻醉知情同意书。

术前评估则一般由麻醉医生来进行，是对患者的各系统功能状态进行整体分析和评估的活动。配合做好各种辅助检查，整体把握患者全身的基本状况，包括心、肝、肺、肾、内分泌、血液、营养等系统功能的现状。[26]对较容易引发严重不良反应或并发症的关键指

标进行归纳汇总，更好地根据患者基础状态进行个性化的管理，有助于预防和发现重要器官并发症的临床证据，为临床安全保驾护航。

术前谈话通常是在手术方案确定之后或者手术前的一两天，将病情做个回顾，让患者知道手术的必要性、风险性，了解医院对于手术风险具备的抵御措施和相关能力；引导患者说出对手术存在的顾虑及如何配合等要求，并根据具体情况有针对性地给予解释和说明，安慰并鼓励患者，以消除患者对手术风险的恐惧心理。[27]

从以上论述可以看出，在做出手术决定之前，与患者接触的多是麻醉医生或者护士，而不是对手术做出综合决策的主刀医生或者主管医生。尤其是在综合性大医院，主刀医生一般是一位非常厉害的医生，通常是不跟患者接触的。而麻醉医生在麻醉评估的时候，对术后康复的考虑是短板，经常是不去做评估的。外科医生又忙于手术，只关注"病"，而不去关注这个"人"的问题。也就是说，在做出手术决定之前，医生通常只注重对患者生物学指标的评估，很少结合患者的经济、社会、心理等因素，认真考虑患者对医疗的真正需求是什么。

二、在手术准备中对患者需求关注的意义

患者在情感、心理、社会等方面的个性化需求，往往被认为是医学以外的问题。所以，很多的外科医生不去考虑它。大部分谈话也不会涉及，只谈手术需要多少钱、耗材多少钱、手术后的并发症是什么。在这一状态下，患者是没有主观性需求的。因为手术指征是医生掌握的，手术并发症也是医生考虑的问题。如果患者不能提出自己的主观性需求，医生也就无从知道患者术后达成的这个结果是否符合患者的要求。这就是很多医疗纠纷产生的原因。

还有一种现象是经常被医生忽视的。患者对自愈的参照物是以自己状态良好的时候作为参照物的。也就是说，他摔了一跤，骨折了，躺在床上不能动了之后，他是以没有摔跤之前作为参照物的。而医生是不同的，医生的参照物，是患者来医院的时候已经摔了一跤，你是患者，作为医生当然是要帮你把脚看好，帮你把骨折接好。你比来医院的时候好，医生就觉得已经有效果了。但是，患者的参照物与医生的参照物是不同的，患者是要恢复摔跤前的行动能力。这就造成了对治疗效果评价的意见分歧。

其实，手术只是医疗流程的一个部分，手术只是解决骨折，而医疗的目的是要努力恢复术后的行动能力，不能只停留于解决骨折问题。手术后家属的关心和辅助活动对患者的恢复至关重要。所以，必须在术前就家属对患者术后恢复的支持态度和配合力度进行评估。

现在，很多医生只管给患者开药，至于患者回家后吃不吃，能不能真正起到作用，会不会有什么不良反应，他就不管了。至于手术医生，则很少去评估患者及家属对治疗的配合力度，以及对术后康复是否愿意付出精力。更有甚者，现在有很多医生养成了一种惯性思维，看到患者后老想着能运用什么技术，[28] 而不从患者的利益出发，不去切实评估患

者对医疗的真正需求是什么。一味使用高难技术，只因为它们新或者收费高，甚至只因为自己擅长。胡大一教授曾经和大家分享过一个案例：某医院院长要求医护人员不但要钻研专业医学技术，还要懂经济。早上查房时，先到出院处看看患者还剩多少钱，还够做什么检查，一定要让患者把钱花光了才能走。[29] 这些都是医院长期逐利创收体制遗留下来的恶果。

在医疗技术日益发达的今天，医院不缺检查手段，不缺判断检查的技术能力。但是，生命的价值不只是在脏器层面。患者的价值，更应该从他自己的内心去评估，从患者的社会层面去洞察患者的价值取向和对医疗的真正需求。而这些是通过任何检查都无法带给医生的。[30] 一位80多岁的老教授，有稳定的心绞痛。虽然很多医生都劝他做搭桥或者支架，但他明确表示不愿意做这些，希望只接受药物治疗。他认为：自己已经80高龄了，接受支架后需要长期吃阿司匹林、氯吡格雷等抗血小板药物，要是万一出血，风险更大。[31] 因此，医生必须谨记，在治疗时，要以患者为中心，不能一厢情愿的强加一些治疗意愿给患者。而应该反过来想想：患者真正需要的是什么，努力把该做的事情做好，千万不要在患者身上做一些不需要做的事情。

三、叙事医学在评估患者需求中的应用

丽塔·卡蓉提出了"叙事医学"的概念。叙事医学是用叙事能力来实践的医学，指对患者的故事进行认知、吸收、阐释并为之感动的活动。医学面对两组不同的征象：一组是客观的生理与病理指征，另一组则是主观的，是患者因为疾病改变了社会、心理角色后，所带来的情感变化，以及所隐含的观念、信仰。所以，医学需要两条腿，一条是技术，一条是人文。叙事医学正是一个极富人文关怀和情感魅力的领域，将在很大程度上推动医学人文走向临床，进一步弥合技术与人性的鸿沟。[32]

患者的叙事提供了一个全方位了解患者和疾病的框架，这些关于患者的机体、心理、社会等信息包含着大量隐藏着、意想不到的治疗潜能的信息，其重要程度并不亚于生物学指标的检测报告，而且还能让患者感受到医生对患者个体生命的尊重，从而让患者在身、心、灵层面更积极地配合医生的治疗。

医生只有真正进入了患者的心理世界，方能把握患者对医疗的真正需求。医生在掌握一定的叙事医学技能后，引导并解读患者的故事，从中挖掘患者的真正需求，设身处地地为患者寻求最佳的治疗方案，而不受经济利益和腐败思想的驱使，[33] 履行好自己的医疗职责。

以下用老年人髋关节置换手术为例，来展开对叙事医学在术前准备中运用的讨论。这种骨折的病人多是75岁以上，行动能力受限，多重共存疾病的高龄患者。对于这类患者，需要从老人对自己生活的期望值、身体功能的基本状况、慢病控制的能力，以及家属的经济承受意愿、对老人的关注度、对术后恢复的配合力度等方面进行评估。

老人骨折之后，保守治疗只能躺在床上，幸运的可能等 3 个月或者半年后畸形愈合。然而，大多数骨折老人可能因为卧床导致的基础性疾病而死于肺部感染、肺栓塞等。高龄老人的髋关节骨折，并非没有积极的医疗手段，抓紧时间给予髋关节置换手术是比较积极的措施之一。

比如，关于洞察老人对今后生活的期望值，医生不可能这样去问患者："您愿意在床上躺 3 个月，最后死于并发症？还是愿意上手术台搏一搏，争取康复的可能呢？不过，上手术台也有永远醒不过来的可能哦。"像这样赤裸裸地询问是不妥当的，需要运用一定的技巧做出彻底的沟通。这就需要利用叙事医学的方法引导患者讲故事。

高龄老人对生活的期望值很不一样。有些老人生活条件优越，对于治疗疾病，只求彻底、快速，不计任何费用问题，但很在乎个人的舒适感受。有些老人非常固执地抗拒任何手术，对于生命的长度并不在乎，口口声声说"活够了"。有的子女想要老人做手术，而老人觉得手术太痛，表示死了算了。有些老年患者因为太痛，不得不考虑手术，但对术后的下床活动能力要求不高。

就家属对老人的关注度而言，对于高龄老人的抢救，有的家属非常积极，医生不希望家属过于积极，家属还是很积极。这其中，有些是做给亲戚朋友看的，为了不让别人戳脊梁骨。也有一些子女很有地位、很有钱，借助经济上的一些开销来表达对老人的关注。当然，也有一些其实是希望老人不要吃苦。

关于经济承受意愿。因为髋关节置换手术需要几万元的手术费用，一些农村的老人极其节俭，为了儿子一个眼神，宁可死都不愿意在治疗上多花一分钱。[34] 一些有经验的医生会评估出某些很敏感的、将来可能会诱发纠纷的因素。比如，子女中只有一个有钱的，有钱的那个子女又不主张进行积极治疗。治病的钱是几个子女凑起来的。那么，这样的患者去做相对比较贵的关节置换术，如果术后效果不理想，而照顾患者的又是相对来说没钱的子女，术后出现纠纷的风险就会比较大。

关于慢病的控制能力。可以这样问：你有多少种常用药？老人的常用药通常会有好几种。有的老人会拿出一袋药来告诉你：这种我怎么吃，那种怎么吃，吃了几年。这个月量了几次血压，每次血压是多少。从这些信息可以看出：这类老人，一般来说，他的思维清晰，有主动的诉求，会管理自己的药物。那么，他也可能是比较容易接受手术的一类老人。有些农村的老人，不知道他的药叫什么名字，半颗药说了老半天，对自己的慢病情况经常是有一段没一段地告诉医生。如果他的子女对他拿出药来的这个状态，看也不看，不太关注的话，说明这一类老人和家属对术后恢复的配合力度相对比较低。

关于老人身体功能的基本状况，可以经常提的问题是：您最近 5 年里住过几次院？对于这个问题，老人们会有各种各样的回答。有一些老人思维比较清晰，能够说出哪一年为什么住院、哪一年为什么开刀、在哪家医院，然后手术后什么状况，说得非常有条理。从这些可以看出老人的知识度和身体功能的基本状态。也有些老人干脆讲不清楚，告诉医生好像去年做过两次，今年也做过两次。那么，从老人高频率的住院就知道他的失能状况是非常明显的。

也有一些老人会在回答这个问题时，发一些牢骚，比如说这一年我的子女陪都没来陪我啊，我开完刀之后怎么样怎么样。那么，医生从中可以听到很多的信息。有些老人永远只有护工照顾，即使他是高级工程师。从这些信息可以看出患者家庭对术后恢复配合力度的大小。术后患者需要反复锻炼行走能力，家人付出的关心和协助一般比聘请护工更能达成效果。如果没有足够的人力来做这件事，任由患者在床上躺着不起来，那么，手术效果再好，切口和创面愈合再好，也是白费。所以，空巢老人做这类手术是不适合的。因为术后没有人来帮他，希望他恢复活动几乎是不可能的。

还有，可以问：在这次受伤之前，您能不能独自外出买菜？老人们会有不同的回答，比如说，我都是拖辆小三轮车出去买菜，或者是子女把菜给我带过来，或者是我有个阿姨帮我烧菜，我完全是做不动的，或者是老人根本说不清楚。各种表达其实都在提示这个家庭的状况。如果子女们都经常来医院，那么，子女在术后护理老人的配合力度就会高。但是，如果老人的子女本身言语过多的话，术后如果出现并发症，他的子女又有四五个，就不太好应对了。这些医生都应该评估出来。大致说来，问 10 个左右的这类问题就可以给患者的家庭环境做出一个比较全局性的评估。

一般来说，作为一个善于观察的、有一定叙事医学技能的医生，在与老人聊上 10 分钟、20 分钟之后，就会对老人的诉求、家庭环境、经济环境、人的愈合能力、慢性病的控制等有一个整体的了解。

有些临床医生不再"临床"，只注重患者的生物学指标，忘掉了医疗行为应当基于患者的需要，忘掉了告知在复杂生命体实践中医疗技术的有限性，忘掉了人文的关心与帮助仍是医学与医生存在的根基。

叙事医学同时运用技术与人文两条腿行走，综合评估患者对手术的理解力和家属的陪伴力，满足患者个性化的需求，改良手术预后，让患者重回有质量的人生。对于一个愿意合力付出、愿意承担风险的患者和家庭，患者重新康复的机会就会大得多。所以，每一个医生只有很好地掌握了叙事医学的基本技能，才能做好这一场关于信任和付出的评估。胡大一教授曾经说过："时时考虑患者利益，一切为了人民健康，这才是医学的真正目的，也是医生的价值所在。"[35] 作为一个好医生，应该技术与人文并重，从应用叙事医学技能对患者的术前评估开始。

第五节　叙事构建患者的自我认同

患者生病以后，容易产生自卑、焦虑等情绪，从而影响患者的自我认同与自我价值感，尤其是罹患严重疾病的患者，由于对疾病的恐惧和愈后的不确定性，或者性别特征的受损，患者很容易出现自我认同及社会角色的紊乱。而医疗纠纷产生的一部分原因在于：医务人员大多遵从客观事实，患者大多从自我认知，包括自我认同出发面对纠纷，因而往往难以达成一致意见。

患者的个人叙述与详细记录的病史同样重要，它为患者在特定的人生时期内的身份认同、健康状况和治疗方向提供了重要的见解，这点常常被医务人员所忽视。医务人员通过对患者叙述的倾听，走进患者内心，理解患者痛苦，让患者感受到医务人员对自己的鼓励和关怀，降低患者的负面情绪，增加患者的自我认同和自我肯定，进而让患者以积极的态度应对疾病的预后和漫长的康复过程。运用叙事技能，将过去、最近发生的积极事件迁移到现在及将来，能够帮助患者重塑自我认同和生命意义，增强患者自我管理能力，从而改变医疗结局。

一、自我认同的 4 个层面

人类的大脑天生热爱叙事。比起面对其他信息，人类的大脑在聆听故事时有别样的反应：感觉运动区会更活跃，仿佛身临其境。故事不只点缀我们的生活，它与我们有着更为深刻的关联。每一个人都在不断地编纂着一则故事，用它来回答"我是谁"的终极提问。这种叙事，被美国心理学教授丹·麦克亚当斯（Dan P.McAdams）称为"生命故事"（life story）。他认为生命故事就是人们的身份认同（identity）。[36] 他还认为：塑造自我认同、撰写自己的生命故事是贯穿我们一生的工作。[37]

英国著名的哲学家与社会学家吉登斯在《现代性与自我认同》一书中，将"自我认同（Self-identity）"定义为"每个人对其个人经历进行反身性理解而形成的自我概念"。[38]在后现代社会，个体通过内向力，通过内在参照系而形成自我反思性，并由此形成自我认同的过程。在吉登斯看来，在后现代语境下的"自我认同"至少包含以下几个层面：[39]

第一，自我形塑着从过去到可预期未来的成长轨道。个体依据对未来的预期而对过去的生活经验进行"筛选"，并经由此"筛选"过程而对过去的经验进行再构建。通过自我对生命周期各种阶段的认知的再建构，使自我的发展轨道具备连贯性。

第二，对自我的反身性思考是持续性的，也是无所不在的。个体会在每时每刻，或至少在有规律的时间间隔内，依据正在发生的事件对自我进行质问。

第三，自我实现的道德线索是真实的，其基础是"体现真实自我"。能够真实地行动，不仅是在尽可能有效和完善的自我知识的意义上采取行动，也意味着使真实的自我从虚假自我中解脱出来。因为，体现真实自我意味着去发现自我，这有助于去主动地建构自我。

第四，自我发展的路径具有内在参照性，关键的参照点"来自内部"，即生命轨迹本身。作为真实自我成就的个人完整性，来源于在自我成长叙事内对生命经验的整合，这是一种个人信仰体系的创建过程。

二、生病后的自我怀疑

罹患疾病后，人力与财力被消耗，个体则会感觉到失控，被隔离在熟悉的世界之外，有时还要遭受道德上的非议，导致社会关系紧张与断裂等负面影响。同时，在编制生命故事的过程中，自我的同一性遭到破坏，对认知的自我所抱有的一种持续的、稳定的认同感突然坍塌，从自我认同转变为自我怀疑、自我否定。

首先，生命故事开始脱离既定的轨道，甚至翻车。生病后，身体不舒服，人会变得脆弱，影响到日常生活。当人体的形态或功能发生了一定的变化时，会导致正常的生命活动受到限制或遭到破坏，而这种状态的结局可能是长期残疾，甚至导致死亡。人往往在生病的时候，才想起健康的重要性，怀念起往昔的健康生活。

其次，虽然也不断地进行着生命故事的自我形塑，但这一建构过程常常是自艾自怨，自怜自叹的。下面是一位女生的患病日记：

> 生病的时候心情很不好，会胡思乱想。生病了只能躺在床上，不能吃好吃的，得戒口，没有精神去玩，去工作。只能躺着睡觉，但不能24小时一直在睡啊！睡着了还好，醒了的时候就只能干想："为什么我会生病啊？我会不会死啊？怎么身体这么弱啊？我还这么小，我还没有生孩子呢……"

再次，生病往往使人体验到一种平时体会不到的世界，而这往往使患者怀疑这还是不是"真实的自我"，对生命的无可掌控感溢于言表。一位二十几岁的肿瘤患者写道：

> 我很害怕，害怕一不小心就要离开这个世界，所有的东西我都看不到了，所有想做的事也做不了了。深深知道自己的身体有多么的不健康，但也只能每天锻炼身体安慰自己，满面笑容地相信自己。当然，更多的时候是怀疑自己：这还是以前的我吗？说起来还是不够乐观。我很害怕。疾病的世界里，什么都要自己来承担，谁也不能依靠，什么安慰的话都被自己的身体和心理否认了，我觉得这是最痛苦的地方。

最后，疾病对正常的生活、家庭、社会角色、自尊、身体形象等造成了相当的破坏，以前随时随地的"我想……、我要……、我能……"的自主意向性受到极大的限制，于是"我行不行……、我要不要……、我能不能……"成为患者考虑的现实问题，失去了对人生的坚定信仰。一位患者说：

> 这病大概是半年前发现的，从那个时候开始，我总是怀疑人生，怀疑我自己的能力，怀疑我存在的意义。

生病后，患者的工作强度肯定不能太大，常常不能再从事原有的工作，将丧失部分或全部经济收入。一旦得了重病，患者通常需要接受长期、复杂的药物或手术治疗。这些治疗的过程使得患者不仅要忍受极大的身体折磨，还要承受沉重的心理负担，同时，可能至少需要一位家人放弃工作长期陪伴。家人也会因为陪护而影响到正常的生活和工作，经济收入也会受到严重的影响。用一句话总结："有些事情发生在别人身上是故事，发生在自己身上就是事故"。

这种种的不确定性和危机感造成了患者心理的紧张和不安全感，患者难以从中找到自己人生的准确定位，甚至丧失了自我。一位学者写道："理想状态下，一个人的一生应当是一个内容彼此关联且连贯的故事，所有的细节都得到解释，所有（或尽可能所有）的内容都能找到彼此之间的因果关联，或者有其他类型的关联。"[40]

三、叙事在患者自我认同中的作用

人生故事，是我们把自己和别人区分开来最重要的特质。我们对生活的意义感，源自对自己人生故事的理解，故事影响着我们怎么看现在，怎么预测未来。引导患者开展叙事，就是要把断裂的、散落的生活经验重新编制成一个前后连贯的、体现自我价值的人生故事，即回归自我认同。

叙事作为一种重要的解除自我认同危机、促进自我认同的途径，其作用主要表现在以下几个方面：

1. 提供了对话空间和反思自我的机会和前提

叙事经常与人类的自我反思相关联，在讲述故事时，人们会有意识地自我审阅。在叙事过程中，动态建构的叙事为患者的自我反思提供了机会和空间，为发现和解决患者的自我迷失提供了可能。针对患者的叙事，能够促进患者自我反思的发生，而与医生或者调解员的交谈，则使得患者能够以开放的心态、多视角地重新审视自己，在治疗中更好地认识自己和定位自己，从而建立积极的自我同一性。

2. 在叙事过程中克服自我认同危机

叙事疗法是一种心理学的治疗方法，主要分为 3 个步骤：问题外化、解构和重构。叙事在治疗患者的自我认同危机中，大致也可以分为这 3 个步骤。

首先，叙事提供了一种问题外化的机会和平台，使得患者愿意去剖析自我。我们通常意义上所说的"病人"，是把疾病和人混为一谈，即人与病是没有边界的，是模糊的、混沌的，人与病是一体的。当我们拒绝与问题合作，将疾病外化以后，"病"就与"这个人"分开了，就会让患者有机会远距离地去观察这个疾病，让问题具象化。通过在叙事中逐步将问题与人剥离出来，让人离开问题的控制范围，也能够恢复患者对生命的掌控感。

其次，解构就开始发挥作用。患者的生命故事，远比他呈现在我们面前的那个单一的生病的故事要丰富得多，一个人的情绪与行为，是受到他背后所植入的那些文化、价值观、信念、规条、社会文化等影响的。探寻患者情绪和行为背后的社会文化脉络的过程就叫作解构，也就是去探寻情绪和行为的社会文化意义，探寻那些价值观是如何植入的过程。在患者认识到导致自我认同危机的因素之后，叙事就能够丰富患者对自我多元面向的理解，进而起到帮助患者抛弃原有的错误认知，消除根植于固有认识的刻板印象，为新想法的注入提供可能。

再次，就是重构自我认知的阶段。其实，新的自我认同形成的过程，隐含在例外事件的探索过程当中。通过对例外事件特殊意义的挖掘，隐含的新的自我认同就慢慢地展现出来，让患者发掘自己存在的意义，明白自己作为病患的角色和责任。在这些思考之中，患者会对自己的定位进行重新审视，接纳经过慎重思考之后形成的新的认知和定位，从而建构出新的自我认同。

3. 在实践中进行验证并通过循环的叙事来强化正确的认知，坚定正确的人生信仰

叙事是不断发生的，患者的自我认同也是一个不断建构的过程。当自我认同再次产生危机时，还可以通过叙事进行更新和再次建构。叙事不仅提供了重构的可能性，也提供了不断完善自我认同的条件。在这样的动态循环中，自我认同就能不断得到修正，从而更加完善。

总之，生命故事是患者经历中持续展开的重要记忆，以及关于这些经历的解释，患者从中获得生活的一致性和目的性，并在其中建构过去、体验现在、期待将来，促进自我的连续、统一与整合。

叙事建构的过程也能促成医务人员自我反思和自我成长，医患相互温暖，彼此塑造，就会产生一种连锁波动反应：患者的故事融入医务人员的生命，借由医务人员之手去照耀患者未来的生命，也使得医务人员守护健康和回应疾病的能力得到了加强。

第六节　利用叙事医学技能提高患者的依从性研究

患者可能是由于对自身的疾病认识程度不充分，或者在诊疗过程中可能面临很多矛盾需要反复权衡，在治疗过程中易表现出依从性较差。如何通过充分的沟通知情，同时结合患者的实际情况，尽量做出对患者最适合的诊疗决策，提高患者的满意度和就诊依从性，有效降低治疗中纠纷事件的发生，达到最终改善患者健康结局的目的？在本节中，将尝试运用叙事技能与患者妥善沟通，以提高患者的治疗依从性，并减少纠纷。

一、资料来源

当今世界，人类正面临糖尿病的威胁，糖尿病患病率呈持续增长趋势。发展中国家更

是糖尿病发生的重灾区，根据中华医学会糖尿病学分会的流行病学调查数据显示，在 20 岁以上的成人中，糖尿病患病率高达 9.7%，糖尿病前期的患病率高达 15.5%，主要以 2 型糖尿病为主。从 2007—2017 年，我国糖尿病前期及糖尿病的患病率是稳步上升的，而且我国糖尿病未诊断率较高，均在 55% 以上。此外，我国糖尿病的治疗率和控制率均不理想。[41] 如何提高患者的依从性，合理建构医患治疗同盟是当务之急。

在本研究中，选取了 2021 年 6 月 1 日至 8 月 30 日于广东省第二人民医院内分泌科住院的 2 型糖尿病患者共 143 例，筛选其中存在依从性较差且注射胰岛素的患者共 94 例为研究对象。本研究经医院伦理委员会审核批准，研究对象均有完整的病史资料并签署知情同意书。

依从性是指患者的行为与医嘱的一致性。在本研究中，将未遵医嘱监测血糖和定期复查，自行停药，未按医嘱规定的时间、次数、剂量注射视为依从性差的表现，但不包括忘记注射及未按要求正确储存胰岛素等行为。根据依从性差的表现，大致可以将这 94 例患者分为三大类，其中不明原因拒测、拒诊的患者 21 例，占 22.3%；始终放不下患病心结的患者 36 例，占 38.29%；认识不到病情恶化的严重后果，我行我素的患者 37 例，占 39.36%。

二、初期研究

从上述 3 类样本中每类随机抽取了 4 例，一共 12 例患者参与初期研究。为了获知受试者依从性差的原因，采用受试者填写问卷调查表"您对注射胰岛素为什么有抵触情绪"后，由主管医生针对受试者在问卷调查表中勾选的问题进行面谈沟通，以期提高受试者的遵医行为。所有调查问卷均要求受试者独立填写，不受周围人群影响。

该问卷调查表一共包括 30 个问题：① 手续太烦琐；② 害怕打针；③ 看见针状的东西就害怕；④ 因为要打就必须打一辈子；⑤ 一天要打好几次针，很麻烦；⑥ 害怕出现低血糖；⑦ 边打针边移动非常麻烦；⑧ 讨厌监测血糖值；⑨ 因为需要请家人帮助打针，所以不想给家人添麻烦；⑩ 听别人说过"要尽量避免注射胰岛素"；⑪ 注射胰岛素只是最后的治疗手段，不到万不得已不能用；⑫ 注射胰岛素意味着病情已经很严重了，如果早早用上了，害怕将来病情严重时无计可施；⑬ 注射胰岛素就表明糖尿病已经不能治疗了；⑭ 听说打胰岛素就是意味着没有好好治疗；⑮ 因为打了胰岛素，胰腺就不能正常工作了；⑯ 如果注射胰岛素，糖尿病病情就会恶化；⑰ 胰岛素对身体有坏处；⑱ 打胰岛素让人觉得很悲哀；⑲ 打胰岛素会形成对胰岛素的依赖；⑳ 亲朋好友对我说"千万不要打胰岛素"；㉑ 我不想让其他人知道我有糖尿病；㉒ 注射胰岛素生活受限，活动范围就窄了；㉓ 在别人面前打胰岛素很难为情；㉔ 外出时也要注射，很不方便；㉕ 与朋友交往会变得很困难；㉖ 一想到不依赖胰岛素就无法生存，就觉得自己很可怜；㉗ 会让自己感觉变成了毫无用处，和普通人不一样的人；㉘ 为了尽量不打胰岛素，我努力控制病情；㉙ 打胰岛素费用高；

㉚ 其他。

经过主管医生面谈沟通后，12例患者中有5例依从性有明显改善。这5例患者，在上述三大类中，分别为不明原因拒测、拒诊患者1例，认识不到病情恶化的严重后果，我行我素的患者4例。初期研究表明，根据问卷调查表所掌握的受试者相关情况，有针对性地进行沟通与宣教，对认识不到病情恶化的严重后果、我行我素的患者改善效果明显。针对这类人群，使用通俗易懂的语言、图片或实例，通过耐心细致地讲解，并要求患者对教育内容进行简单的复述，使他们能够较为完整地掌握与理解糖尿病相关知识，对提高这类患者的依从性有显著作用。但是，对于需要深究其背后原因的"不明原因拒测、拒诊患者"，以及"始终放不下患病心结的患者"改善效果不佳。

三、叙事医学实践

接下来，将依从性仍未见改善的7例患者转入利用叙事医学的方法进行研究。叙事医学作为一门新兴学科，连接着两个世界：一个是医生的世界，一个是患者的世界；一个是被观察、记录的世界，一个是被体验、叙述的世界；一个是寻找病因与病理指标的客观世界，一个是诉说心理与社会性痛苦经历的主观世界。[42]让医生尽最大努力接近患者体验的处境，让患者作为一个有尊严的人完整地显现和充分地参与。

在本研究中，由主管医生、科室护士、实习医生及叙事医学的理论指导者组成治疗小组：主管医生负责亲自实施既定的研究步骤；科室护士负责监测与反馈实施的效果，并为患者参与研究提供支持；实习医生负责事务联络，资料的收集与整理；理论指导者负责指导研究计划、实施步骤的制定，组织协调各个研究步骤，以及全面评估研究成效。治疗小组试图通过引入叙事医学，让患方认识到，糖尿病既是一种慢性病，也是一种生活方式，充分理解患者的心理需求，尊重患者的个体化差异，让患者宣泄心中的郁闷，消除其顾虑或者自卑感，提高自信心。

1. 在接诊谈话的开场陈述中引入叙事医学实践

在本研究中，医生并没有向患者理论性地解说什么是叙事医学，而是直接将叙事医学方法介入到日常性的诊疗谈话中。

医生在阅读患者的诊疗记录后，把患者叫到诊疗室，花二三分钟与患者交谈，想象患者的背景，构筑与患者相适应的各种各样的开场会话。这个过程类似于结构式家庭治疗中的"介入（joining）"技巧，就像心理工作者进入治疗对象的家庭那样，重在建立关系。[43]治疗者成功进行"介入"的关键，不在于"如何正确地传达医学信息"，而在于患者承认"我（医疗者）是你的理解者，是你的协助者"。也就是说，构筑能让患者感觉到"能遇到这样的大夫真好！"这样的医患关系是最重要的。

医生应该努力做到，根据患者的不同身份灵活多变地进行开场陈述。通过医生的这些努力，最初露出戒备心的患者也会逐渐敞开心扉。以下是本研究使用的开场陈述范文。

糖尿病的表现每个人都不一样。主要分为胰腺的胰岛素分泌低下为主，即胰岛素绝对不足的1型糖尿病和肝脏、肌肉等器官对胰岛素的作用的敏感性降低，也叫胰岛素抵抗的胰岛素相对不足的2型糖尿病两种情况。

首先必须明确的一点是，类型不同，其用药和营养治疗的要点也都各不相同。选择对您的病情最有效的药物当然也很重要。事实上，比起使用什么药物更为重要的问题是，您的治疗态度、您的生活方式，以及社会和家庭对您治病的支援程度等。比如，您是上晚上班的，还是只上白天班的？您是一心扑在工作上的工作狂？还是只是个家庭妇女？家庭成员能在多大程度上帮助您？您的婚姻状况、家庭结构是怎样的？以上这些情况都将大大左右治疗效果。进一步说，糖尿病这个病，更是一个患者自我管理的病。对于自己的健康，您把它放在人生的什么位置？您是一个对生活豪放的人，还是一个生活态度比较严谨的人？关于您的生活信念的这些内容，我能在多大程度上了解？都将影响着能否制定出最适合您的治疗计划。我说的这些，您能明白吗？

糖尿病的治疗有五大基本原则，又称为"五驾马车"，就是：营养治疗、运动治疗、药物治疗、血糖监测和健康教育。它是涉及您的整个生活方式的比较大的工程，这样疾病才能得到理想的控制。有的患者一再承诺"我要从明天开始戒酒""我要每天步行1万步"，但迟迟没有付诸行动，作为医生，我们也不会放弃这样的患者。

我们不会放弃任何一位患者，让我们一起共同面对这个困难，医生不是旁观者。我们希望提出符合患者切身利益的治疗目标和治疗计划，帮助每一个患者实现带病的理想人生。所以，请不要客气，把您的希望、想法尽管说出来。只有这样，才能提出适合您的治疗方案。现在，请您把您的情况详细介绍给我听吧。

2. 病例记载中的叙事医学实践

病历作为记录医疗活动资料的总和，记载着问诊、查体、诊断、治疗等重要医疗活动。在这些环节所开展的叙事医学实践，无疑必须在病历中有所体现。在记录病历时，叙事方法使用的要点如下：

（1）通过采集病历听出"故事"。既往史、现病史，不过是患者过去的记录。但是，在这个过程中仔细聆听的话，可以编织出患者的人生故事。每名患者的背后，都有一个触动心灵的故事。作为医护工作者，应该去了解、去倾听，从而使临床医学充满温情，让医学生和医护人员敬畏生命、关爱患者。

也许有些医护人员会认为"我们没有时间听得那么详细"。但是，如果熟悉了这一过程，绝对是不需要很长时间的。而且，通过细心地跟踪患者的故事，也能够构筑与患者之间的深厚情谊。重要的是，作为听众的我们，不仅把焦点放在患者的疾病上，还要经常保持"这个患者现在过着一种怎样的人生"的好奇心。并且，通过对患者的谈话坦率地发表感想，进一步促进与患者的深入交谈。

（2）置身于患者的生活世界。在与糖尿病患者的接诊中，尽可能围绕下列问题引出患者活灵活现的日常生活：①患者生活在怎样的家庭氛围中？从事什么样的工作？喜欢的食物有哪些？认为生活中什么才是最重要的？②患者到现在为止走过怎样的人生？③他（她）现在在多大程度上感到幸福？

这样的信息，乍一看似乎与糖尿病的治疗没有多大关系，其实是很重要的。在第一次的面谈中，了解了患者的生存环境基本情况后，要实现"以患者为中心"的诊疗就变得容易了。总之，在采集糖尿病患者的故事时，一边把自己置身于患者的生活世界，一边考虑着患者的治疗计划，这是最为紧要的。

（3）病历书写的要诀。现在，电子病历已经相当普及了。本研究提倡医生最大限度地利用电子病历便于记载的特性。在电子病历的患者记录页面，开头通常有记载"问题清单""既往史""家族史""职业""嗜好""家庭成员构成""日常生活""现病史""眼科治疗经历""上一位医生的处方内容""低血糖的有无"等栏目，尽可能将这些信息以叙述方式来记载。特别是在"职业""家庭成员构成""日常生活"等栏目中，尽可能详细地记述患者的生活。此外，关于对患者人生产生巨大影响的事件，设置了"生活中的事件"这一栏目，按时间顺序进行追记。

在接诊患者前，先浏览一下这些信息，把患者理解为"一个全人（全人视野）"之后再开始诊疗。像这样，经常性地在患者的整个人生旅途中加入带糖尿病生活的视野，就能够不被生物医学模型所束缚，保持着生活与治病的平衡。对待患者的全人视野（生物心理社会模型）在糖尿病临床中是非常重要的。

3. 诊疗中的叙事医学实践

本部分的叙事医学设计主要参考了 Trisha Greenhalgh & Anna Collard 所著《基于叙事的医疗保健：多专业故事分享手册》[44] 一书。

（1）患者的分享性叙事。在治疗小组的鼓励和引导下，邀请患者填写"患者分享性叙事表"，该表一共列有以下 10 个问题：①给您与糖尿病相遇的故事起个特别的名字吧？（比如"过早的糖尿病""真不愧是晴天霹雳""心里很清楚内心却无法接受的事实"等）；②您认为您患糖尿病的原因是什么？③您认为您的糖尿病是因为什么、怎么样、从什么时候开始的？④当您知道您患的是糖尿病的时候，您是怎么想的？⑤对于现在的您来说，糖尿病意味着一种什么样的疾病？⑥因为患了糖尿病，您认为对您今后的生活会产生怎样的影响，以及造成哪些问题？⑦您现在最担心、最害怕的事情是什么？⑧想询问一下您与您的家人、工作单位的同事、朋友的交往情况。您的家人会配合您的糖尿病治疗吗？您与同事、朋友交往会有困难吗？⑨您觉得今后您的糖尿病治疗会很困难吗？您觉得会有哪些困难？⑩其他，您在管理糖尿病方面有担心的事情吗？不管是什么都请写下来。

其目的是：通过分享患者的糖尿病故事，表达同理心，进入患者的生活世界，从而拉近与患者之间的心理距离，建立良好的信赖关系。

（2）治疗小组的叙事分析。治疗小组每人填写一份"患者糖尿病叙事分析表"，并以此作为共同研究的基础。在以该叙事分析为题材进行团队会议时，参会者往往会发表多种令人意想不到的解释。例如，围绕同一个患者的发言，有的认为"很了解患者的心情"，有的认为"患者的决定是任性的，医护人员应该更多地站在患者家属的立场来考虑问题"等。总之，参会者可以注意到各种各样的看法。这样的患者故事，与习惯了只是基于病历记录进行的团队会议不同，明显地给团队带来了不同的冲击。

该表的内容如下：①这是关于谁的故事？（如姓名、年龄、职业等）；②患者为什么选择了这个故事呢？故事的主人公是怎样反应的？③结局怎么样了？④幸好我那样做了（引导出了更好的结果），有过这样的想法吗？请写下来；⑤如果有的话，那该怎么办才更好呢？⑥这个故事所提出的疑问和问题是什么？⑦对这个故事的学习重点是什么？⑧其他，诸如感想、意见，请写下来。

目的是：第一，通过对患者叙事的分析与讨论来检验在患者的糖尿病治疗方面，治疗小组能做些什么；第二，通过治疗小组这样的努力来检验医患关系发生了哪些变化，糖尿病治疗团队今后将受到怎样的影响。

（3）对患者叙事的改写。在经过上述一系列的叙事医学实践后，本研究在设定将来邀请患者阅读为前提的情况下，治疗小组全员一起进行了一次改写患者糖尿病故事的尝试，称之为"叙事改写表"。内容如下：①对主人公进行简介；②故事主人公对糖尿病的情感如何？③主人公的糖尿病是怎么发病的？④故事的主人公有怎样的感觉？是怎样反应的？⑤结果是怎么样了？⑥对主人公印象最深的事件、话语是什么？⑦医护人员对主人公的期待是什么？⑧请写下听了这个故事后的感想；⑨请写下对治疗小组的建议。

目的是：通过集体讨论对患者叙事的改写，检验在患者的糖尿病治疗方面，治疗小组还能做些什么。

（4）叙事医学实践成果。依从性差的 7 例患者，在经过上述一系列叙事医学实践后，除不明原因拒测、拒诊患者 1 例外，其余 6 例依从性都有明显改善。研究结果表明，叙事医学实践对于打开患者心结、消除患者疑虑、构建医患治疗同盟有着特殊的贡献。

四、个案考察

为了详细展现叙事医学实践的研究过程及其对提高患者依从性的作用，现围绕一典型案例进行考察。

1. 案例简介

一位 60 多岁的女性，从 20 多岁就开始患有 2 型糖尿病。她父母，包括她在内的 4 兄妹都患有糖尿病，是家族性糖尿病。虽然已经有 30 多年的病史，但她迄今为止对糖尿病治疗并不热心，药物的口服也是时断时续，病情一直处于控制不佳的状态。由于糖化血红蛋白（HbA1c）持续大于 13%，安排其入院并进行宣教（图 7-1）。

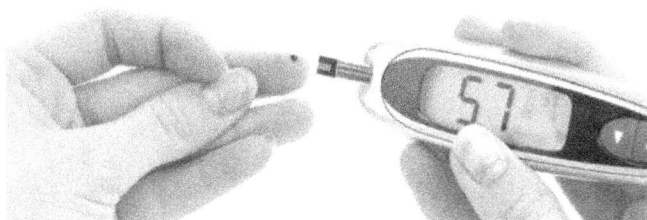

图 7-1　血糖仪的使用

来源：https://www.sohu.com/a/346974342_456026.

2. 初期研究

该患者在填写"您对注射胰岛素为什么有抵触情绪"问卷时，勾选的是：④ 因为要打就必须打一辈子；⑬ 注射胰岛素就表明糖尿病已经不能治疗了；㉘ 为了尽量不打胰岛素，我能努力控制病情。以下是治疗小组在住院病房首次与她的面谈对话。

> 医生：胰腺分泌的胰岛素相当低下，需要进行胰岛素治疗。您不试试打胰岛素吗？
> 患者：绝对不打（流着眼泪）。弟弟和妹妹在打胰岛素，弟弟也做透析。但是，我绝对不做这样的治疗。
> 医生：打胰岛素可以让血糖值保持良好状态，胰腺就能恢复功能了，这样的话，有些人后来就不再需要注射胰岛素了。
> 患者：能停止胰岛素注射的人很少，我不注射。
> 医生：试着注射一个月，不适合您的话就不再打，怎么样？
> 患者：（流着眼泪）我绝对不打，我已经在饮食和运动上很努力了。

治疗小组考虑的是，首先要知道为什么她拒绝注射胰岛素？原因是什么？因此，请她填写"您对注射胰岛素为什么有抵触情绪"问卷，对她拒绝注射胰岛素的理由一个一个从道理上进行了解释说明。但是，她完全没有接受胰岛素治疗的迹象。治疗小组企图从道理上去说服她，结果失败了。

思想家卢梭曾说："冷冰冰的理论，只能影响我们的见解，而不能决定我们的行为；它可以使我们相信它，但不能使我们按照它去行动。"大而无当的道理并不能很好地帮助患方，直接的建议不能了解到患方的真实情况，简单的劝告会否定患方的个人情感，并妨碍患方的表达，批评和指责则是良好医患关系的破坏力。在心理咨询过程中不难发现，一个人的感受越差，理性便会越强，讲起道理来总是一套一套的。[45]

3. 叙事医学实践

本案例转入叙事医学研究后，经历了如下实践过程。叙事医学的创立者丽塔·卡蓉在其近年的著作中，将叙事医学的三要素重新阐述为"倾听、再现与归属"。它的基本过程是：

"有技巧的倾听，通过再现了解他人，以及由叙事接触而产生的伙伴关系。"[46] 可以看出，本研究力求体现这一过程。

（1）患者填写叙事分享表。邀请患者填写"患者分享性叙事表"，内容如表7-1所示。

表7-1 患者分享性叙事表

1. 给您与糖尿病相遇的故事起个特别的名字吧？（如"过早的糖尿病""真不愧是晴天霹雳""心里很清楚内心却无法接受的事实"等）

我的美好岁月都被糖尿病夺走了！

2. 您认为您患糖尿病的原因是什么？

不知道，可能家族遗传吧……我弟弟妹妹也有。

3. 您认为您的糖尿病是因为什么、怎么样、从什么时候开始的？

不知道因为什么，可能因为家族遗传，可能我们家就是容易得糖尿病。我妈妈也有，我自己20多岁就得了。

4. 当您知道您患的是糖尿病的时候，您是怎么想的？

我觉得很绝望，作为女人的人生已经结束了。

5. 对于现在的您来说，糖尿病意味着一种什么样的疾病？

得了糖尿病真的很可怜。

6. 因为患了糖尿病，您认为对您今后的生活会产生怎样的影响，以及造成哪些问题？

心里特别空虚，出行也不好出行，吃东西也不敢吃东西，提心吊胆的，还担心以后会有糖尿病足啊，心血管疾病啊之类的。

7. 您现在最担心、最害怕的事情是什么？

害怕自己出现家里人那样的突发状况。

8. 想询问一下您与您的家人、工作单位的同事、朋友的交往情况。您的家人会配合您的糖尿病治疗吗？您与同事、朋友交往会有困难吗？

家里人常常督促我，提醒我要注意。和同事、朋友交往变得越来越难，主要是在吃饭之类的事情上。

9. 您觉得今后您的糖尿病治疗会很困难吗？您觉得会有哪些困难？

我觉得挺困难的，现在我什么也不敢去想。

10. 其他，您在管理糖尿病方面有担心的事情吗？不管是什么都请写下来。

我很害怕，害怕自己像妈妈一样突然低血糖之类的就失去意识了，害怕糖尿病带来的种种并发症。

（2）针对患者的分享性叙事表，治疗小组与患者进行长谈。治疗小组首先对这个出乎意料的独特标题"我的美好岁月都被糖尿病夺走了"吃了一惊。因为她的记述非常片断，治疗小组花了一个小时进行面谈，以确认她的叙事含义。

> 医生：您的题目"我的美好岁月都被糖尿病夺走了"让我很吃惊，您能详细说说吗？
>
> 患者：在我还是小孩子的时候，妈妈就因为注射胰岛素而导致低血糖晕倒。想到这些，我现在还很害怕。妈妈肚子上打针留下的瘢痕至今也忘不了。我婆婆（丈夫的妈妈）也因为糖尿病打了胰岛素，在洗衣服时因为低血糖倒在水中被浸死了。反正，

心中充满了关于糖尿病的痛苦回忆。

就这样，她谈了与治疗小组的提问意图无直接关系的"有关糖尿病的令人不快的回忆"。治疗小组后面接着提了以下问题。

> 医生：你写的"作为女人的人生已经结束""精神很空虚"是什么意思呢？
> 患者：我是说，因为得了糖尿病，我已经不能够与男朋友一起享受人生了。以前，我们一起去打高尔夫球和吃饭，但是最近他不怎么邀请我了。自己对于糖尿病，有一种非常恐惧的印象。所以，无论如何自己也会很介意去与对方交往。想着自己得了糖尿病，就很可怜，害怕被别人嫌弃。我想，朋友们再也不会邀请我出去了。

长谈的环节体现的是叙事医学的第一个要素——倾听。倾听就是要求听者把自己作为"锻造思想的容器"，[47] 接纳并揭示讲者所讲，协助患者构建完整的、富有意义的故事。

（3）治疗小组成员的叙事分析。在患者填写了"患者分享性叙事表"及治疗小组充分与患者进行面谈的基础上，择日召集治疗小组全体成员举行叙事医学病例讨论会。讨论会分为两个阶段：前一阶段是治疗小组成员各自陈述自己的叙事分析，后一阶段在讨论的基础上以治疗小组的名义进行叙事改写。

治疗小组成员基于与患者叙事分享的面谈收获，形成了各自的"患者糖尿病叙事分析表"。在回答"这是谁的故事"时，有回答是患者本人的故事，有回答是患者妈妈和婆婆的故事，也有回答是糖尿病的故事。标准答案是什么不要紧，要紧的是患者的故事引起了治疗小组的关注。

关于"患者为什么选择这个故事"的回答，有位成员写道，"患者小时候亲眼见到妈妈注射胰岛素后低血糖晕倒，家里当时没有其他人，年少的患者吓得一直哭，造成了很深的心灵创伤"。更有意义的是，由此促进了成员对患者"抗阻"的理解，"患者因为身边人的遭遇，不认可这样的方法有效。这个疾病不仅夺取了她年少时的好时光，甚至对糖尿病的治疗，也引起了患者的恐惧"。

在谈到"幸好我那样做了"时，"认真倾听患者的故事和想法，了解患者的过往，对遭遇产生认同"，以及"幸好询问了一下患者关于糖尿病的有关回忆，了解到了患者的糖尿病故事"，反映出成员对叙事医学在临床实践中的积极作用有了更为直观的认识。

在"如果有的话，那该怎么办才更好呢"问题中，呈现了小组成员对自己今后工作的改进意见："比起单纯的灌输疾病知识，认同患者的遭遇会更好一些，而不是急于让患者接受治疗方案"，"今后在遇到类似困境的时候，要去了解一些患者过去的故事"，这些都是非常值得赞赏的。

叙事医学让医患双方在就医的路途中结伴而行，不仅要与患者一起去诉说，去体验，更要一起去面对。这在回答"这个故事所提出的疑问和问题是什么"及"对这个故事的学习重点是什么"时有所表现："患者为什么认为自己这辈子完了？糖尿病给她及其家人带来了哪些困难和不便？有哪些是我们可以协助去解决的？""患者的恐惧来自于家人的遭遇，她自身如何从疾病中解脱出来？谁能给予患者以鼓励？"也有成员担心"她什么时候才能走出这一心理阴影？"呈现出小组成员尽最大努力去接近患者的处境，以自己的生命去贴近患者生命的景象。

在叙事医学实践中，医护人员不再是以专家或指导者的身份自居，而只是一名合作伙伴，是一名帮助患者自由回忆并讲述既往史的协调者，有助于情感层次的深入解剖，解构其消极情绪。

（4）治疗小组的叙事改写。在后半阶段，治疗小组进行叙事改写，主要目的是通过集体讨论加深对叙事医学实践的认识。在小组进行"对主人公进行简介"时，要求成员能够按照 5W1H（Why、What、Where、When、Who、How）的叙事要点进行简述。关于"故事主人公对糖尿病的情感如何？"对照反思各自的叙事分析，认识到患者的情感经历了"惊恐—害怕—绝望"的过程。在改写"主人公的糖尿病是怎么发病的"时，不仅是要注意到患者的家族遗传因素，更要注意到患者对治病的依从性差是其重要原因。

改写患者的疾病叙事的目的不是要去重述患者的故事，而是通过改写认清今后治疗的改进措施。在讨论"医护人员对主人公的期待是什么时"，成员们表示应该让患者"充分了解胰岛素注射后低血糖的处理方式"，"期待对胰岛素故事的认识发生改变，从而改变其恐惧胰岛素注射的想法，接受相应治疗"。

在"写下对治疗小组的建议"时，"患者患病的背后隐藏着诸多各自独特的故事，很多人生病不去看也是有原因的，这并不是一个简单的疾病发生、面对的过程。可是，大多数医生在接诊过程中不愿意倾听患者的诉说，这一就诊模式在现在看来相对简单，缺乏人性化"，"患者的恐惧来源于小时候的阴影，可以给患者讲述足够的低血糖处理知识，让其学会低血糖的正确处理方法"。

叙事医学病例讨论会环节，主要体现的是叙事医学的第二个要素再现。再现的形式一般表现为书写。事件在以某种方式再现之前，都处于未能成形，无法理解的状态。通过再现，将患者所讲述的信息重新整理，即使仍然混乱，但至少能够得到理解。

（5）本次叙事医学治疗的结果。治疗小组在叙事医学实践过程中，把"从医学的角度来看，她需要打胰岛素"的想法暂时搁置一旁，一边思考着"为什么她这么讨厌打胰岛素"，一边倾听她的谈话"妈妈腹部的注射瘢痕、接二连三的低血糖发作、婆婆的低血糖事故"等，用心体会她的过去"有关糖尿病的恐怖、令人不快的经历"。治疗小组一边听着，一边意识到：这才是她所独有的"胰岛素故事"。并且，从心里觉得：这些经历让她讨厌打胰岛素，是完全可以理解的，并把治疗小组的这一感受告诉了她。

医患在整体就医环境中既是独立的个体，也是有情感交流的利益共同体，是对抗疾病"同一战壕里的战友"。于是，又过了 2 天，她本人对治疗小组说"可以打胰岛素试试"。她曾经苦笑着对治疗小组说："那一天，你请我喝了一杯咖啡，就这样我被你骗了。"（在面谈中，治疗小组曾经买过一杯咖啡给她喝。）

那么，她为什么能接受胰岛素注射呢？本研究想举出以下两个理由：第一，她通过讲述自己过去对胰岛素的体验，发现自己作为糖尿病患者已经被这些负面的故事牢牢控制住了；第二，通过与医护人员共享她固守的人生信念，她对"胰岛素故事"的认知发生了改变，从而逐步接受了胰岛素注射，开始了一个全新的人生。

本次叙事医学治疗的结果体现了叙事医学的第三个要素——归属。"归属是专注倾听和完全再现产生的结果，把医生和患者、教师和学生、自我和他人紧紧地联系起来，使他们在共同经历的过程当中相互支持、相互认识、共同行动。"[48] 队友通过彼此间倾听，对临床工作的书写，强化了科室团队成员之间的联系，并引导跨专业团队成员找到共同的基础，让团队能够与患者个体形成有效照护关系。

五、结语

通过运用叙事医学方法，让医护人员了解到胰岛素这个词汇所唤起的印象，在患者心目中各不相同，并且有些差异远远超出医护人员的想象。医护人员所拥有的观念当然是正确的，但也不能把除此以外的观点、看法就认为是错误的，因为患者的各自的胰岛素故事都不同。应该从这一点出发，紧紧抓住"叙事"这条主线，运用叙事医学实践与患者对话。

对于患者来说，一个善于、乐于倾听的医生本身就是一种对苦痛的回应，是安慰、是陪伴、是支持，甚至不失为一种治疗。本研究通过案例考察，重新在糖尿病临床上深刻地学习到了医护人员共享患者故事的重要意义。

医学始终是人学，是与每一个具体的人紧密相关的事业。[49] 患者可能与医护人员有着不同的宗教，分属不同的民族，或者年事已高，或者重病缠身，又或扮演着与医护人员不同的性别角色，故而有着与医护人员完全不同的患病体验与治疗需求。加之，医学充满了复杂性与不确定性，所以，从本质上来说，医生在面对每一位患者时都是"新手"，医学临床还常常面临着各种伦理冲突。因而，叙事医学实践便成了医护人员透过患者视野，洞悉患者生命体验，[50] 为患者实现个体化治疗方案的最强有力的必要途径。

疾病其实只是一种语言，它在向我们表达，也许是过往的我们没有完成的事件，或者是没有被满足的期待。听得懂患者的故事，医生才能开始思考如何解除患者的苦痛。叙事医学能力必将逐渐成为我国评价医疗从业者的一项重要指标。

参考文献

［1］满强，杨晓霖，王宏．临床医师的基本功：叙事医学知识和能力 [J]. 医学与哲学，2016, 37(6A):34.

［2］[美]RITA CHARON．叙事医学：尊重疾病的故事 [M]. 郭莉萍，主译．北京：北京大学医学出版社，

2015:X.

[3] [美]RITA CHARON . 叙事医学：尊重疾病的故事 [M]. 郭莉萍，主译 . 北京：北京大学医学出版社，2015:185.

[4] 林爱玲，刘江彬，郭石林，等 . 知情同意书：患者知情同意权实现的方式 [J]. 医学与社会，2011, (6):65.

[5] [日] 尾内康彦 . 医患纠纷解决术 [M]. 刘波，译 . 北京：东方出版社，2014:4.

[6] 王一方，邱仁宗，陈可冀 . 医学与人性温度：医学走向多元关怀 [J]. 书摘，2009, (4):30–33.

[7] [美]RITA CHARON . 叙事医学：尊重疾病的故事 [M]. 郭莉萍，主译 . 北京：北京大学医学出版社，2015:185.

[8] 唐勇 . 美国如何处理医患纠纷 [N]. 环球时报，2004–12–07(24).

[9] [美]RITA CHARON . 叙事医学：尊重疾病的故事 [M]. 郭莉萍，主译 . 北京：北京大学医学出版社，2015:196.

[10] [美]RITA CHARON . 叙事医学：尊重疾病的故事 [M]. 郭莉萍，主译 . 北京：北京大学医学出版社，2015:211.

[11] [日] 和田仁孝，中西淑美 . 医疗纠纷调解：纠纷管理的理论与技能 [M]. 晏英，译 . 广州：暨南大学出版社，2013:39.

[12] [日] 和田仁孝，中西淑美 . 医疗纠纷调解：纠纷管理的理论与技能 [M]. 晏英，译 . 广州：暨南大学出版社，2013:64.

[13] [日] 和田仁孝，前田正一 . 醫療糾紛處理與實例解說 [M]. 陳虹樺，譯 . 台湾：合記圖書出版社，2003:33.

[14] [日] 和田仁孝，中西淑美 . 医疗纠纷调解：纠纷管理的理论与技能 [M]. 晏英，译 . 广州：暨南大学出版社，2013:13.

[15] [美] 米爾頓·梅洛夫 . 關懷的力量 [M]. 陳正芬，譯 . 台湾：經濟新潮社，2011:84.

[16] [日] 和田仁孝，中西淑美 . 医疗纠纷调解：纠纷管理的理论与技能 [M]. 晏英，译 . 广州：暨南大学出版社，2013:39.

[17] [日] 和田仁孝，中西淑美 . 医疗纠纷调解：纠纷管理的理论与技能 [M]. 晏英，译 . 广州：暨南大学出版社，2013:9.

[18] 张新军 . 叙事医学：医学人文新视角 [J]. 医学与哲学 (人文社会医学版)，2011, 32(9):10.

[19] [美]RITA CHARON . 叙事医学：尊重疾病的故事 [M]. 郭莉萍，主译 . 北京：北京大学医学出版社，2015:146.

[20] [美]RITA CHARON . 叙事医学：尊重疾病的故事 [M]. 郭莉萍，主译 . 北京：北京大学医学出版社，2015:195.

[21] 晏英 . 叙事医学在日本医疗纠纷调解中的应用及启示 [J]. 医学与哲学 (人文社会医学版)，2014, 35(7A):67–71.

[22] [美]RITA CHARON . 叙事医学：尊重疾病的故事 [M]. 郭莉萍，主译 . 北京：北京大学医学出版社，2015:111–114.

[23] 魏旻 . 医疗纠纷大数据，你想知道的都在这里 [EB/OL]. (2020–04–16) [2022–07–22].https://www.cn-healthcare.com/articlewm/20200416/content-1104662.html.

[24] 陈慧丽 . 手术室开展术前访视的现状与展望 [J]. 临床护理杂志，2008, 7(2):47–48.

[25] 陈慧丽 . 手术室开展术前访视的现状与展望 [J]. 临床护理杂志，2008, 7(2):47–48.

[26] 张雪梅，冯岚，杨晓燕 . 高龄高危患者行膝、髋关节置换围手术期的护理 [J]. 实用护理杂志，2002,

18(2):20–21.

[27] 周武军 . 提高术前谈话技巧对规避医疗风险探讨 [J]. 中国医药指南 , 2012, 10(11):382–383.

[28] 胡大一 . 让患者和社会获益 , 才是医生的价值所在 [N]. 健康报 , 2012–06–15(6).

[29] 胡大一 . 让患者和社会获益 , 才是医生的价值所在 [N]. 健康报 , 2012–06–15(6).

[30] 殳儆 . 术前评估 , 和患者好好谈一谈 [J]. 医师在线 , 2017, 7(35):41.

[31] 胡大一 . 让患者和社会获益 , 才是医生的价值所在 [N]. 健康报 , 2012–06–15(6).

[32] 吴益超 . 王一方和他的医学人文 [N]. 中国科学报 , 2013–08–09(7).

[33] 王玲 , 马俊 , 甘代军 . 叙事医学对提高患者依从性的影响 [J]. 医学与哲学 , 2016, 37(6):71–73.

[34] 殳儆 . 人生的最后一次骨折 , 你可以说不 [J]. 医师在线 , 2017, (31):42–43.

[35] 胡大一 . 让患者和社会获益 , 才是医生的价值所在 [N]. 健康报 , 2012–06–15(6).

[36] [美] 丹・P. 麦克亚当斯 . 我们赖以生存的故事 : 如何讲述过去的故事 , 决定了你的未来 [M]. 北京 : 机械工业出版社 , 2019:5.

[37] [美] 丹・P. 麦克亚当斯 . 我们赖以生存的故事 : 如何讲述过去的故事 , 决定了你的未来 [M]. 北京 : 机械工业出版社 , 2019:6.

[38] [英] 安东尼・吉登斯 . 现代性与自我认同 : 晚期现代中的自我与社会 [M]. 夏璐 , 译 . 北京 : 中国人民大学出版社 , 2016:49.

[39] [英] 安东尼・吉登斯 . 现代性与自我认同 : 晚期现代中的自我与社会 [M]. 夏璐 , 译 . 北京 : 中国人民大学出版社 , 2016:70–72.

[40] [美] 丹・P. 麦克亚当斯 . 我们赖以生存的故事 : 如何讲述过去的故事 , 决定了你的未来 [M]. 北京 : 机械工业出版社 , 2019:35–36.

[41] 杨文英 . 中国 2 型糖尿病流行现况 [EB/OL]. (2020–08–01)[2022–07–24]. https://new.qq.com/omn/20200801/20200801A0IGGI00.html.

[42] 白剑峰 . 医学病历 , 有了人的故事 [N]. 人民日报 , 2013–09–06:19.

[43] 郑日昌 , 江光荣 , 伍新春 . 当代心理咨询与治疗体系 [M]. 北京 : 高等教育出版社 , 2006:316.

[44] TRISHA GREENHALGH, ANNA COLLARD . Narrative based health care:sharing stories:A multiprofessional workbook[M]. London:BMJ Publishing Group, 2003:4–7.

[45] 李克富 . 我想静静却不能 [EB/OL]. (2018–06–27)[2022–07–24]. https://www.jianshu.com/p/d6e390790d7a.

[46] [美]RITA CHARON, SAYANTANI DASGUPTA, NELLIE HERMANN, et al . 叙事医学的原则与实践[M]. 郭莉萍 , 主译 . 北京 : 北京大学医学出版社 , 2021:3.

[47] [美]RITA CHARON, SAYANTANI DASGUPTA, NELLIE HERMANN, et al . 叙事医学的原则与实践[M]. 郭莉萍 , 主译 . 北京 : 北京大学医学出版社 , 2021:199.

[48] [美]RITA CHARON, SAYANTANI DASGUPTA, NELLIE HERMANN, et al . 叙事医学的原则与实践[M]. 郭莉萍 , 主译 . 北京 : 北京大学医学出版社 , 2021:3.

[49] 徐蓓 . 医学始终是人学 : 专访中国科协名誉主席韩启德 [N]. 解放日报 , 2018–12–14(13).

[50] TRISHA GREENHALGH . グリーンハル教授の物語医療学講座 [M]. 斉藤清二訳 , 三輪書店 , 2008:50.

第八章 医疗纠纷促进式调解谈判技能

学界普遍认为，调解就是在第三方主持下的谈判。所以，谈判的相关理论和技能能够为医疗纠纷调解实践提供指导与借鉴，为纠纷调解实践提供方向性与自觉性。

医患关系和谐与紧张，是患方对待医疗服务的两种相反的态度，即哈佛谈判学所称的立场。导致立场不同的原因，在于患方的利益是否得到满足。虽然相关利益各方之间难免存在利益冲突，但我们依然可以期望，找到符合各方合法利益的解决方案。原因在于，哈佛谈判学认为，每一种利益通常都有多种使之满足的方式，立场的不同可能只是存在某些利益的不同而已，但在谈判各方立场的背后存在着共同性利益。哈佛谈判学要求我们必须探索立场背后的利益，运用谈判技能，创造利益协调的条件，因为共同性利益，以及可以相互弥补的差异性利益都有可能成为达成协议的诱因，从而实现医患关系和谐。

第一节 坚持以患者利益需求为中心

在当今这个信息时代，患者也能从网上汲取医学知识，有时会向医生提出自己对病情或治疗方案的看法，这在一定程度上解构了医生的权威。另外，随着患者文化素质的提升和法律知识的普及，他们的维权意识也普遍得到了提高。但在医疗活动中，医务人员的诊疗活动仍存在这样一个普遍的现象：用医学价值观取代患者自身的价值观，忽略患者内心的真正需求。

事实上，医务工作者不应照着书本进行决策，比如，同样是患乳腺癌的中年妇女，舞蹈工作者和全职太太对于乳房全切的接受度是不一样的。舞蹈工作者为了继续她的舞蹈生涯，希望继续保持形体美，可能很难接受全切手术；而一位全职太太主要在家照看孙子，就可能不是很在乎自己的形体美了，相比之下更容易接受全切手术。我们应该将患者的需求纳入决策考虑范围，改变"死了就是失败，活了就是胜利"的观念。

要把医疗做好，除了医术，还需要艺术。如何把医术变成艺术，在于拿捏恰当，这就要求医务人员具有人文关怀精神，在医疗活动中挖掘患者的真正需求，这也是避免医患矛盾出现或升级的需要。

以哈佛谈判学为代表的理论认为，谈判的冲突不是立场的冲突，而是利益需求的冲突。

因此，该学派始终坚持一个观点：谈判中要着眼于利益，而非立场。立场和利益的区别是什么呢？简而言之，立场说的是你想要什么，利益说的是你为什么想要。

谈判往往会因为立场的冲突而陷入困境，但是，谈判各方的利益却是可以调和的，利益导向可以让谈判走向双赢。有这样一个例子：两个学生在图书馆发生了争执，一个要把窗户打开，另一个要把窗户关上。他们俩为了窗户应该开还是关争执不休。这时图书馆管理员走了进来，她问其中一个学生为什么要开窗户，回答说："为了呼吸新鲜空气。"她又问另一个人为什么要关窗户，那人说怕有穿堂风。管理员想了一下，把隔壁房间的一扇窗户敞开了，这样既有了新鲜空气，又避免了穿堂风。[1]

这个例子在谈判中颇具代表性。如果双方都只是注重自己的立场，即开窗还是关窗，那么，这扇窗要么是开的，要么是关的，没有折中的办法。明智的解决办法是，协调双方利益而不是立场。表面上看起来，这两个学生的问题在于他们的立场发生了冲突，但他们真正的利益需求在于呼吸新鲜空气和避免穿堂风，这些利益需求却是可以调和的。因此，解决问题的关键在于，把立场与利益需求区别开来。

但是，在现实中，我们经常把立场摆在第一位，忽视或者无力对利益需求进行表达，也无视对方真正的利益需求。这在医疗活动中也不少见，常常表现为：一是无视患者真正的利益需求，引发医疗纠纷；二是在医疗纠纷处置中，坚持立场而不是利益，导致纠纷解决陷入僵局。

一、无视患者需求引发医疗纠纷

有这样一则医疗纠纷案例：

> 一位老人来到某大型三甲医院，称其患有胆囊炎、胆结石数年，但无明显症状。因老人声称想取结石，门诊医生遂开具住院证，把老人收住入院。医生在入院谈话告知书中明确写道："拟行胆囊切除术"，并有患者本人的亲笔签字。正式手术前，医院要其在"手术同意书"中签字，其手术名称为"LC"（腹腔镜胆囊切除术）。老人遂签名，医生顺利切除其胆囊。术后，老人忽然觉得不对劲，胆囊突然没有了，于是找医生理论："我是来取结石的，并未授权你们切除胆囊呀！"医生拿出手术同意书，说您都签字同意了的。老人说："我不知道 LC 是什么意思，也没有任何人跟我讲是什么意思。"老人称：术前，医生并未对其进行任何语言解释，只要其签字。老人要求医院赔偿给他带来的损失，由此引发纠纷。

撇开患者没有详细阅读入院谈话告知书，以及在不明白什么是"LC"手术方式的情况下签字，自身存在重大过错不谈，医方的过失在于：在患者一直认为手术是"保胆取石"的情况下，却疏于讲解病情、解释手术方式，用英文字母简写手术名称，并未对患者详细解释何为"LC"，导致患者理解错误。

不得不说，在目前的诊疗活动中存在不少类似"直奔疾病而忘记了患者诉求"的现象。很多人有这样的经历：医生头也不抬地没问几句话，就给你开了化验单、检查单，然后拿了报告瞟了一眼就埋头开药或者开住院单。这样，难免让患者不放心。

当然，这里也有就医环境的问题。有些医生只半天就看将近100个门诊患者，这样的节奏就像有一条鞭子在追赶着医生，导致患者在讲述自己病情的来龙去脉的时候常常被打断，因为医生认为这些信息对于医生来说并不重要，没有时间倾听患者的诉说。虽然医生也知道打断患者讲述病情会给自己的医疗行为埋下隐患，容易忙中出错；医生也知道这种工作体验真的很差，有心无力，只能寄希望于好的运气。在这样的就医环境下，大家似乎习惯了5分钟打发患者的看病模式。

有人说，由于门诊接诊的大多数患者都是常见疾病，只要医生具备应有的临床思维，有一定的临床经验，那么，医生思考的流程已经是很熟练的，在三五分钟内给出判断和处理是完全可能的，在大多数情况下也是可靠的。但是，有理由这么做并不等于是合理的。正是在这一种习惯性诊疗模式的影响下，如案例所见，有些医生对待住院患者就不倾听、不解释、不宣教了。

习惯于5分钟打发患者的这种看病模式，是不合理的。作为医生应该清楚，这种毫无解释的冷冰冰的诊疗方式，其实是不对的。日后一旦条件改善了，就应该尽可能地去做好。否则，如果作为医生都认为医生没有向患者解释宣教的职责和义务，那么即使以后条件改善了，每天看病患者的数量减少了，有充分的时间来进行解释宣教的时候，也照样不会去做这项工作，最终扔给患者的还是那张冷冰冰的脸，并由此引发医疗纠纷。

二、重复就医浪费医疗资源

这种5分钟打发患者的看病模式所导致的患者的不放心，又逼迫患者看一种病要跑好几家医院，出现了重复就医的不合理现象。

北京宣武医院的凌锋教授说，她曾经接待过这样一位母亲。她8岁的儿子得了脑干胶质瘤，属于恶性肿瘤。她去一家医院排了很长时间的队，才挂到一位技术很好的大牌医生的号。看病时她问医生，这个病应该怎么办？

医生说："当然是要手术了。"

她又问："如果要手术，可能有什么后果？有什么风险？"

医生回答："可能会死啊，有生命危险。"

当时，在她眼里，医生的表情看上去是非常鄙夷，好像是在责问她："你连这个都不知道就来问我？"

不到5分钟，医生就把她打发走了。这个妈妈是哭着从诊室里出来的。她说："我当时的感觉就是我有罪，是我生了孩子，是我让他得了这个病。她觉得极度的无助、自责和内疚。"

后来，这位母亲找到凌锋教授。这位母亲是一位舞蹈家，她儿子从小就学跳舞。她给凌锋教授看了孩子跳舞的视频，告诉她孩子的协调能力是多么强，她现在多么不知所措。

凌锋教授告诉她，孩子现在还没有受到这个肿瘤的影响，可以先观察，等到必须要做手术的时候再做。最起码应该让他有一个快乐的童年。这位母亲听完以后说："凌医生，我就听你的话，我从此以后不再找任何医生了。"这个小孩，在过了6年正常人的生活之后，才做了一次风险不大的手术。[2]

据一些医院的科室主任介绍，在一些大病的确诊上，有30%左右的患者要通过重复就医的方式来决定自己的治疗方案。本来一次就诊就可以治疗的疾病，却要通过重复就医的方式来反复诊断，这在浪费患者钱财的同时，也无形中占用了有限的医疗资源，加剧了"看病难"。

这种重复就医并非当今美国医疗界所推动的"第二意见"（second opinions）。因为，患者在看第二、第三、甚至第四位医生的时候，以前看他的医生并未被告知。所以，两位医生并没有协商的机会，更谈不上分享过去已做过的检查结果。后面的医生就像第一位看他的医生一样，一切都从头开始，做许多同样的检查，开同样性质的药。等到患者或家属失去耐心或信心时，又去找一位新的"名医"，又从头来过。在滥用医疗资源的同时，也延误了救治的时机，结果，最大的输家往往是可怜的患者，在四处求医的折腾中，到最后才发觉病情日益加重，甚至回天乏术。

医生应该明白：一个好的医生与一个差的医生的区别，不仅在于好医生懂得多，诊断得准，他的治疗效果好，还有他会给患者画图，会给患者解释，让患者明白到底是怎么回事，有担当，不把所有难题都推到患者和家属面前。因为医生面对的是病"人"，而不是一台需要修理的机器。

三、患者个人及就医环境涉及的利益需求

过去，医疗的目的只有一个，就是要正确判断患者的疾病，对症下药来医治患者。换句话说，医生有点像是"看病不看人"的，至少病"人"本身不是医生主要关心的对象。这样的思维与做法认为，疾病一旦没有了，患者就会好起来。在漫长的历史长河里，医学主要救治传染病、急性病，这些病的治疗确实容易体现出"药到病除"的特点。

到了20世纪，疾病谱从以传染病、急性病为主，变得以慢性病、退行性病为主。这些慢性病、退行性病的形成发展是与生活方式、社会环境密切相关的。医学的进步使人们认识到，"病"常常并不是一个单一事件，比方说，只由病菌感染所引起，"病"除了生

物医学的因素外，也受社会环境、行为特征等因素的影响。

医生要医治的不只是消除促使人生病的病毒，更要对整个生病（illness）的患者加以关照。疾病（disease）是祸因，而生病则是患者所忍受的痛苦。虽然疾病一痊愈，生病情况也会跟着消失，但重心已不应只放在疾病上，更要放在患者身上。在治疗上，患者对自己的身体拥有绝对的自主权，并不是医生认为怎样治疗，怎样治疗就是最好的治疗。因此，就治疗的行为与方向而言，医生必须充分与患者沟通，并了解患者的需求，才能拟定治疗步骤，并做进一步治疗。

马妍是北京宣武医院神经外科一位操刀手术的女性。她意识到，8 年的医科大学学习的最大短板是没有教会她应该及如何与患者沟通。马妍说，在手术室里，外科医生"就像个孤独的舞者""手术中真正面对一个个体的时候，每个人的情况都不一样"。她举例说，"患者来了主诉头晕耳鸣的症状，你检查之后发现有血管闭塞的情况。可是，血管闭塞和头晕耳鸣有关吗？虽然片子、数据、各种检查的结果是客观的，但我还会问一问患者，你的要求是什么、希望达到什么效果，我看看我能不能、有多大把握帮助你实现。如果医生只是根据检查给患者装了支架，不和患者沟通解释，那么，患者的潜在预期就是你治好了我的血管，我的头晕耳鸣也会消失。但当他术后醒来，如果发现头晕耳鸣并没有解决的时候，是会非常难受的。"[3]

作为一位当代医生，最重要的工作已不再是仅限于对症下药或者药到病除，而必须扩展至亲切关怀患者、和善照顾患者、促进患者的信心、减轻患者畏惧并促进健康。

在挖掘患者需求方面，单就患者个人而言，需要照顾到患者的 4 个层面，即 FIFE 层面理论。[4]

Feeling（感受）：患者害怕吗？也许不害怕。不过，作为医生的你，真的观察到了吗？患者的感受可以用恐惧及不安来描述。恐惧、不安、忧虑都会影响患者的心情、感受与痊愈能力。

Ideas（患者对疾病的认知）：患者对自己的病情因观念认知的误差而有不同，进而影响到就医行为。在医疗知识水平偏低的地区，通常会有很大认知上的误差。比方说，把盲肠炎看成消化不良而自行服药；把肝炎认为只是熬夜过度工作劳累，只要休息就好了；有的患者有吃脑补脑、吃腰子补腰子的传统观念；有的更以为中西药一起服用会效果倍增。到底疾病到了什么状态之后，患者开始会想是不是得了绝症？会不会死去？会不会失去某种身体功能？这是医者要思考的问题。

Functioning（身体功能）：每一种疾病对患者造成的影响都不同。虽然头疼还不至于让一个人不能正常工作，但工作效率会低下，精神也会受影响。当一个人不能随心所欲去工作时，就会出现暴躁、沮丧等不同的反应，影响生活与身体功能。

Expectation（期待）：当患者不能称心地去做该做的事或想做的事时，就会希望能以某种方法来恢复失去的功能。"我该怎么办？"是这类期待中最主要的困惑。患者因此愿意吃药、打针、开刀，有时为了痊愈不顾一切，甚至走向反面，"死马当活马医"，让患者变得很脆弱、听任医者摆布。

在全面评估 FIFE 各层面的基础上，才能体现出以患者为中心的个性化需求。

在挖掘患者需求方面，还要关注到就医环境的影响。以下是患者在就医环境方面，利益需求得不到满足的情况，医院可以对照检查，与患者换位思考，有利于医疗纠纷的防范与解决。

1. 入院问题

患者或家属基于某些因素，需协助或安排入院事宜的情况：

（1）碍于病情的了解，入院收医困难；

（2）碍于床位，入院收医困难；

（3）入院手续无人办理。

2. 出院问题

患者或家属基于某种理由与潜在原因，不从医嘱，拒绝或延缓出院的情况：

（1）对病情预后期待过高，不切实际，不愿出院；

（2）居家照顾医疗困难（包括点滴、气管切开、鼻胃管、尿管、呼吸器、氧气等）；

（3）家庭关系不良，没有接回意愿；

（4）家中没有人照顾；

（5）视住院为应得权益，拒绝出院；

（6）不从医嘱，不满意其他医院设施，不愿出院；

（7）经济困难；

（8）诉讼赔偿未了；

（9）缺乏适当疗养机构之资讯；

（10）无适当机构转介；

（11）特殊器材或交通工具难以配合；

（12）门诊治疗往返不便，不愿出院。

3. 医院环境适应问题

（1）患者或家属对医院作息、饮食、设施的不适应；

（2）患者或家属与院方的规定配合困难；

（3）患者或家属与医疗团队关系适应的困难；

（4）患者或家属与其他员工关系适应的困难；

（5）患者或家属与病友关系适应的困难。

四、挖掘患者真实需求的 3 种方法

在医患纠纷中，常常会出现双方争论点的对立。这种争论点的对立，有时是因为感情用事陷入了自己的认知结构中。这时，就需要从当事者的真正需求出发改变当事者的看法，使其以其他形式重塑争论点。在重塑基于真正需求的"问题"（应解决的争论点）后，以自由创造性的想法，去思考满足真正需求的方法，从而达成意见上的一致。

比如，在下面的案例中就充分体现了真实需求之间的相互调和。

患方前来投诉，要求医院赔偿 100 万元，并且坚决要求同医院协商解决。可是，按照当地政府部门的规定，赔偿金额目标超过 1 万元的纠纷，都必须通过当地的医调委进行解决。医疗纠纷调解员按照常规将此案件引导到当地医调委去解决时，遇到了困难。调解员经过反复思考后，认为医患双方的目的都是为了解决纠纷，只是各自主张的解决途径有所不同。因此，向患方提出一个折中方案：可以在医院进行协商，但必须由医调委到医院一起参与、介入调解。患方同意此方案。在医调委的介入下，最后该起纠纷得以顺利解决。

从上述案例可以看出，巧妙地寻找、发现患方的真实需求是纠纷解决的关键。那么，如何才能找到患方的真实需求呢？在案例分析的基础上，介绍 3 种基本方法。

1. 寻找高频词汇法

在患方喋喋不休的时候，调解员可以尝试着把全部注意力都用来寻找患方话语中的高频词汇。这样，调解员也许很快就会发现患方之所以情绪上涌的真实原因。很多时候，患方发脾气其实是醉翁之意不在酒。

案例 1：

有位老大爷，70 岁，当地医院已经确诊：直肠癌。家属说信不过当地医生的水平，于是一个儿子两个女儿，就带着老大爷直奔省城大医院来了。

做完检查，医生说："要住院治疗，虽说局部肿瘤有些晚，但如果病情的确像当地医院评估的那样，没有远处转移的话，积极进行辅助化疗，再做手术，效果还是挺好的。"

听医生说要住院，老大爷犹豫地看了一下几个子女。两个女儿没吭声，面面相觑。儿子耐不住了，双手撑在桌子上，直直地看着医生："医生，能不能治好？"

医生耐心地跟家属解释，医学的事情不是那么简单，也不是那么绝对。老大爷的肿瘤虽然局部晚一点，但是通过放疗、化疗控制以后，再争取手术切除，效果还是很好的。

很显然，医生的回答无法令几个儿女满意，他们要的是绝对的答案。他们要这个

答案向老大爷交代，向家乡父老交代。

"还要放疗、化疗，身体受不受得起哦？"两个女儿也在旁边嘀咕附和。

"既然没有治好的把握，那就是治不好了。既然治不好，那有什么治头？"儿子对着医生说，眼睛却看着老大爷。

两个女儿反复询问："病人的身体受得了吗？"

医生终于读懂了家属的来意。

当然，大部分家属是出于对患者的真正关心，诚挚地想听取医生的建议，希望患者得到最好的治疗。但是，有些患者家属是出于对自己钱袋子的关心，舍不得花钱；或者出于回去跟亲戚、朋友、乡亲有个好交代，不是他们做子女的不孝顺，是大医院的医生说病情晚了，治不好，他们不忍心看着老大爷遭罪。不治也是为了老大爷好。但这些需求又说不出口，反复强调患者受不受得了，是希望医生不要治疗，是希望患者自己放弃。

的确，很多人经济并不富裕，治病要花不少钱。一个家庭不能因为一个老人治病，搞得儿女上不起学，拖垮整个一家人。这些，医生能理解，患者本人也能理解。可是，有些儿女不愿尽孝，却偏偏还想立孝顺牌坊。以爱的名义掩饰自己的自私，让医生来充当恶人，断绝患者求医的念头。

通过这样的观察和思考过程，调解员不仅能看到患方的真实需求，更重要的是，能够让调解员在面对冲自己发火的患方时，可以至少先不让自己着急上火，把患方当成研究对象，理智地把自己的感性和负面情绪隔离开来，从而始终保持冷静。

在日本的医疗纠纷调解员培训中，对于患方话语中三次提到的高频词汇，要求调解员一定要做记录。

2. 直接追问法

想要满足患方，就不能被患方的"想象中的需求"所误导，而必须找到患方的"真实需求"。要探知当事者表面主张背后的真实需求，方法很简单，就是追问当事者如此主张的原因。

案例 2：

有位患者拖着一身的病痛前来投诉。在这种情况下，调解员满心怜悯，很疑惑自己是应该优先协调患者看病，还是优先解决患者提出的纠纷。这时候，调解员可以这样问："那么，您现在需要我紧急做的是什么？希望我给您找个医生减轻您现在的痛苦，还是要求去明确责任，谈补偿的问题？"

通过与当事者谈话，追问当事者主张背后的原因，调解员就能引导当事者认识到自己的真实需求之所在。调解员还能协助当事者将自己追求的多项需求排序，确定各项需求的优先顺序，并引导他们思考是否能够放弃排序靠后的需求，来确保获取排序优先的需求。

总而言之，只有探知当事者主张背后的需求，才能形成真正符合当事者利益的争议解决方案。

尤其是在紧急情况下，比如，在人质被绑架，以及当事者准备自杀的情况下，需要调解员迅速追问当事者的需求。可以问当事者："您现在需要我做什么？"或者"您现在需要医院做什么？"而不是问："怎么啦？""发生什么事啦？""冷静冷静，保障人身安全！""先放下枪！""先把人放了！"等。因为，在这种紧急情况下，了解事实真相和寻求妥协都已经来不及了，只有暂时答应当事者的需求，才能稳住千钧一发的局面。在暂时稳住局面之后，才有时间一边了解事实真相，一边寻求妥协，以争取时间寻找解救的机会。在许多人质解救和自杀者解救失败的案例中，经常出现这种错误。

3. 纠正式引导法

有些调解员很困惑：很多信息是患方不愿意直接说出来的，就是问得再清楚明白，也是不容易得到答案的。这时候，就需要善用对话，引导出所需的信息。人类有一个坏毛病，就是非常喜欢去纠正别人。孟子早在两千多年前就说过："人之患，在好为人师。"不过，借用这种喜欢纠正别人的心理，调解员往往可以很有效地引导患方吐露出自己想要获得的信息。

在案例 1 中：

> 如果医生对患者家属的态度仍然把握不准，不知道患者的儿子和女儿是不是真的仅仅需要一个"孝顺"的幌子。因为，有很多家属在医生建议患者进行手术，进行放疗、化疗的时候，都会问："病人受不受得了？"这时，可以在其家属不在身边时，对患者说："您的儿子和女儿真的很孝顺啊，三个人都陪着您来到省城。平时，他们一定对您很好吧！"

这就是所谓的纠正式引导，也就是调解员与其去问患方，还不如给患方一个貌似肯定的答案，引导患方来纠正和澄清。而在这纠正和澄清调解员话语的过程中，患方就不得不透露出更多的细节与更多的信息，以此检验调解员的猜想是否正确。

使用该方法需要注意的是，既然是纠正式引导，那么，最大的关键就是如何诱使患方来纠正调解员，所以，在说话的时候，调解员提出来的观点一定要表现出自信满满，如使用"一定""我早就知道""我告诉你""我很清楚"等话语表明自己的态度。语气上用自信满满的断言，容易让患方产生想要纠正的念头。

在纠正式引导中还有一个秘诀，那就是运用适度的反抗。它的有效运用有可能让调解员获取更进一步的信息。

继续使用案例 1 来分析：

> 假如医生说他的子女很孝顺，结果患者却吐槽了子女一大堆糟糕事儿。如果调解员

的态度立刻就认输了，说："哎呀，没想到您的子女是这样的人，真是看不出来啊！"这时，患者肯定不会再继续说了，你想知道的信息也就断了。因为患者觉得，他已经纠正了调解员的观点，那就够了，这个话题当然就不能再继续了。

如果在这个关键时刻，调解员做出适度地反抗，结果会变成什么样呢？在患者抱怨了子女一大堆糗事儿之后，调解员竟然反驳他："大爷啊，您这样说就不对了，他们那样照顾您，我觉得很孝顺吧？"

这句话一出口，绝对就像一根针扎破气球一样，会"砰"地一下爆发患者的下一波吐槽，他就会提供给调解员更多有关子女的信息。

所以，善于运用这种适度的反抗，调解员常常可以从患方的嘴里套取更多想要获得的信息。当然，这种反抗不能过度，否则有可能会引起患方的警惕，从而迅速结束对话，终止信息的进一步提供。

五、挖掘患者真实需求的 4 个步骤

以下 4 个步骤（图 8-1），能够较好地挖掘患者的真实需求，有利于医疗纠纷的防范与化解。

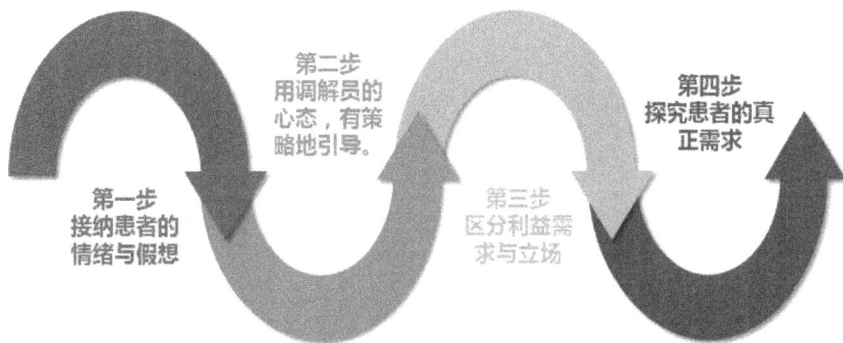

图 8-1　挖掘患者真实需求四步骤

步骤一：接纳患者的情绪与假想。
首先，我们看一段精神科医生与一位患者的对话。

医生：是谁让你来找我看病的？
患者：李大夫。
医生：他为什么让你来找我？
患者：他说我有精神病，你能帮我。

　　医生：你为什么去看李大夫？

　　患者：是父亲带我去的，他说我应该去。

　　医生：他为什么说你应该去？

　　患者：他说我行为古怪，把自己关在房间里不出门。

　　医生：从什么时候起你决定不出门了？突然的决定吗？

　　患者：不喜欢别人盯着我看。

　　医生：他们是熟人还是陌生人？

　　患者：不知道……别人盯着我看是因为我是个丑八怪。

案例分析：

　　在这段对话中，医生以患者的假想为出发点，权当患者说的是真实的故事。如果医生对患者的陈述进行怀疑的话，患者就会产生不安的心理，对话就有可能转向不利于医生深入探究患者真实诉求的方向。医生沿着患者的假想探究其真实需求，便是接纳患者的假想。在医疗纠纷中，患者常常高度情绪化。在这个时候，倾听是破除沟通障碍的关键，医生需要引导患者使用情感词来描绘自己的情绪，因为情绪只有说出口了才能真正消解掉。

　　标准话术如下：

　　　　听得出来（情绪）……，因为（内容，即对问题的描述）……，你觉得（未满足的利益诉求）……

　　在日常生活中，医生可以先积累些表达同理心的情绪词汇。如：内疚、孤单、平静、轻松、感恩、受尊重、烦恼、恼怒、愤怒、不开心、无奈、无助、惊慌、紧张、拒绝、满足、难过、伤心、抑郁、刺激、兴奋、幸福等，避免在引导患者的关键时候因词穷而讲大话、空话。纠纷发生时，要大胆地去对话，把患者的负面情绪接纳过来，然后，再去挖掘这个情绪背后所隐藏的真正需求。

　　步骤二：用调解员的心态，有策略地引导。

　　第一，采用提问的方法。在医疗纠纷促进式调解中，调解员推进对话的主要方式便是提问，好的提问等于解决了问题的一半。调解员作为中立第三方，只是程序的推进者，在提出一些可能引起患者情绪的问题时，要事先打好预防针，不可以表明自己的意见、判断或提出解决方案，也就是说，不能像法官那样做出判断。调解员要做到的不是陈述意见，而是通过提问、听取当事者的意见，发现双方在认知上的分歧，并帮助双方实现更深层次的信息共享，从而实现双方自主解决问题。

　　在日常的诊疗活动中，医生也要有调解员的心态，应该掌握一些调解员的调解技巧，知道面对患者时，哪些话不该说，什么样的姿态不恰当。

　　第二，使用"我"字句。在与患者调解的过程中，建议使用以"我"为主语的陈述，比如使用以下话术：

> 当你……，我感到……，我希望（愿意）……

"你"字句常常带有指责、命令的口吻，而"我"字句提到的是我们自己的感受和倾向，并不责备或者批评别人。规范化的"我"字句，是用来描述别人对我们造成问题的行为，描述我们的感受，还有我们希望看到的另一种行为。由于我们把话题指向自己，患者就不太会因为我们所说的话感到威胁，这就打开了协商和解的大门。

另外，"我"字句也有助于我们用一种友好的方式来交流自己的想法。

第三，使用完整信息与患者进行沟通。使用完整信息沟通，包括下面4个程序：①觉察到的情况；②打预防针；③想法、感受；④提出希望。

我们以一个例子来解释：

> 尿毒症儿童小迪收治入院治疗，定时透析。他的家庭比较贫困，父母都是务工人员，为此妈妈辞职专门照顾他。时间一长，妈妈十分烦恼，也跟医护人员抱怨过。直到有一天，护士给小迪打针的时候，他疼得大哭起来，妈妈很气愤，对护士姑娘大吼道："你怎么这么没用！"然后将护士姑娘推倒在地。小护士年轻气盛，回敬道："您儿子的血管扎过那么多针了，平时都不疼，今天干嘛拿我出气！"这引起了小迪妈妈更大的怒火，双方在病房内大吵起来。

运用上面4个程序，这位小护士本来可以这样来解决这一问题：①觉察到的情况："我知道您孩子的疾病给家庭造成了沉重的负担，您还为了他专门辞去了工作，这使得你们的生活更拮据了。您平时也跟我们说起，我都记在心里了。"②打预防针："我不想跟您吵架，您先调整一下心态，请听我说完。"③想法、感受："我知道孩子的病情对您的影响很大，但是您这样对我们宣泄，不仅对小迪的病情完全无益，而且也让我们感到很寒心，毕竟我们跟小迪也相处了一段时间了，我们也很同情他的遭遇。"④提出希望："我希望您摆正心态不要急躁。让小迪心情愉快地养病，有助于他的康复。小迪病好了，您就能回去上班，家庭负担也可以减轻。您说是吗？"

步骤三：区分利益需求和立场。

坚持利益需求而不是立场，因为不相容的立场或许暗含可调和的背后利益。[5]将人与问题分开，对事不对人，把人和问题剥离后，就不会把对方看成对手。另外，对人要软，对事要硬。

在案例中，如果因此认为"这就是个悍妇、泼妇，蛮不讲理的人"，就不符合哈佛谈判术的原则了。哈佛谈判术有4个主要原则，第一个原则为"对事不对人"。不能因为一个人某一行为的恶劣，就否定其本质。如果认为这个人本质、内在就是坏的，结果只能是怼回去或者避而远之，必然导致医患关系紧张，甚至恶化。

对事不对人：在关系己方根本利益的问题上，该坚持的仍需坚持，态度坚决；而在对待谈判对手时，尽量持有理解和包容的态度，谦逊、客气、有礼，而不过分非难、指责，更不能使用污辱性的语言或者对对方进行人身攻击，应该保持友好、和谐的谈判氛围。

步骤四：探究患者的真实需求。

关于探究患者真实需求的方法，可以参考前述 3 种方法。另外，医生常常会遇上一些似是而非的患者需求，下面来看一下探究患者需求的 3 个不同场景。

情景 1

患者：我胃疼。

医生：没有问题。我给你介绍一种特别的药……

情景 2

患者：我胃疼。

医生：你觉得是什么造成的？

患者：我昨晚吃得太多，我需要消食片……

医生：没问题。我给你开药……

情景 3

患者：我胃疼。

医生：几点开始疼的，怎么个疼法？

患者：吃了火锅之后，烧得疼。

医生：疼的时候嘴巴部位痒不痒？

患者：嗯，你一说我想起来了，还真是的。

医生：这么听起来，你可能过敏了。你当时吃的什么口味的火锅？

患者：最近一段时间吃的都是海鲜口味的。

医生：我们做几个检测，如果是因为海鲜火锅，你就得改变日常饮食习惯来照顾好你的胃了。

大多数医生与患者的交谈，属于第 1 种或者第 2 种情形，属于第 3 种情形的医生，比较少。

第 1 种，"告诉我你要点什么"，潜台词就是"你自己要的，你自己负责；要得对不对，我不管"，一副例行公事、漠不关心的样子。第 2 种，与患者"协商"着来，看起来非常尊重患者，但是医生的认定是"患者已经知道他的问题是什么了"。问题是，由于医学专业的壁垒，大多数情况下，患者对疾病的认知是错误的。第 3 种情形才是应该提倡的。由于对于疾病，患者很难真正了解，医生必须称职、尽责，发挥自己的专业特长，协助患者正确判断这些需求是否合理，实现患者利益的最大化。[6]

也就是说，挖掘患者真实需求不能流于形式，要在同理心倾听患者叙事的基础上，秉承认真负责的专业态度，分辨患者需求的真伪。

第二节　满足当事者情感需求的谈判技能

关于谈判，前面已经阐述，有基于立场的谈判和基于利益的谈判两大类。促进式调解理论倡导的是基于利益的谈判，但是，即使是在利益导向的谈判中，关注当事者的情感需求也是非常必要的。因为，谈判者在谈判中的情感需求是普遍存在的。如果当事者的情感需求被满足了，那么，当事者就会更愿意在谈判中配合调解员，更愿意倾听，也就更容易被打动、被说服；如果不被满足，那么当事者就会陷入情绪的影响中，无论是暴跳如雷地表现出来，还是闷在心里不说、不配合谈判，都会给谈判带来大问题。因此，分析谈判中当事者的情感需求，是谈判准备阶段始终绕不开的一个话题。

《高情商谈判》是哈佛大学著名谈判学教授罗杰·费希尔（Roger Fisher）的力作。该书围绕达成明智协议这一目标，就如何培养正面情绪进行了实务建构。书中提出满足当事者的基本情感需求主要包括 5 个要素：向当事者表达赏识、与当事者建立关系的联结、尊重当事者自主权、认可当事者地位和满足当事者的角色意义（图 8-2）。[7] 本节将围绕调解员如何在医疗纠纷调解中满足当事者的这五大情感需求展开探讨。

1. 向当事者表达赏识
2. 与当事者建立关系的联结
3. 尊重当事者的自主权
4. 认可当事者的地位
5. 满足当事者的角色意义

图 8-2　满足当事者情感需求的 5 个要素

一、向当事者表达赏识

在医疗纠纷调解中发挥"赏识的力量"，就是要求调解员做到向当事者表达你的欣赏和理解，更具体一点，就是要求调解员在医疗纠纷调解过程中，找到当事者语言、思考、行动上的优点，并将它们表达出来，以培养纠纷当事者的正面情绪。

1.阻止赏识的3个障碍

如果能够获得别人的赏识，当事者会觉得舒服，更愿意倾听，更乐于合作，更容易达成令双方都满意的调解结果。可是，在现实生活中，调解员很难去赏识当事者。这是为什么？

（1）不懂如何理解、倾听当事者的观点。跟大多数的人一样，很多调解员在沟通中都有几分偏执，常常并不重视当事者的存在，更不会去倾听当事者到底说了什么。有时候，看到调解员没有说话，好像在倾听，其实调解员只是正在脑中琢磨着怎么用下一句话怼回去。人和人之间，少了倾听这一个桥梁，理解是不可能产生的。

每一个人都有"被倾听"的迫切需求，对方判断你是不是听懂了，是否理解了的一个重要依据就是：你是不是在倾听。

理解了这一点，就很容易明白，哪怕调解员真的已经完全理解了当事者的立场，依然需要表现出真诚倾听的姿态，让纠纷当事者接收到一个信号：他听懂了！如果当事者得不到这个信号，调解员将永远无法发挥"赏识的力量"。

（2）习惯于对听到的观点"自作聪明"。当调解员理解了当事者的观点时，只需要把理解表达出来即可。然而，调解员常常会在此基础上增添自己的评论，实则画蛇添足。即使是一个自认为已经理解的观点，在没有证实之前，说到底还是自己的揣测，都存在错误的可能。而据此做出评价所冒的风险便是惹怒对方，让对方的负面情绪高涨。

有些调解员甚至认为，调解就是说理、争论对错的地方。因此，甚至主张当事者应该时刻寻找对方言辞上的漏洞，不放过任何一个反驳对方的机会，最好让对方哑口无言、自惭形秽。可惜，在这个世界上，每个人看待世界都有自己的独特视角，几乎没有两个人的观点会是完全一致的。有时候，不仅是评论，调解中的医务人员还会用讽刺和反问的语气，这样只会大大强化对方的负面情绪，让接下来的调解举步维艰。

（3）不会寻找当事者的优点。调解员可以尝试对纠纷当事者表达出来的逻辑、观点做出肯定，从而来表达赏识。要做到这一点，就应该明白一个道理，即使彼此之间的立场不同，仍然可以赞同对方的观点。为了有效发挥赏识的力量，需要剥离出一个中立的"调解员人格"，在对方的立场里寻找值得自己称道的价值。优秀的调解员甚至可以在调解中火药味最浓的地方，也就是分歧和冲突中找到当事者的优点，来表达赏识。

赏识的本质是理解，理解当事者的立场和道理。有人会担心，这样的理解是不是意味着答应对方的要求呢？其实不然，这样的理解并不意味着剥夺自己任何不赞同对方的权利。正如辩护律师这一职业。无论自己的当事人做了什么，辩护律师都要尽最大的可能去理解当事人的动机和立场，找到辩护的立论角度，但这并不意味着辩护律师赞同当事人所犯的错。

2.4 种获得当事者赏识的方法

有句脍炙人口的东北话：老铁，没毛病！如果你周围有东北人，相信你经常能听到他们这么说。这句方言的意思很简单，就是"朋友（老铁），你说的对（没毛病）！"每次听到朋友的这句话，笔者都会觉得很舒服，聊天的气氛顿时会特别好。这是什么原因呢？因为这是一句典型的赏识措辞。

在任何时候，向对方表达赏识，也就是理解与欣赏，都会让对方的负面情绪得以缓和，从而激发正面情绪。医疗纠纷调解也不例外。但是有的调解员会问：总是让我去理解和欣赏对方，可是谁来赏识我呢？

可见，调解员只是学会如何去赏识当事者，这还不够。因为和当事者一样，调解员自己也值得被赏识。更进一步说，调解员和纠纷当事者都应该处在互相赏识的气氛中达到良性循环。如果调解员做到了真诚地赏识当事者，当事者却总是对调解员的立场和观点嗤之以鼻，任何调解员都不免会心生怨气：

> 看！我这么替他着想，他还是那么刚愎自用！

接下来调解员就会抵触去继续理解当事者的立场，甚至会把要求当事者表达赏识作为一个交换条件：

> 如果当事者不能理解我，我也不会去理解他。

这个想法会让调解员的赏识思维失去真诚，进而使得"赏识的力量"烟消云散。如果当事者就是不能理解和欣赏调解员，调解员应该怎么做？

（1）就 3 分钟。调解员可以这么说：

> 我尊重你的想法和观点，但请给我 3 分钟时间，让我把我的想法好好解释一下，你看好吗？

没错，调解员只是需要争取一个独立的时间来解释。

（2）修正你的信息。有时候，没能让当事者理解的原因，在于调解员传达的信息有误，所以调解员可以把自己要传达的信息做出适当的裁剪和修正。

> 在国外，救护车上的"Ambu lance"一词通常是反着写的，这是为什么呢？原来，这是为了让行驶中的前方车辆司机通过后视镜直接看到正序的 Ambu lance 单词，从而迅速为救护车让开道路。救护车上的标识通常是给前面车辆的司机看的，一个倒序的"Ambu lance"在后视镜中就变成正序了（图 8-3）。这是一个典型的对传达的信息做出适当裁剪修正的例子。

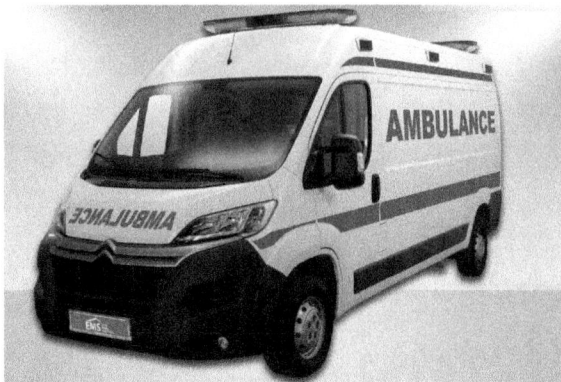

图 8-3　救护车上倒序的"Ambu lance"

（3）向前看。有时候，没有让当事者理解调解员的原因，在于调解员的措辞总是向后看，而调解员带着当事者一起向前看却是解决问题的正确方向。举个例子，当调解员很生气时，负面情绪会刺激他想要去谴责当事者：

不是在当天看检查结果的都需要挂号，你自己没有搞清楚，还怪医生态度不好？

没错，当事者的做法的确不妥当，不挂号还要求医生看检查结果，况且医生正忙得不可开交！但事已至此，调解员的谴责就是在"向后看"，这个措辞对调解毫无用处。因为"向后看"的措辞，只能刺激当事者去绞尽脑汁来反驳调解员，为自己找支撑，结果让沟通变成了争执。

然而，调解员可以改变一下措辞来引导当事者"向前看"，比如：

医生只是希望您尊重他的劳动价值，或者在不是很忙的时候去问他，因为即使是一个简单的检查结果也是需要学了十几年的医才能看得懂的，加上当时医生正忙，看病是人命关天的事，不管是在您身上还是在别的患者身上，医生都不希望出现错误啊。

这个措辞的重点在于"未来"，调解员并没有去谴责，只是借用当事者的一个过错，去争取未来的改变，这是一种谅解；而谅解，是另一种出色的赏识，同样能够融化负面情绪，转而改善沟通环境。

（4）做个比喻。用"比喻"的方法来缓和谈判中的紧张气氛，是解决国际问题时最常用的手段。比如，在巴以冲突问题的解决方法上，2002 年，为了缓和来自美国、欧盟、联合国及俄罗斯等各方的不同意见，谈判协调者提出了一个概念，把每次提出解决方案时的建议称为"Road Map"（交通路线图）。[8] 这是个很形象的比喻，它不是以前那种拿到谈判桌上的冰冷的词语，"这是我方的建议，你们看一下"，而是采用了一个照顾多方利益和诉求的生动表达。

同理，有时候，没能让当事者理解的原因，在于调解员的表达不够生动。这时候，调解员可以多用一些"比喻"。比喻有什么好处？就像上面的案例中所见，比喻能够在当事者的脑海中勾勒出一幅生动的画面，从而让当事者在心中产生共鸣。"Road Map"（交通路线图）象征着当事者都在寻找一条共同的道路，谋求可以最终到达的和平终点。

当调解员想要描述沟通很不顺畅时，可能会这么说：

> 我真的很担心咱们这样的调解下去会变成吵架，我们都希望心平气和地解决问题……

如果用比喻的措辞来变一变，效果会如何呢？

> 咱们今天的调解，好像中间隔了一层厚厚的玻璃墙，谁都听不到对方的呼唤了……

如何？是不是更生动、幽默，让紧张的气氛稍稍缓和了那么一点点？

在调解中，无时无刻都可以使用比喻。因为调解员的描述无外乎是想提醒当事者：之前的沟通出了问题，再这么吵下去看来是不行的。

接下来，顺着这个"幽默"的比喻，还可以继续下去。

> 要不，咱们先休息一会儿吧？各自考虑考虑如何敲碎眼前的这堵玻璃墙吧？

是不是更多了一些积极的因素？让调解的气氛轻松了很多？

类似的措辞还有，比如：

> 咱们再这样谈下去，可能就要卡住底盘了，要不咱们走另一条路试试？
>
> 今天的谈话太沉重了，咱们先喘口气吧，聊点轻松的，好吗？

"闹情绪"往往来源于人的5种基本情感需求没有得到满足，第一种就是"理解和欣赏"，而相应的武器，就是发挥"赏识的力量"。在医疗纠纷调解中，请一定重视"赏识的力量"，它会帮助调解员消融当事者的负面情绪，并激发当事者的正面情绪。

二、与当事者建立关系的联结

在日本的医疗纠纷调解员培训中，有这样一个游戏环节：每两个人组成一组，把右手支在桌面上，相互掰手腕！规则很简单，两个人的右手握在一起，不要松开，向自己内侧用力扳，限时2分钟，一方手背触及桌面1次，另一方就得1分，分数最高者获胜。

游戏开始了，参与者彼此较劲，拼命想把对方的手背扳到桌面上，几乎所有的组没有超过2分，但有一组很特别，他们没有相互较劲，而是直接把自己的手顺势放倒在桌面上，让对方轻松地得了1分。就这样，两人非常默契地拉着手在桌面上翻过来翻过去，很快双方都得了很多分。

在这个游戏中，几乎所有的小组都把对方当成了"对手"，力图阻止对方达成目标。而只有很特别的那组打破了这种思维定势，把对方看作是"合作者"，相互配合共同达成各自的目标。

在医疗纠纷调解中，这样的情况如出一辙。绝大部分当事者认为，在调解过程中，当事者之间，甚至当事者与调解员之间就是"对手"，进而严重束缚了双方谈判的空间。怎样才能在医疗纠纷调解中把当事者当作是"合作者"呢？这就需要发挥与对方建立关系联结的力量。当本来分割、独立的你被与对方建立起某种正向关系的联结时，你就会感到被接纳；你与对方之间原本疏远的心理距离，在正向关系联结建立以后，就变得亲近了，你们之间的正面情绪就会高涨起来。

1. 建立关系联结的3个要素

"你与世界上任何一个人之间相隔的距离不会超过6个人。"这就是哈佛大学著名心理学家斯坦利·米尔格拉姆提出的六度分隔理论，也叫小世界理论。按照这一理论，最多只需要6个人（5个中间人）来串联人际关系，你就可以与世界上任何一个人建立起联系。[9]这种人际的关联性非常有趣，如果将这一理论运用到医疗纠纷调解中，调解员似乎可以轻易跨越各种地域限制，以及社会阶层限制，在与当事者之间、双方当事者之间建立起各种各样的关系联结。

（1）真诚相待。当医疗纠纷调解员把与当事者的关系从"对抗"转换到"合作"之后，整个调解便会发生质的变化。在调解中，调解员引导当事者友善、忠诚，从而形成双方诚实、负责的调解协议，不仅保证了协议的最佳互利性，也有效地提高了双方遵守协议的自律精神。可以想象一下，在尔虞我诈地调解协议签署后，有几个人会真正去尊重这个协议而不反悔？

当然，这种关系的联结必须是真诚的。只有当我们真正为对方的利益着想时，才能建立起有效的关系联结。比如，大部分营销电话里："先生您好，您有资金需要吗？我们就是你的朋友，帮你解决后顾之忧！"相信大部分人都会不说一句便挂上电话。

（2）沟通交流。其实，在这个社会上，看似毫不相干的两个人都隐藏着大量的"关系联结"。不过，通常我们对此视而不见。比如，坐在调解桌对面的那个人可能和你都是某款游戏的爱好者，但仅凭交换名片你们是无法知道的；坐在你旁边的旅客与你素未谋面，但在数小时的车程中，你们之间聊了好多的往事，其中有些事情你甚至都没跟自己的好朋友提起过。

在医疗纠纷调解中增加"关系联结"的思维，就是帮助调解员找到那些隐秘的桥梁，缩短通往当事者心里的"距离"。

（3）事先准备。你可以事先看一看对方的简历，或者在互联网上搜索一下与对方关联的信息，也可以向认识对方的人打听一下。

比如，对于农村来的患者，就可以说：

> 现在新农村建设搞得很不错，你们那边也一样吧？

如果是某地市来的患者，比如临汾，就可以这样说：

> 临汾啊，我前年去旅游过，很好的地方，黄河文明的发祥地！

还可以是与身份有关的。这方面就更多了，比如，同学情、师生情、老乡情、战友情等：

> 哎呀，难得我们还是老乡啊！
> 是吧，原来我们还是同一个学校毕业的呢！

建立关系联结的话题很多（表8-1），只是我们没有好好去挖掘。比如，与工作状况有关的："你那儿是不是也一样经常加班呢？"与家庭和育儿有关的："现在小孩的家庭作业真多，你们那儿也一样吗？"还有与兴趣爱好或者宗教信仰有关的，这些都是可以的。

表8-1　与关系联结有影响的话题

能够建立关系联结、减小心理距离的话题	能够维持心理距离的安全话题
家庭情况	天气状况
个人关心的事情或个人计划	某些不错的餐馆
孩子、兄弟姐妹或父母	交通状况
有关政治问题的个人观点	喜欢的电视节目
与工作无关的话题（故事、个人哲学等）	仅限于工作的话题
征求意见（比如，育儿、处理伴侣之间关系的问题）	汽车
分享矛盾心理及不确定性	不表达任何意见

来源：[美]罗杰·费希尔，丹尼尔·夏皮罗.高情商谈判[M].熊浩，许占功，译.北京：中信出版社，2018：69.

2. 创造关系联结的 7 种方法

当医疗纠纷调解员尝试了所有的话题，还是找不到关系的联结时，该怎么办呢？还可以作一些改变，创造出新的关系联结。

当然，就像前文所阐述的，从一开始就应该把对方当事者当作"合作者"，而不是"对手"。如果调解员接受了"合作者"的思路，接下来的一切就变得很自然了。

（1）采用"非正式"称谓。医疗纠纷调解似乎总是剑拔弩张，"非正式"称谓可以起到缓和的作用。

> 调解员：哥，你看这样行不行？你比我年纪大一点吧？你是哪一年的？
>
> 投诉患者：我 83 年的。
>
> 调解员：我 85 年的。那你比我年纪大，我应该叫你哥。我有一个建议，你看这样行不行？……（其实，调解员事先已经看过患者的病历，对患者的年龄和这样的称呼是有所准备的）

在调解过程中还可以用较为随意的方式介绍自己，或者建议他人直接叫我们的名字，比如：

> 您叫我小张就好。

南方人可能会觉得随便叫人家"哥、姐"叫不出口，但在北方，大家都很习惯叫人家"哥、姐"之类的，是不是北方人的人情味更浓呢？由于医疗纠纷中的矛盾一般很激烈，调解员叫一声"哥""咱妈"很有作用，这是一个重要的调解技巧。

（2）尽量并排而坐。人们总是在不经意间按照相互所处的"位置"来判断人们之间的关系，比如，坐在桌子对面的人就是"对立"的一方，而自己的人总是坐在同一侧。所以，在条件允许的情况下，需要打破这个常规的安排，就可以将调解的双方当事者共同坐在桌子的同一侧，共同面向同一面窗户或者展板。

在日本东京律师会主办的医疗纠纷调解中，医患双方当事者就是被安排坐在桌子的同一侧，而双方的律师被安排并排坐在桌子的另一侧。[10]

当然，这一做法的提出可能会让参与者感到很诧异，用巧妙的措辞进行隐喻可以避免当事者各方的尴尬：

> 既然我们要一起解决我们的问题，就让我们坐在一起吧！

（3）强调对方的利益。每一方最关心的自然是自己的利益。作为调解员就要格外重视，经常把当事者的利益挂在嘴边：

您放心，无论我们谈成什么样的协议，这个协议都必须满足双方的需求。

作为调解员，我不确定自己是否对您的需求已经完全了解了。所以，如果您愿意，我想先花一些时间好好听听您的要求，好吗？

关注对方的利益，能够便捷高效地建立起相互之间的关系联结。

（4）强调双方面临任务的共同属性。调解双方都带着各自的目标而来，这是一个较不明显的"关系联结"。

我们都是为了把病看好，出了问题就要解决。

（5）适时交出对话主导权。有时候，调解员会说得太多，以至于忘记了这是一次协商会议，而不是一次演讲，让当事者觉得自己非常被动，进而产生厌烦、冷漠的情绪。此时，调解员需要停顿下来，注意询问，放慢节奏，把主导权暂时交出去。

哈，我已经说了这么多，我觉得在我们继续下一个议题之前，想听听你们对我刚才所说的话有什么意见，大家的想法对我很重要！

（6）故意找对方帮个忙。

美国著名政治家、科学家本杰明·富兰克林（100美元钞票上印的那位）有一个习惯，在与人商量一件事的时候，总喜欢向人借一本书。他打趣道，故意找对方帮自己一个忙，而不是去帮对方一个忙，会让你和对方迅速建立"关系联结"，关系变得更亲近了。

在人际交往中，一定存在"强"与"弱"的关系。在医疗纠纷调解中，调解员往往被认为是"强"的一方，而当事者是"弱"的一方。调解员求当事者帮一个小忙，就是一个典型的"示弱"行为，它让调解员欠了当事者一个人情，让当事者觉得自己"强"了起来，从而使当事者更容易和调解员建立起"关系联结"。

（7）策划参加共同的活动。邀请调解当事者参加某项共同的活动，当事者之间就会形成亲如同事或者朋友之间的关系。调解员可以问问自己："为了在我们之间建立关系的联结，我该组织什么样的活动呢？"比如，为了解决这一次的医疗纠纷，我们特意建立一个微信群，将双方当事者都加入进来。这样就有了一种类似团队建设的暗示，彼此容易形成合作、互利的心态。此外，邀请当事者与调解员一起吃东西、喝饮料或者参加体育赛事，也是可行的办法。

关系联结的力量不仅在于拉关系、套近乎，当一个人与社会有足够的正向联结时，他就感到温暖、被陪伴，才能体会到自我的价值，激发出对社会的善意。著名心理学家阿尔弗雷德·阿德勒在《走出孤独》一书中指出，人，只有意识到自己在"关系联结"中的存在与角色，才能够生存下去。如果这种联结被切断，那么，这个人就会陷入孤独之中，甚至失去继续生活下去的勇气。[11]

医疗纠纷调解中联结的力量，是要从培养正面情绪入手，激发出积极的人生态度来面对纠纷，解决问题。

三、尊重当事者的自主权

在医疗纠纷调解中，调解员如果不能尊重当事者的自主权，让当事者觉得自主权受到了侵害，他们将不再信任调解员，很可能使调解功亏一篑。

1. 医方要尊重患方自主权

在日本的医疗纠纷调解中，可能会让人觉得调解员和医方对待患方的态度过分低三下四。比如，在调解的过程中，除了先让患方进入会谈室，并只有在患方落座之后，医方和调解员才能落座之外，一定会让患方知晓所有在场人员的身份，并征得患方的同意；[12]调解开始后，医方和调解员如果要进出会议室或者必须要接打电话，都必须首先征得患方的同意。当然，这种同意可以不那么正式，有时仅仅是一种简单的示意，患方的回应也仅仅是一种默示。根据日本医疗纠纷调解员协会的规定，在院内医疗纠纷调解中，医方和调解员应该将自己的手机交与他人保管，不可以带进会谈室。当然，更不能接打电话，或者在没有征得患方同意的情况下让其他人员中途介入会谈。

在我国，情况大不一样。不少医院甚至没有一个可以用来进行医疗纠纷调解的会谈室。调解往往是在医患办的办公室里进行，患者坐在长椅或者长沙发上，旁边还有四张办公桌。在调解过程中，除了一两位工作人员进行接待和调解以外，旁边还有一两名工作人员在办公桌上正常办着公。这种场景使得办公与调解相互干扰，难以保障医患的隐私。也许从来就没有想到需要征求患方的意见：在这个地方展开会谈，你们同意吗？更不用说，在调解过程中，调解员和医方进进出出接打电话会不会去征求患方同意了。虽然也会进行参会人员的介绍，但未必是在征得患方的同意后才在场、离场或者中途介入。院方可能会想：这是在我的医院内，我们安排就是了，哪来那么多麻烦！

这其实涉及一个对患方自主权的尊重问题。在诊疗过程中，医生都能意识到对患者自主权尊重的重要性，站在患者利益的角度，让患者实实在在地参与到有关自身的医疗和决定之中。但是，很少有人注意到，在医疗纠纷调解中，也需要尊重患方的自主权。

2. 忽视患方自主权酿恶果

有这样一个案例，由于忽视患方的自主权，引发复杂的医疗纠纷。

2018年8月，南京有一桩医疗诉讼案件开庭。案件的起因是这样的：

1年前，刘先生发现3岁的儿子存在听力障碍，但南京某区某街道社区卫生服务中心在之前的多次检查时，"从未告知"。刘先生一家认为，医院未尽到诊疗注意义务，导致孩子丧失了及早干预的机会，希望对医院方存在的过错和责任予以明确。该卫生服务中心介绍说，依照规定，发生纠纷后，若医院与患者双方调解不成的，可由第三方介入调解。这里的"第三方"指医疗纠纷人民调解委员会（简称"医调委"）。

因医调委独立于患者和医院，刘先生等家属方表示同意。当年8月的一天，刘家5个人来到该街道一社区办事处，等待调解。院方原本想把调解安排在医院里进行，但被患者家属拒绝，最后医院通过社区联系了一个会议室。

在那里，社区卫生服务中心派出的两位代表与患者家属碰了面。过了一会儿，会议室来了一男一女，其中的男子向患者家属介绍自己是"××区医调委的"，强调，他将会秉着公平公正的原则帮助患者与医院调解纠纷。

刘先生回忆，这名自称"××区医调委的"男子自我介绍过后不久，就表态说"看过材料了，不能证明医院有责任"。当时医院和患者两方还没怎么开始介绍病情，以及各自的分歧，可是他的语气却十分笃定。这让刘先生有些诧异。他注意到二人并没有穿人民调解员的工作制服，便向他们索要证件，但对方支支吾吾，一会儿说"忘带了"，一会儿又说"还在办理"。刘先生起了疑心，便拒绝他们参与调解。原本良好的调解氛围就此打断，双方不欢而散。

刘家人在事后发现，调解会上那个自称"××区医调委的"男人和他的同伴，其实是某保险经纪公司的员工。刘先生称，医院、医调委对这个情况应该均知情，但家属却被蒙在鼓里。后来该社区卫生中心主任承认，当时是医院通知保险公司的人前来调解，因为依照当地相关流程规定，医院发生医患纠纷后，应及时向保险经纪公司报案，将医患纠纷从院内转移到院外。

患者家属认为，保险经纪公司的佣金来自于"医疗责任险"保费，这一点从根本上决定了保险经纪公司的利益导向：他们考虑的仅是医院和保险公司的利益。这也决定着保险经纪公司介入到医患纠纷的调解中并不能确保其调解的中立、公正。该区司法局与卫健委曾就此事多次协调，但还没有达成共同意见。该区司法局也曾接到刘先生的投诉，称医院和保险经纪公司联合起来欺骗患者。

3. 莫让患者产生被操纵感

在这个案例中，撇下保险经纪公司的员工作为"人民调解员"参与调解能否保持中立的问题不谈，仅从尊重患方自主权的角度进行讨论。患者家属可能因为保险经纪公司的员工自称是"××区医调委的"，错误地相信了他们是"人民调解员"，具备应有的公信力与公正立场，进而赋予了他们"主持"调解的自主权，导致错误地处分了自己的合法权益。

一般来说，参加医疗纠纷调解的人员都应该征得医患双方准许在场的同意，即使不是自称"人民调解员"来主持调解工作，作为一般的参会者也应该向医患双方表明自己的真实身份，并征得医患双方参会的许可。

在案例中，医院知道这两位是保险经纪公司的员工，患方不知道。即使患方本来对保险经纪公司的员工参与会议并不太在意，但如果医院不告知患方就擅自决定让保险经纪公司的员工参会，患方也会感受到自己的决策权被冒犯，负面情绪油然而生。更不用说，本不是调解员的人员自称"××区医调委的"主持调解，患方的决定权被陷入严重误导的陷阱，即使不存在实质上的恶意，或者没有造成明显的恶意后果，患方的怒不可遏、勃然大怒也是可以预见的。因为，人们通常都不能允许别人践踏自己"决策的自由"，即自主权，尤其是在涉及诸如亲人的生命健康与安全等的重大议题上，正如案例所见。

哈佛大学谈判学教授丹尼尔·夏皮罗在他的著作《不妥协的谈判：哈佛大学经典谈判心理课》中指出：自主权是指你践行个人意愿的能力，即能够在多大程度上让自己的思想、感受、行动和为人处世体现真实的自我，不被外界强加的不当干涉扭曲。[13] 在这个案例中，本来不是调解员的人员伪装成"人民调解员"的角色，患方当然会产生被操纵的感觉。因为，对方的角色本身就包含了我们赋予对方的自主权的范围。这就好比去做体检时，医生让我脱掉衬衫，我会爽快地服从命令。在患者的这个角色中，我赋予医生检查我的身体是否健康的自主权。但是，如果我走在街上，一个陌生人要求我脱下衬衫，我会很快走开。陌生人的角色并不能促使我们赋予他相同的自主权。

像案例中的患者家属，正是因为社区卫生服务中心介绍说，如果双方协调不成功，可由第三方介入调解，患者家属相信既然是第三方就应该能保持中立立场，并预期赋予这个"第三方"以中立立场介入自己案件进行调解的自主权。一旦得知不是"第三方"时，当然就不可能赋予对方这一自主权。如果发现自己是在不明真相的情况下赋予了对方自主权，在真相大白以后，自己肯定会感到被欺骗和操纵。

民间调解多是自愿的，调解的程序规范等都只是供当事者进行选择的，而没有任何理由强制双方当事者接受，包括关于调解的时间和地点、出席人员、需要讨论的问题清单、调解的会议规则，都是需要双方同意的。也就是说，在开场介绍中，除了调解员的自我介绍外，关于本次调解程序，以及拟采用的会谈规则等的建议，都需要征得双方当事者的同意。甚至，像日本那样，细致到能否接打电话、是否可以随意进出。在医疗纠纷调解中如果可以做到这些，无疑是对患方自主权的极大的尊重，患方的正面情绪就会被调动起来，从而奠定了调解向着和善与合作的方向发展的基础。

四、认可当事者的地位

在医疗纠纷调解中，通常会出现当事者对地位高下的争斗，进而引发负面情绪。对方一旦感到被压迫，就会心生怨恨并拒绝合作。调解员应该注意的是，无论对方的社会地位高低，鉴于术业各有专攻，且经历迥异，当事者各方都拥有各自的特殊权威。

1.地位的较量，存在于生活诸多场景

在谈判中，经常可见在双方还没有诉诸到分歧的具体讨论之前，就在"地位"上展开了较量，试图凌驾于对方之上。

案例 1：

谈判的甲方认为：自己是一位年长的资深 IT 人士，吃的盐都比眼前这个 30 岁的毛头小伙吃的米还要多；自己是国际知名企业的高级经理，而乙方只不过是一个小采购员，在外资公司的等级排名上，自己也更胜一筹。

乙方则认为，自己是本地人，甲方怎么可能会比自己更了解本土服务落地的具体要求呢？另外，这个项目自己已经跟了快两年了，付出了很多的心血，是这个项目的重要负责人，而甲方不过是他们公司为了合同谈判从海外派来的临时角色。

上述两人在谈判刚一开始，就在心中对双方"身份和地位"的高低做起多轮的隔空较量；双方都认为自己的"地位"更高，都质疑对方理解合同的能力。因此，双方都背离了合同谈判的核心，而开始埋怨为什么自己会碰到这样的谈判对手。如果双方不能放下对"地位"的较量，他们的负面情绪将无法纾解。

在医疗纠纷调解中，这一情形同样存在。当事者常常刻意去营造"地位"的悬殊差距来"打击"对方。

案例 2：

在医疗纠纷调解的过程中，患者家属拿起了手机进行拍摄。这引起了调解员的强烈不满，并由此引发了围绕手机争夺而产生的肢体冲突。

患者家属见"被"打了，急忙联系亲属前来增援。

过了一段时间，一位身高马大的汉子走了进来。

"我区政府的。"他指了指区政府所在的方向说。

调解员说："嗯！"

见调解员无动于衷，他又说了一遍："我告诉你，我就是区政府的。"

调解员正烦着呢，挥挥手，不耐烦地说："先不说这些，不要讲政府不政府的事，好不好？不要讲这些！"

这位大汉用手指着调解员说："你们的水平有问题嘛！"

"身份和地位"是人性的第四种基本需求，左右着人们的情绪；在医疗纠纷调解中，"身份和地位"需求的最大表现形式就是"地位的较量"；如果人们的身份和地位得不到认同，就会感受到被贬低，从而产生负面情绪，使得调解寸步难行；反之，如果人们的身份和地位得到了认同，就会感受到被尊重和被认可，进而产生正面情绪，让调解柳暗花明。

2. 捕捉地位信号，做出适当的反馈

在医疗纠纷调解中，当事者双方都希望能得到和自己的"社会地位"相匹配的对待和尊重。人们在表达这个意思的时候，常会略微隐蔽；有些人即使嘴上不说，也都希望得到对方特殊的关注。作为调解员，需要学会去捕捉当事者这方面的信号。

比如，在上述案例中，作为该区的区政府官员，他强烈希望得到外界普遍存在的、对于他的高高在上的特殊对待。他说"我区政府的"，并用手指了指区政府所在的方向，在表达他是本辖区区政府的官员；然后，用手指点着调解员说"你们的水平有问题嘛"，表示"我是有权威来下这个结论的"。这些信号都在表达着这位家属的"社会地位"，希望确立自己在这次医疗纠纷调解中的"地位"。可是，调解员漠视了他的这些对于"地位"的诉求。

作为一个调解员，无论对方是什么样的"社会地位"，都应该表现出相应的尊重。比如下面这则案例，调解员较好地捕捉到了对方关于"地位"的信号，给予了适当的反馈、认同和尊重。

案例3：

患者家属在医患办看见调解员办公桌上的书说："《谈判术》，你们也学这个呢？你们也学谈判吗？"

调解员答："我们这边这些东西也要学一点吧！"

患者家属说："我也学过。"接着拿起书翻了翻，"谈判的书盖温·肯尼迪的不错，不是这个人的！"

调解员说："是吧！这些，我就不懂了。"

患者家属非常好奇，继续观察着调解员桌上堆着的书说："还有司法考试的书呢？"

调解员答道："我们做这个工作的，需要这些东西！"

患者家属："准备考律师？"

调解员急忙否定："我们哪有这个时间呢？我是2009年就考过了。"

患者家属："修个法硕也行，不用脱产，人大、法大都有。"

"难啊！"调解员附和着。

调解员转入正题："化验单的结果还没有告诉你吗？"

患者家属："对呀，哪有这样的医生啊？我又不找事！我们学法律的都是讲道理的，我拿的是法学博士学位，哪有这样糊弄人的？"

在调解间隙，患者家属对调解员所读的书产生了兴趣，并不时显露出自己的专业水平，这其实体现的是希望自己的地位被认可的需求。调解员没有马上将其拉回与调解内容相关的话题，而是给予了适当的反馈，满足了患者家属地位被认可的心理需求。

3.有效应对地位较量产生的影响

那么，如何有效应对"地位"较量对于自身的影响呢？在更新某些理念的基础上，还需要讲究一定的方法。

（1）构建多车道齐驱的"地位"交互网。每个人都拥有属于自己的独特地位，因为每个人都有着独特的学历、经历和人生体验等。这些带给人们的启示就是，别纠结于对方在某个特定领域上的较量，而是认可它；并在自己的特定领域里，同样让对方加以地位上的认可。这就好比当一个城市只有一条单车道的高架路，双方的"社会地位"在这条单车道上，除了相撞碰个死活，毫无办法；解决这一难题的方法可以是，如果对方的"社会地位"比自己高，那这条车道就让给他，让他尽情畅行；而给自己的"独特地位"另辟蹊径，重新开辟一条高架车道，把自己的"地位"信息反向传递给他，让双方的"地位"都得到认可，多车道齐驱而没有冲突。

在案例 2 中，可以比较恰当地回应说："领导来了，好！领导来主持公道。专业问题，我们判断。"这样，既奉承了这位患者家属，把他推上了"领导"的地位，又不失时机地表明医学的判断是需要专业知识的，只能依靠医护人员，把己方的独特能力悉数传递给对方。

（2）面对对方"地位"受损而发起的挑衅，"请教"是一种好方法。

面对对方因为"地位"受损而发起的挑衅，有一种表达方式最适合去认可对方的地位，而又不会过于贬低自己，这种方式叫作"请教"。[14]

回到案例 1 中，当双方冲突激化，那位采购员恼羞成怒，喊道："你知道你在跟谁说话？别忘了，就算合同签了，以后你还是要找我这个小采购来收钱的！"

如果经理采取同样的"较量"思维："大家都按照合同办事，我不怕！"估计这场谈判的结果会十分不尽人意。

而经理借用"请教"思维的话，在既认可采购员地位的同时，又不会过于降低自己的身份："明白！采购也具有举足轻重的地位，都肩负着保护公司利益的重要责任。烦请告知，该怎么做才能弥补我的冒犯？"

这位采购员马上就会喜形于色，因为他现在的"地位"一下子提高了，可以指点面前的这位高级经理该如何表现了。

很多调解员在遇到类似问题时，往往束手无策。

案例 4：

有一位调解员很困惑，他说当事医生刚开始还很积极。后来，却对自己总是冷言冷语。可能是有一次，他问调解员什么学校毕业的，调解员骄傲地回答了他的问题，并且反问他的毕业学校，他没有回答调解员。应该是这件事冒犯了这位医生的专业权威，因为医生的毕业院校档次远不及调解员的毕业院校。

这位调解员可以使用"请教"的方式说："我知道您在问我的毕业学校时，我冒犯了您。烦请告知，我该怎么做才能弥补我对您的冒犯？"这一句火候正好的"请教"，马上就会让这位冷漠的医生脸上露出骄傲的神色，因为他的"地位"得到了足够的尊重。

但是，如果过分看重对方的"地位"，则可能会影响自己做出正确的判断。

> 案例 5：
>
> 2014 年 5 月，近几年一直都在苏州打工的淮安涟水籍的王师傅，将在苏州家中做饭时不慎左臂割伤的儿子，送到了苏州大学附属第一医院急诊科。到了医院后，因为没有床位，医生建议王师傅转到分院去，就是康立医院。在康立医院办理住院手续时，康立医院对王师傅说回淮安可以报销。在康立医院，儿子的手术及术后康复还算比较顺利。不过，王师傅回到淮安涟水老家后，发现由于康立医院为民营医院，依照当地相关政策，这次儿子住院的费用无法办理报销。如果当初在公立医院进行手术和住院的话，原本可以报销 7000 多元的住院费。因而，产生纠纷投诉。

在案例 5 中，王师傅因为康立医院说回淮安涟水可以报销就相信了，缺少了一个自己进行确认的过程。因为对方在某一个领域的"地位"，而影响了自己对其他领域的看法，这被称为"地位溢出效应"[15]。"地位溢出效应"在人们的日常生活中频繁存在。比如，自己的"偶像"明星在电视上做了某一产品的广告，自己就相信了该产品的功效。这样的影响，就称为"地位溢出效应"。其实，这些明星并非该商品领域的专家，甚至，对这类产品的认知有时还不如一个普通民众。

冯唐曾经说过："在中国，最好的就医方式就是相信医生。"尊重医生的专业度，就是善待自己。但是，这并不代表患者就该放弃探寻其他解决方案的努力。因为，医生的权威地位是有可能出现"地位溢出效应"的。这个时候，患者或者家属至少应该多问一句：

> "大夫，真的没有其他哪怕差一点的方法吗？可能不是最佳的治疗效果，但我想知道自己还有哪些选择。"

要知道，什么样的治疗真正适合自己，是特别值得患者在决策时去考虑的，比如，是否可以用药物治疗？是否有创口更小的手术？因为，只有患者自己才知道自己真实的感受和诉求，这和医生的视角并不是完全相同的。这也是预防医疗纠纷发生的重要一步。

五、满足当事者的角色意义

在很多情况下，调解员只是将自己的角色框定在狭小范围内，仅完成责任范围内的事项，未能充分发挥自己的主观能动性。在此要表达的是，调解员应该根据形势的需要不断调整自己的角色定位，主动扩展自己的角色，选择能够赋予自己力量并促进合作的临时角色。

1. 调解员的角色认知

无论在生活中，还是在工作中，人们时时刻刻都在扮演着某一种"角色"。当人们感受到自己所扮演的角色举足轻重、意义非凡时，就会产生正面情绪，让工作、生活充满创意与活力。在调解中也一样，调解员只有认清了自己的角色定位，才能使调解富有主动性和创造性；并随着场景的变化不停变换正在扮演的"角色"，通过满足当事者的期待，培养当事者的正面情绪，推动调解工作的有序进行。

纠纷当事者为什么纷纷选择调解方式，使得调解越来越受到民众的关注？原因很简单：调解方式通过当事者负担得起和令其满意的过程提供着正义。与法官或者仲裁员不同，调解员并不做出判决或决定。相反，调解员是以中立主持人、倾听者、对话促进者和关系修复者的身份提供服务，通过这种方式帮助双方当事者达成合意。中立主持人、倾听者、对话促进者和关系修复者，这些都是调解员应该承担的角色，需要在调解的进程中通过角色的不断调整加以呈现。

做好角色定位，是调解员做好医疗纠纷调解必修的功课。调整角色并非假装，这个角色就是你自己，做最真实的自己，不要假装成为其他人。有意义的角色能够将你的技能、兴趣、价值观、信仰与手头的任务相融合。[16] 然而，在现实中，医疗纠纷调解员常常角色意识比较单一。下面将借助一个调解案例，分析该过程中调解员角色定位不尽如人意的地方，探讨医疗纠纷调解员应该如何寻找正确的角色定位。

2. 案例回顾

一名高三学生由于身体不适，由家长和班主任送到该县人民医院。该院急诊科未对患者做任何救治，告知应转去上一级医院，并让患者自行联系救护车。然而，上一级医院的救护车因为正值下班高峰期，不能及时到达。最终，患者只能在县人民医院进行救治并被推进了 ICU，此时距离患者被送到医院已经过去两个多小时。此后一直到患者去世，共计 22 个多小时，患方对患者的情况知之甚少。期间，家长见过患者 2 次，一次是晚上 2 点多患者呼喊父母，另一次是陪同班主任进行看望，当时主治大夫说患者血糖有一点低，过两天就能转普通病房了。然而，患者病情在第二天的下午 2 点多突然发生变化，在送到医院的 24 小时后，患者被宣布死亡。患方认为这是一起严重的医疗事故，与院方产生纠纷，双方决定就该问题进行调解。

调解员宣读完调解程序后说："关于以上宣读的内容，医患双方是否听清楚了？

请在程序书上签字确认。下面的程序请患方代表介绍一下患者在医院的治疗经过，认为医院有什么过错，带来怎样的损害后果，陈述时间10分钟。"

患方律师陈述意见认为，这是一起严重的医疗事故，院方应该承担全部责任。这时候，死者的妈妈和姥姥大哭了起来。在整个过程中，这样的场景出现过2次，但是在场没有人对家属进行任何的情感接纳与安慰，包括调解员。

患方律师接着陈述："孩子8岁的时候发生过一次火灾……"未等律师说完，调解员认为应该将话题拉回到纠纷本身，便制止说："我们问什么，您就回答什么。"

调解快要结束时，患方问关于文件签字的事宜。调解员爽朗地笑出声来说："没办法，这个要笔墨签字。"

当然，这个案件最后并没有在这位调解员的调解下达成双方合意。

3. 调解过程中存在的问题

从上述调解过程，可以发现调解员在角色认知中存在以下几个问题：

第一，未能体察到对方的角色状态。

生活中，一个人常常同时担任着多种角色。调解员要能够观察到当事者的多种角色，同时体会对方的角色状态，尽量满足对方的角色需要，以便推进调解工作。在案例中，患方母女俩既是孩子的家长，是纠纷当事者，又是受害者。面对即将参加高考的孩子突然去世，在调解过程中始终悲痛欲绝，哭泣不止。

在调解过程中，尤其是医疗纠纷调解中，患方通常带有强烈的负面情绪，调解员应该首先关注到患方的情绪状态，优先满足母女俩作为受害者的角色需求，给予安抚与同情，这既是人文情怀的基本表现，也是作为事件参与者的一种礼貌。而在案例中，调解员以及参与者却自始至终没有给予任何动作及语言的安慰，表现出一副置身事外的冷漠姿态。

第二，未能意识到自己的"临时角色"错位。

人们在一个组织或社会里扮演的公认角色叫作"常规角色"。比如，在公司可能是"销售职员"的角色，同时在家里又是"家长"的角色。但是，人们在担任常规角色的同时，常常伴随着场景的不同，扮演着不同的"临时角色"，可以一会儿是"解决问题者"，一会儿是"倾听者"，一会儿是"提建议者"，一会儿是"支持者"，等等。

当对方扮演某一种角色时，自己会不由自主地扮演相对应的另一种角色。比如，当对方主动去扮演"弱者"时，自己会不自觉地开始扮演"强者"；当对方在谈判中表现得很敌对，扮演一个"进攻者"的角色时，我们就会不自觉地也开始敌对，进入一个"反击者"的角色。而通常自己并不能意识到这些"临时角色"的存在。

在案例中，当患方询问关于文件签字的事宜时，调解员竟爽朗地笑出声。在患方伤心欲绝的场合下，这一举动显然与当时的气氛格格不入，既不合时宜，没有顾及患方的感受，甚至可能在无形中造成对患方的情感伤害。这正是调解员没有意识到自己的"临时角色"错位所导致的，调解员不由自主地进入了"事不关己"的旁人角色，而不是患方所期待的

"安慰者与同情者"的角色。

第三，未能认识到调解员的角色担当。

调解工作面对的是形形色色、纷繁复杂的矛盾纠纷，作为调解员，需要根据每件纠纷的具体情况和事件发展的不同阶段，担当不同角色，并相互转化。

通过不同角色的转化、沟通，发现当事者所追求的真实需求之后，调解员要将工作重心转向协助当事者发现，或向当事者展示实现利益与解决纠纷的多种可能，并将这些可能与当事者的真实需求相联系；引导当事者分析各种可能的利弊得失，并认真考虑对方利益，放弃不可能为对方所接受的立场，寻找使纠纷解决的"零和游戏"向"双赢"格局转换的解决方式。

医疗纠纷解决的目的不仅是息诉罢访，还有良好医患关系的修复。也就是让患者下一次还能坦然地找当事医生看病，特别是在优质医疗资源只此一家的地域，这一点尤为重要。调解员应构建适宜双方当事者自主对话的平台，保证双方充分陈述自己的主张，使和谈得以顺利进行。

在案例中，这位调解员仅限于扮演着呆板的程序主持人角色，木讷地推进调解流程，却忽视了调解最核心的内容。

4.认清调解员应担当的5种角色

那么，调解员担当的角色有哪几种？一个成功的调解员在扮演着该社会角色的同时，必然需要承担起相应的社会职责。调解员在调解中的功能不仅包括协助当事者，也包括对当事者与调解程序负责。调解员在程序中的角色视情况而定，主要有以下5种角色（图8-4），并将随着情形而相互转化。[17]

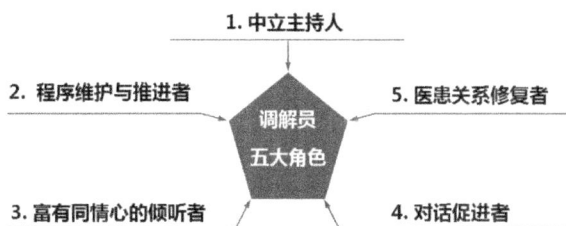

图8-4 调解员的五大角色

（1）中立主持人。调解员在调解实务中应体现公正性和公平性，包括尊重当事者的自决权，避免因行为不当引起利益冲突或对当事者产生不当影响。调解员应该以一种公平、均衡的方式主持调解会议，促进参与者相互尊重，鼓励他们以协作、非强制性和非对抗性的方式进行和解。调解员在调解中无须寻求正确的答案，但必须时刻谨记"人比纠纷更重要"这一理念。

（2）程序维护与推进者。调解员不发表判断、意见和建议，不表明对哪一方的情感喜好，只致力于做公正程序的维护者和推进者。调解员的非决定性和非权力性，是调解当事者的自主和参与的保证，也是社会自治的重要中介。

（3）富有同情心的倾听者。多数医疗纠纷当事者，在遇到纠纷时情绪都比较激动，调解员在接待当事者时关键是要疏导当事者的情绪，让当事者宣泄愤怒和不满，等待当事者心情平复后再进行调解。在宣泄过程中，调解员要学会倾听，要当"出气筒"，及时疏导情绪，并通过倾听"听出"矛盾的根源所在，找到解决矛盾的决定性因素。

（4）对话促进者。首先，作为沟通平台的搭建者，能够使无法自发地通过协商解决纠纷的当事者走到一起，相互交流，认真负责地提出主张进行协商，为促成合意创造基本条件。其次，在对话中帮助当事者明确各自的主张和真实需求所在，并确定争议点，以及双方都予以承认的案件基本事实，引导当事者进行换位思考，弥合分歧，唤起当事者共鸣，改变纠纷初期双方针锋相对的状态。最后，在双方意见分歧较大时，调解员可以有意识地"过滤"一些不利和解的信息，然后再传达给对方。

（5）医患关系修复者。调解员处于"配角"地位，主持的调解，好比是协助当事者进行的一场以心治心的治疗式过程，不能以牺牲一方为代价偏袒另一方。修复关系是要为参与者带来和平的人际关系，弥补受害者及受害社群的损失，帮助加害者悔过并正常回归社群生活，而不是着眼于以处罚与隔离来对付这些破坏行为。

调解员的中立性是调解正当化的基础，没有中立性则会失去当事者对调解员的信任。在案例中，调解员的中立性似乎坚持得比较好。但是，调解员只是机械地、例行公事般地执行着程序，在患方律师本来想表达孩子命运多舛的一面时，打断律师的诉说，拒绝倾听，放弃打开患方心扉的机会，也缺少对搭建当事者自主对话平台，以及修复良好医患关系的创建。调解员的这五重身份为调解员的角色定位提供了今后努力的方向。

第三节　谈判策略在医疗纠纷调解中的运用

行为决策研究认可应该教导人们在谈判时更理性一些，但这还远远不够。谈判者还需要了解那些会阻碍他们进行理性决策的心理习惯和偏误。下面尝试对此做些粗浅探讨。

一、衡量沉没成本

沉没成本是指已经投入，且无法挽回的代价。

诺贝尔经济学奖获得者约瑟夫·斯蒂格利茨曾用一个生活中的例子来说明什么是沉没成本。假如你花 7 美元买了一张电影票，你怀疑这个电影是否值 7 美元。看了半个小时后，你最担心的事被证实了：影片糟糕透了。你应该离开影院吗？在做这个决定时，你应当忽视那 7 美元。它就是沉没成本，无论你离开影院与否，买电影票的钱都不会再回来。

沉没成本常常用来指人们在生活中存在的一个有趣的非理性的心理现象：虽然在理智上知道这件事再做下去没有什么意义，但是，还是要咬着牙坚持做下去，结果，反而浪费了更多的人力与物力。

在医疗纠纷调解案例中，有一个与衡量沉没成本相关的案例。

1998年7月29日，张某突感腹痛，前往所在县城的某医院就诊，被诊断为肠梗阻。同日，进行了手术治疗。术后伤口感染，该院以此需要加强营养为由，为张某输血200 ml。此后，张某的身体每况愈下，经常乏力，并伴有恶心、吃不下饭等症状，劳动力也明显下降。2015年9月，张某被查出转氨酶偏高，并告知可能感染丙肝病毒。2016年1月，经省城某医院确诊为病毒性肝炎，并经医学技术鉴定为因医院操作不当，违反输血规程，致使张某传染丙肝病毒。张某发现自己被传染丙肝病毒事实后，多次找该医院，要求对自己在该院输血传染丙肝病毒所造成的损害进行赔偿，院方意见是"同意赔偿，要求划清责任"。请求未果后，2018年7月12日张某找到所在镇人民调解委员会要求协商解决，以维护自己的合法权益。7月21日，在调解员主持下，双方当事人签订调解协议，该医院一次性付给张某人民币12万元，作为对其丙肝治疗期间的各种赔偿。

在此案例中，该医院既然已经明确张某之前既没有传染病史，也无手术史，在该院输血是他被传染丙肝病毒的唯一途径，且同意赔偿，在张某提出就前往省城医院的检查、住院、复诊及治疗费用，以及期间的交通费、住宿费、误工费、住院伙食补助费、护理费、精神损失费等共计人民币15万多元赔偿时，张某已经10年奔波求医，造成巨大的身心伤害和物质损失，身心疲惫，苦不堪言，医院却迟迟不肯答应。

表面上看，该医院似乎因为讨价还价减少了3万多元的赔偿，然而事实上，该医院不能够理性面对由于自身医疗过错所造成的损失，却在层层嵌套中不断投入新的成本，这些又岂止只有3万元。人们应该理性面对沉没成本，只要感觉到此事继续做下去失去了意义，就应该及时终止，否则将造成更大的损失。在案例中，损失就是双方耗时耗力，该医院不够深明大义，也破坏了自身的社会形象。

二、关注锚定效应

所谓"锚定效应"是指人们在作决定或下判断前，容易受到之前的信息影响，该信息犹如一个沉重的锚，沉到了海底，让你的思维以该信息为基准，在它的一定范围内做出判断。

看看我们身边常出现的事例：

为什么一支牙膏要标建议零售价：9.9元，实际售价8.7元？

为什么商家喜欢写一个标价，还要划掉，然后再写一个优惠价？

为什么实体小商铺喜欢开一个天价等你还价？

因为有了相对应的参考价，我们在购买时就会产生史蒂夫·乔布斯所说的"顾客不一定要占便宜，而只是要有一种占了便宜的感觉"。人们极易受到"锚定效应"的影响，即使专业人员也不例外。

"锚定效应"的奏效可能缘于我们的大脑急需要一个参照物。如果你没有接受过西餐的正统礼仪教育，而又受邀出席非常高档的西餐晚会，你会怎么做呢？绝大多数人多半会选择"见机行事"：别人怎么做，我也怎么做。在这样的场景下，"别人"就是锚，他们的举动为你定了位。

理解了这些原理后，再来看看医疗纠纷调解中的"锚定效应"，可能就会更好理解了。

比如，在患者没有提出具体的赔偿金额前，调解员告知按照省医疗纠纷预防和处理办法，医院内医患协商只能处理赔偿金额在 1 万元以内的投诉。

在这里，可能产生两方面的"锚定效应"：其一，1 万元的额度成了一个重要的参考值；其二，在患者的心目中已经认定调解员有赔偿的意愿了。如果没有达到患者心中的预期，往往成为导致医疗纠纷的潜在诱因。

又比如，患者因双下肢网状青斑 10 余年至甲医院就诊，诊断为"免疫性结缔组织病"。两周后复诊，诊断为"免疫性血管炎"。后来，在数月内又多次复诊，先后诊断为"皮肤血管炎、系统性红斑狼疮、免疫性血管炎"，给予了大量激素药物和 4 次化疗后，症状不但未见改善，全身网状青斑反而增多。患者又至乙医院就诊，乙医院认为并非"免疫性血管炎"，而是"网状青斑"，应当停止使用激素。患者认为甲医院错误诊断和用药，并延误病情，要求甲医院承担其在两家医院的全部治疗费和就诊的交通费，医院认为赔偿金额过大，不予同意。

在案例中，医院表示"赔偿金额过大"将对患方产生"锚定效应"，即表示医院有赔偿意愿，只是对于额度大小存在争议。暗示就是"锚定效应"。[18] 免疫性血管炎是一组复杂的疾病，其本身可以是一种原发病，也可以是另一种原发病的临床表现。在本案例中，患者在乙医院的网状青斑的诊断，并不能否定甲医院自身免疫性疾病的诊断，不能排除网状青斑是自身免疫性疾病的皮肤表现。尤其是在医院并不存在过错责任的情况下，这样的表态将进一步加剧纠纷的恶化。

在前面张某腹痛的案例中，由患者先行提出的金额 15 万多元，就起到了一个明显的"锚定效应"作用，与最后的赔偿金差距不大。尤其是当对方不是很清楚什么才是正确的、公平的或者合适的金额时，他们会很容易被这个"锚"所吸引，围绕着这个"锚"来解决不确定性。

在医疗纠纷调解中，锚定效应的影响是非常大的。这也告诉我们的调解员，不要反复去讨论对方提出的"锚"，因为对这个"锚"的讨论越多，这个"锚"的影响力就越大。正确的做法是，完全忽略它。当然，这并不是建议调解员假装没有听见，而是可以"就你提出的赔偿要求来看，恐怕我们很难达成共识。要不，我们先讨论下一个某某议题"，将它轻轻带过。如果没有办法将它忽略过去，也可以通过还一个极端一点的"锚"来抵消对方的影响，然后双方再进行调整。

三、利用好损失厌恶

捡到 100 元所带来的快乐，难以抵消丢失 100 元所带来的痛苦，称之为"损失厌恶"。也就是说，大多数人对损失比对获益更为敏感，损失引起的痛苦情绪要比等量的获益引起的快乐情绪更为强烈。

> 比如，推销一款隔热产品。你对一半顾客说："如果你买了这个隔热产品，你每天可以节省 ×× 元。"而对另外一半顾客说："如果你不给你的房子隔热，你每天会损失 ×× 元。"这两种描述里的信息其实是一模一样的。但是，研究表明，那些被告知不买就会有损失的顾客更愿意购买这款隔热产品。

那么，要想平衡 100 元的可能损失，需要得到的最少获益是多少呢？对很多人来说，这个问题的答案是约为 200 元，是损失的 2 倍。当然，这是个平均值。有些人规避损失的能力比别人更强些。多个实验曾对"损失厌恶系数"做出估计，这个系数通常在 1.5～2.5。[19] 所以，现实中的金额谈判总是让人琢磨再三。

在前面张某腹痛的案例中，我们暂不讨论该医院忽略沉没成本，投入多年精力去解决这个纠纷的事情，从赔偿金额来看，医院将患方提出的赔偿金，从 15 万多元最后协议为 12 万元。在赔偿过程中，医院可以一次性提出降低 3 万；也可以分两次，先提出降低 2 万和后面提出再降低 1 万的降低幅度，对患方减少的赔偿额都是 3 万元，都需要有 6 万元的获益才能弥补。但是，损失厌恶的原理所展示的另一面是，人们在获益的时候希望是多次的，而损失的时候则希望是一次性的。因此，一次性提出降低 3 万元能将损失的痛苦最小化。这对医疗纠纷调解的启示是，涉及赔偿时应该把所有的损失加在一起，一次性提出，再行协议，这样对方就只需要应对一次损失了，也更易于接受。

一旦明白了损失厌恶的原理，你就会注意到这个策略的使用有多么广泛。它不只出现在谈判当中，几乎出现在人们生活中的方方面面，无论你是管理者、消费者，还是仅作为普通民众。例如，主张"改革"的代表总是在告诉民众，强调"如果不实施这些改革可能会带来的损失"，而不是将夸耀自己的改革所能带来的好处放在重心位置。损失厌恶原理也能够解释为什么每个人都表示并不喜欢负面的政治广告，但负面的政治广告却总是如此有效。

诺贝尔经济学奖获得者、美国普林斯顿大学心理学教授丹尼尔·卡尼曼在《思考，快与慢》一书中说，"损失厌恶这一概念绝对是心理学对行为经济学最重要的贡献"[20]。丹尼尔·卡尼曼和阿莫斯·特沃斯基在"人的心理认知如何系统地偏离理性"这一领域的开创性研究，深刻影响了经济学、心理学、市场营销学等领域，同时也改变了谈判学。

第四节　谈判对调解理念转型的启示研究

在商品经济高速发展、纠纷形式日趋多样化的社会转型期，要想让医疗纠纷调解从诉讼、仲裁中脱颖而出，必须转变调解理念，下面将结合案例进行分析阐述。

一、从"分蛋糕"转变为"做大蛋糕"

谈判主要分为两种类型：分配型谈判与整合型谈判。分配型谈判，也叫零和谈判，是指谈判的双方就像在分蛋糕，一方所获得的任何收益恰恰是另一方所付出的代价，分配型谈判的目的就是要降低对方的期待。谈判双方在谈判的时候本来有冲突，但如果双方把利益分配的问题解决了，就能摆脱冲突。整合型谈判，指的是谈判双方不局限于固定利益的讨价还价，追求的是把蛋糕做大。整合型谈判的目的是要升高对方期待，应该让对方知道与自己合作能赚钱。[21]

在前面第一章第四节也提到这个案例：一位年迈的患者前来医患办投诉，说是门诊医生态度不好，并要求当事医生道歉。由于对投诉内容难以核实，调解员觉得该纠纷难以处理。后来，调解员了解到，原来的主要原因是由于患者年纪大，不会通过手机进行预约挂号，需要较早来到医院进行现场挂号，甚至有时挂不到号，因而积累了不少怨气。调解员遂主动提出为她在网上挂号，解决她以后的挂号困难，纠纷迎刃而解！

在这个案例中，调解员没有局限于就事论事，而是力图先把蛋糕做大，就是把共同利益做大，替老人挂号。这既为医院多争取了一位患者，也显示出了院方的人文关怀精神，无形中提升了医院的良好社会形象。随着我国老龄化越来越严重，更加凸显我们社会在适老化方面的工作仍然存在很多缺陷。这不是开后门，每个人都会变老，人人都会成为老人，医院如何尊老、适老化，将成为今后医院人文建设的重要方面。

二、从切片式思维转变为综合性思维

正如前述所见，目前的调解存在严重的法律思维倾向。法律思维实际上是一种"切片性思维"，体现为将当事者之间所争议的民事权利义务关系，从纠纷所涉及的总体性社会事实[22]及其所关涉到的其他社会连带关系中抽离出来，在既定的规范视野之下，以所规定的标准和方式进行检视，以寻求纠纷解决的规范化结果。在这一"切片"的过程中，法律规范或一定的道德、习惯性规范等是"刀"，要切割和抽离的要件事实则是切下来的"片"。

这种"切片性思维"有其优点，比如，有利于国家法律的严格贯彻实施，但是也有其缺点：其一，在法律规范滞后、欠缺等法律自身不足的情况下，民事纠纷难以获得有效解决。其二，对某些难以或者不宜分清是非的纠纷，不宜采用法律裁断的方式。由于某些纠纷难以或者不宜明确进行事实认定，造成了这些纠纷是非不明确。另外，也有一部分纠纷是非明确后反而可能造成矛盾的激化。因而，对于这些纠纷，在实践中，人们多倾向于合意性解决。

某男性患者，69岁，于2020年10月因发烧不适到某西医诊所就诊。该患者罹患过敏性哮喘多年，一直在此诊所治疗。经医生现场对其进行体查：血压正常，双肺满布哮鸣音，桶状胸，体温37.8℃，心脏听诊多发期前收缩。医生检查后开药并嘱其回家按时服药休养。患者遵医嘱于数日后的某天上午服用了一粒退烧药，该药后被查证为安乃近。服药10分钟后，出现干呕、大汗并伴哮喘发作。家属立即将其送至当地某医院后出现心搏骤停，自主呼吸和意识全无，已进入深度昏迷状态。经该医院急诊医生抢救后恢复自主心跳，后转入ICU继续治疗。

患方家属认为，患者现有症状系服用了该诊所医生没有按药品使用规范开具的安乃近所致，诊所应承担赔偿责任。而诊所认为，诊疗措施得当规范，患者目前所处状态与诊疗行为不存在因果关系，故不承担相应责任。双方争执不下，因此引发医疗纠纷，随即来到当地医疗纠纷人民调解委员会申请给予调解。

在当事双方的同意下，在当地的市级医学会进行了医疗事故技术鉴定，鉴定结果为一级乙等医疗事故，医方承担次要责任。在调解过程中，双方因补偿金额产生了巨大分歧；加之患者还尚未出院，后续医疗费一项无法估算；同时，患方子女由于在省外工作，对于需要多次反复召开的调解会无法坚持经常回来参会。

在这个调解案例中，医调委采用"综合性思维"，即将当事者的纠纷解决置于经济、法律、道德、习惯、心理、社会等多维视野之中，在对纠纷的性质、发生的原因、矛盾的程度、所关涉到的其他社会关系、事实查明的状况等予以综合考虑，在不违反法律的禁止性规定和不损害第三方利益的前提下，针对纠纷解决的具体需要，运用适当的技巧和方式，寻求在当事者双方意愿自治基础上的解决方案。医调委打破当事者必须亲自到场的惯例，首次采取网上视频远程调解的方式，全程利用电话、微信视频联系调解。针对患者一直处于深度昏迷状态，是否转醒成为未知数，后续医疗费无法准确预估的问题，医调委打破"以事实为依据，以法律为准绳"的法律思维定势，一方面满足患者子女想要尽一些孝道的需求；另一方面引导患者家属认识到，最重要的应该是让老人享受天伦之乐，而不是让老人长期陷入补偿纠纷的案件中，给出了 3 个月作为后续治疗的参考时间。当月，双方在当地医调委的主持下，自愿签订了调解协议，顺利解决了纠纷。

从上述案例可以看出，"综合性思维"有利于及时修复当事者之间的和谐关系，减少社会震荡，节约纠纷解决的成本。有学者认为，"综合性思维"将不利于当事者程序权利的充分保护。[23] 其实，由于调解是自愿的，调解的时间和地点、需要讨论的问题清单及调解程序等内容都是需要双方当事者达成合意才能执行的，故不存在程序权利保障不充分的问题。

三、从追责过去导向转变为面向未来导向

调解法律化倾向导致的另一个问题是，在目前的调解中呈现出追责过去导向。法律化倾向实际上是历史事实的回溯过程：通过证据去发现法律事实，然后，根据过去已经发生的案件事实做出法律权利义务的判断，具有明显的追责于过去的倾向。下面以第六章第三节提到的案例进行分析，有一段这样的医患对话。

奶奶：意思是这个地方没有输过钙？输过钙的是这条腿。但不是这个部位？我说一就是一，二就是二，不用在我们面前狡辩。我实在是不想坐在这儿，伤心的事情，也不划算。

现在的问题是，小孩怎么能治好，不要留下后遗症。这就是我们要说的事情，不要留后遗症，咱们就处理这事情，咱们是遇事说事。什么都是我们的问题，咱们听了心里不平衡，反正这些我们听了就不舒服。

一会儿医生说："小孩遇上问题找医务科"，医务科说找医调委。本来，要找也得你们去找，毕竟你们是医院，你们认识的专家也多，各方面的关系也多，我们只想让你们尽快处理，最终小孩怎么能治好，不留下后遗症，这就是我们想要解决的问题。

不要在这里争，咱们一是一，二是二，已经出了这个事情，咱们就不用怕事，咱们要处理这个事情，不要推责！推责，我们心里听了不舒服。

调解员：咱们不是推责，咱们这事情到了我们这儿了，我们就要受理这个案子，不管有责没责，我们都要整个处理完才算，这个你们放心。

奶奶：什么这儿输过钙，那儿没输过钙？一直在这儿争！不管是怎么协商，只要病能好了，至于其他的，我也在医院待过，只要小孩病能好了，咱也不想闹其他的！只要小孩没事就行，咱不想因这个事情闹下矛盾。

实在是不该遇上这个事情。咱们遇到事情就得解决事情，（对着法律专家）你们

说是不是？不用把这个责任往外推，不要往我们身上推！

调解员：今天来这儿，咱们双方都不容易，都很忙。所以，我们就想面对面地把事情的经过都澄清了，就好解决。是这样的，咱们今天也说不出什么来，你们也别生气，如果要说谁的责任，谁来负这个责……

爷爷：（打断调解员的话）这又咋了？我们没话说了！

在上述这段医患对话中，奶奶的第一次发话表达了多个诉求：关于哪个部位输了钙、医院是否在推诿、现在最要紧的问题是什么。对于这几个问题，调解员如何接过话茬进行有效回应？全部接过来一一做出解释？还是有针对性地先挑重要的进行回应？

看一下调解员接下来的回应："咱们不是推责""不管有责没责，我们都要整个处理完才算"，患方本来以为今天来的目的就是分清各自的责任，而调解员说今天没有安排医学评估，故今天不能定责，此话立即引起了患方的强烈不满。可是，在这种情况下，调解员接过的话题仍然是围绕"定责"。

奶奶反复强调"现在的问题是，小孩怎么能治好，不要留下后遗症""我们只想让你们尽快处理，最终小孩怎么能治好，不留下后遗症"，仅在第一次的发话中"（孩子）不要留下后遗症"就说了3遍，却没有得到调解员的回应。在日本的医疗纠纷调解员培训中有规定，只要是患方讲了3次的内容一定要记录下来。

在奶奶的第二次发话中，她说"我也在医院待过，只要小孩病能好了，咱也不想闹其他的"，奶奶本身是医生，从案例中的表现也可以看出，她是最容易与院方达成共识的人。可是，调解员回应的是"我们就想面对面地把事情的经过都澄清了""如果要说谁的责任，谁来负这个责"，仍然在延续"定责"这个话题，没有针对奶奶作为同行所表露的积极态度进行回应。

在面向未来导向的回应中，关于奶奶的第一次发话，应该呈现如下回应：

奶奶：意思是这个地方没有输过钙？输过钙的是这条腿。但不是这个部位？我说一就是一，二就是二，不用在我们面前狡辩。我实在是不想坐在这儿，伤心的事情，也不划算。

现在的问题是，小孩怎么能治好，不要留下后遗症。这就是我们要说的事情，不要留后遗症，咱们就处理这事情，咱们是遇事说事。什么都是我们的问题，咱们听了心里不平衡，反正这些我们听了就不舒服。

一会儿医生说："小孩遇上问题找医务科"，医务科说找医调委。本来，要找也得你们去找，毕竟你们是医院，你们认识的专家也多，各方面的关系也多，我们只想让你们尽快处理，最终小孩怎么能治好，不留下后遗症，这就是我们想要解决的问题。

不要在这里争，咱们一是一，二是二，已经出了这个事情，咱们就不用怕事，咱们要处理这个事情，不要推责！推责，我们心里听了不舒服。

调解员：是的。孩子奶奶，您说的意思是，现在最要紧的问题是，如何让小孩治好，不要留下后遗症，是吧？孩子的奶奶和爷爷为了这个事操碎了心，你们认为医院方面关系多，应该多积极想想办法！是吧？

关于奶奶的第二次发话，则可这样回应：

奶奶：什么这儿输过钙，那儿没输过钙？一直在这儿争！不管是怎么协商，只要病能好了，至于其他的，我也在医院呆过，只要小孩病能好了，咱也不想闹其他的！只要小孩没事就行，咱不想因这个事情闹下矛盾。

实在是不该遇上这个事情。咱们遇到事情就得解决事情，（对着法律专家）你们说是不是？不用把这个责任往外推，不要往我们身上推！

调解员：是的。奶奶也是医生，我退休前也是医生，都是业内人士，对医院的这些事情都非常了解，没有一个医生不希望患者的病好起来，尤其是自己的孙女碰到这种事情，怎能不让人闹心？将心比心，作为患者家属的这种迫切心态，我们都应该能体会到！孩子的奶奶说，她的诉求是只要孩子的病好了，也不想闹其他的，看得出来奶奶是一位德高望重的医生，宽厚仁爱，非常体贴我们。是吧？

可以看得出来，在面向未来导向的对话中，一是调解员抓住了奶奶的先治病的诉求。对于刚刚出生才几天的婴儿，先治病无疑是最为重要的，进而抓住有利于问题解决的积极诉求进行引导。二是调解员正向积极地进行了情绪接纳。调解员对奶奶抱怨的情绪进行了良好的接纳，说爷爷奶奶"为了这个事操碎了心"，而没有说爷爷奶奶在投诉、在抱怨，采用了积极正向的表达。三是积极寻找对方阵营中自方的支持者。调解员将应对的主要精力由放在态度强硬的爷爷身上转到了容易达成共识的奶奶身上。奶奶是同行，在医疗领域奶奶比一般的患者了解得更多，以此营造和谐的谈判氛围。

在面向未来导向的应对中，调解员没有着眼于对过去事实的认定和责任追究，而是积极引导当事双方朝着未来，朝着关系和谐的方向发展。

参考文献

[1] [美] 罗杰·费希尔, 威廉·尤里, 布鲁斯·巴顿. 谈判力 [M]. 王燕, 罗昕, 译. 北京: 中信出版社, 2009:35.
[2] 徐菁菁. 医生的修炼: 医术之上的人学 [J]. 三联生活周刊, 2016, (13):57.
[3] 徐菁菁. 医生的修炼: 医术之上的人学 [J]. 三联生活周刊, 2016, (13):53-54.
[4] 叶琴, 余云芳, 周新华. 一例永久起搏器植入术后患者人文关怀护理查房体会 [J]. 当代护士,

2017(11):169.

［5］［美］迪帕克·马哈拉.哈佛商学院谈判课 [M].李欣,译.长沙:湖南文艺出版社,2017:31.

［6］李贞玉,孔祥金.中国传统医德的现代反思与借鉴 [J].医学与哲学,2015,36(6A):47.

［7］［美］罗杰·费希尔,丹尼尔·夏皮罗.高情商谈判 [M].熊浩,许占功,译.北京:中信出版社,2018:23.

［8］苏欣,赵星华.巴勒斯坦 [M].大连:大连海事大学出版社,2019:37-38.

［9］何宏非.弱关系的力量 [M].北京:北京理工大学出版社,2020:39.

［10］［日］儿玉安司:"話し合いへ、工夫凝らす＝柔軟な制度、多様な解決—弁護士会医療 ADR" [EB/OL]. (2017-07-31) [2022-07-29]. https://medical.jiji.com/topics/370?page=4.

［11］阿尔弗雷德·阿德勒.走出孤独 [M].胡慎之,译.北京:天地出版社,2019:9.

［12］［日］和田仁孝,中西淑美.医疗纠纷调解:纠纷管理的理论与技能 [M].晏英,译.广州:暨南大学出版社,2013:71-72.

［13］［美］丹尼尔·夏皮罗.不妥协的谈判:哈佛大学经典谈判心理课 [M].赵磊,译.北京:中信出版社,2019:38.

［14］［美］罗杰·费希尔,丹尼尔·夏皮罗.高情商谈判 [M].熊浩,许占功,译.北京:中信出版社,2018:111-112.

［15］［美］罗杰·费希尔,丹尼尔·夏皮罗.高情商谈判 [M].熊浩,许占功,译.北京:中信出版社,2018:116-117.

［16］［美］罗杰·费希尔,丹尼尔·夏皮罗.高情商谈判 [M].熊浩,许占功,译.北京:中信出版社,2018:126.

［17］［美］罗杰·费希尔,丹尼尔·夏皮罗.高情商谈判 [M].熊浩,许占功,译.北京:中信出版社,2018:141.

［18］［美］丹尼尔·卡尼曼.思考,快与慢 [M].胡晓姣,李爱民,何梦莹,译.北京:中信出版社,2012:172.

［19］［美］丹尼尔·卡尼曼.思考,快与慢 [M].胡晓姣,李爱民,何梦莹,译.北京:中信出版社,2012:382.

［20］［美］丹尼尔·卡尼曼.思考,快与慢 [M].胡晓姣,李爱民,何梦莹,译.北京:中信出版社,2012:274.

［21］卢光莉.组织行为学 [M].开封:河南大学出版社,2014:161.

［22］郭伟和.作为总体性社会事实的农村社会上访研究 [J].思想战线,2014,40(3):5.

［23］张立平.为什么调解优先:以纠纷解决的思维模式为视角 [J].法商研究,2014,(4):124.

第九章　医疗纠纷促进式调解打破僵局技能

在医疗纠纷解决过程中，难免遇上僵局。僵局是指医患双方往往由于某种原因相持不下，使协调陷入进退两难的境地。在医疗纠纷解决中，僵局产生的原因主要有以下几种：①情感争执。在纠纷解决中，由于一方言行不慎，伤害对方的感情或者使对方丢了面子，形成了僵局。一些有经验的谈判专家认为，不少谈判人员维护个人的面子甚于维护团体的利益。如果在医疗纠纷解决中，他们感到丢了面子，就会奋起反击，极力挽回面子，甚至不惜退出协商、调解。②故意制造。纠纷一方为了试探对方的决心和实力而有意给对方出难题，搅乱视听，甚至引起争吵，迫使对方放弃自己的目标而向己方目标靠近，使协调陷入僵局，其目的是使对方屈服，以便达到自己的预期。③沟通障碍。医患双方在事件发生的原因、经过、责任归属及其大小，医学专业知识等的交流过程中，由于主观与客观的原因所造成的理解障碍；或者，由于一方没有很好地理解对方的要求或立场，以及不相信对方陈述是准确地反映了对方的要求这一事实而造成的。

结合上述僵局产生的原因，可以把医疗纠纷僵局分为以下三类：①情绪化僵局。即在协调过程中，一方的讲话引起了对方的反感，冲突升级，医患双方互不相让；②策略性僵局。即医患的其中一方有意制造僵局，给对方施加压力，为己方争取时间和创造优势；③实质性僵局。即医患双方在交涉过程中涉及核心利益时，意见分歧差异较大，难以达成一致意见，而双方又固守己见，互不相让，就会导致实质性僵局。有时，在同一事件中交错着几种僵局类型。

如何打破僵局并使调解结果让医患双方都能接受？这就少不了一些解套高招。

1. 针对情绪化僵局

医方应该秉着积极主动解决问题的态度，视对方为解决问题者，而不是敌对方或闹事者。尽管在争议的主题上采取强硬态度，不屈服于对方的压力，但对待对方要及时、温和、讲理。如果由于医方出席调解人员的性格、背景、行为等因素造成僵局，虽经多方努力仍无效果时，可以征得对方同意，及时更换出席人员，以消除不和谐因素，缓和气氛。

如果在调解过程中出现这类僵局，调解员可以采取休会策略。休会不仅可以让出席人员恢复体力、精力，而且可以使双方有机会冷静下来，利用背靠背沟通或者场外沟通的机会进行解释，消除隔阂，缓和双方的对立情绪。

2. 针对策略性僵局

一旦遇到策略性僵局应当婉转地点破对方，让其明白我方不是白痴，对其作为、目的是"洞若观火""心知肚明"的，以求尽可能理智地、体面地冲破僵局。

一方有意识地制造僵局，目的常在于试探另一方的诚意、决心和谈判实力，在这种情况下，如果对方的要求在己方允许的范围内，不妨以弱者的面目出现，一再声明己方的立场、观点和诚意，并且做一些小的让步以满足对方的虚荣心。"给面子"是打破僵局的最基本手段。医患双方都应当认识到，一般而言和平解决纠纷所带来的利益大于坚守原有立场而让调解破裂所带来的好处，因此，适当让步也是我们应该采取的策略。

3. 针对实质性僵局

根据实质性僵局成功解决的结果，可以分为妥协式与整合式解决方案。这里所指的妥协式是指纠纷双方明显各退一步，达成折中性的协议。比如，医疗纠纷的冲突双方在各自提议的赔偿额度上折中调和。一般来说，妥协给双方带来的是一种折中的结果：既没有他们所期待的那样好，也没有他们所担忧的那样糟。实际上，双方只要能找到整合式的解决方案，都往往比妥协式方案好很多。

应该看到的是，僵局的形成往往并非单一原因，上述是从形成的主要原因这一角度进行的划分。因此，在解决每一个僵局时，同时兼顾接纳当事者的情绪、正确审查事实，以及讲究一定的调解策略非常重要。以下这七个步骤适合于所有僵局的解决，可根据实际情况有选择性地重点使用其中的某些步骤。下面将这七个步骤分为七节，按照先后次序进行具体论述。

第一节　以开放的心态，破除投诉者闹事刻板印象

一、投诉不就是为了要钱吗？

有这样一个视频案例。一位女士每隔一段时间就会来某医院医患办一次，为她一年前罹患细菌感染导致脑膜炎而夭折的2岁多的儿子来投诉，反反复复。调解员感到非常棘手：她自己没有清晰的诉求，说不出个所以然。调解员心想：大不了赔钱吧，可是也得有一个依据啊！那就耗下去吧，反正我在这儿上班，你来就来吧，我什么也不耽误！

为了不耽误工作，即使她来了，调解员也熟视无睹，见怪不怪了。终于有一天，一位调解员和她一起并排坐在沙发上，认真接待起她来。

> 女士：昨天，莫医生一直问我，我回去也在想，我这一年多到底想要什么？我刚刚也跟我朋友说了，其实我心里真的不知道想要什么。
>
> 调解员：啊？
>
> 女士：我说医院突然打电话叫我去谈，让我想好我要个什么结果。其实，我真的

不知道想要什么结果。

调解员：心情我能理解！

女士：（一边不断地流泪）你说赔钱给我，我觉得我与我老公在一起更多的是觉得精神层面的东西多一些，包括我妈有时也会说我，也会气我，以前我的同学追我，家里很有钱，是官二代，我都不要；我非得选一个这样的，他爸是胃癌。我觉得这么多年，与我老公在一起心里的东西更多一些。我哥要买房，我们也有积蓄，我说就给他买吧！我也没有想过要买房。我觉得不管是租房还是买房，开心就可以。我觉得我嫁给他，平安就可以了。所以，我说，每次来你们这都觉得我好像要钱来的……

调解员：没有，没有！

女士：其实，我真的不知道我想要什么。我昨天晚上经过，其实我每天都经过（你们医院），所有经手过我儿子的医生……

调解员：你现在上班了？

女士：没有上班。我都知道他们住那里，哪怕经过也从来没有去打扰过一次，我昨天晚上是第一次。

调解员：（点点头）心情比较复杂！

女士：（不住地擦泪）上次清明，我不知道如何去祭拜我儿子。我在我家后面那里找了个地方，说要正北，我就拿我以前的那款三星手机下了个指南针，就在正北的方向烧，然后温度太高，手机就化了。去年他生日的时候，我不知道我该去哪里烧给他。今年清明，我也不知道去哪儿烧给他。前一段时间鬼节，看到路边那些人在烧东西，我真的不知道去哪儿烧给他。

调解员：你们的风俗是怎样？

女士：他太小了，连碑也不能给他立。

调解员：骨灰没有保留？

女士：没有。别人说，他太小了，留了他就不能找好人家了。

调解员：是你们湖南的风俗，还是老公家乡河南的风俗？

女士：两边都是。他们说就不能找好人家了。

调解员：你对孩子的感情我都能理解！我想是这样的，就像你说的想要什么，我想还是要有一个说法。用这个说法来判断究竟医院有没有关系，多大关系，是什么原因导致的。你要相信这个是能明确的……

女士：你就不应该这样来说我，医生是怎么样的，我做相关行业我都很清楚，儿科医生也缺……

正如上面的视频案例所表现的，不少医务人员有这样一种刻板印象：来投诉的患方基本上都是来找茬闹事的，找茬闹事的目的不就是为了钱吗？还能有什么目的？又能有什么办法？

法律上的所谓责任，大多仅限于金钱的赔偿。不主张金钱赔偿就不受理的法律制度设计，扭曲了受害方并非要求金钱赔偿的原意。在现实生活中，有时为了维持生活，经济上的赔偿是必要的。但是，大多数的受害患者及其家属很难认同他们投诉的目的就是为了钱，因为金钱换不回健康与家人。

还应该看到，患方对医院不满来投诉，可能是寻求事实真相，因为医疗行为通常在密室中进行的，无第三方见证。再说，当自己的亲人遭受突如其来的不幸时，了解亲人遭遇的最后过程是人之常情吧。也可能仅仅是情感上倾诉的需要，是花上一段时间逐步接受这突如其来现实的一个心理调适过程。

二、摒弃先入为主的"敌我"观念

同样是在上面的这个视频案例中，因为这位女士反复来投诉，在投诉过程中出现了这样一幕。

在医患办的接待进行到 14 分钟的时候，医院的两个体型高大的保安进来，在接待员的身边分左右两边站了一会儿，接待员说："不用，不用，（你们）先忙！"

在谈话进行到 17 分钟的时候，门又开了，探出一个医院保安的脑袋。接待员忙说："不用，不用。"这位妈妈非常生气说："（我）不是那种人吧？我一个女子！"

……

为了有效防止暴力伤医事件的发生，医院加强安保，这本无可厚非。可是，是不是需要假定所有的投诉者都有医闹的可能呢？根据本研究的调查，上述划分"敌我"先入为主的观念，在不少的医院医患办存在。

患方 3 人到医患办来投诉，说着说着就高声吵起来了，吵了不到 10 分钟，就有 5 名安保人员鱼贯从另一侧门进入现场，迅速将患方单个分隔开。当后面的患方人员想赶上来与前面的患方人员一道与医患办工作人员理论时，即刻被左右两边站立的安保人员夹持并推至后方。

还有的医院在交流安保经验时说：面对患方人数众多的谈判现场，拒绝谈判是首选；如果迫于各种压力必须谈判，那么就需要集结数倍于对方人数的安保人员埋伏在周围。然后解释说，行动原则是"敌静我静、敌动我动"。

在这家医院的安保演练中，公然宣称"敌静我静、敌动我动"，将患方当作是"敌人"。当然，其中的部分原因是语言的使用习惯，因为很多医院的安保人员以退伍军人为主，但这很容易引起广大民众的误会和反感。

在上面的章节中，已经多次强调：在面对患方时，要摈弃先入为主的观念。当然包括摈弃将患方来投诉当成是来找麻烦、来医闹的观念。只有这样，才能公正地对待患方，切实解决医疗纠纷。在现实中，这一点却常常被人们忽视。

讲到这里，笔者联想到一件事情：去过日本的人都会发现，任何一个收银台都没有验钞机，付款的时候没有人会仔细看你的钱是不是假钞。这其中的一个假定就是：顾客拿钱来购物，真钞是理所当然的，如果当着顾客的面就看钱的真假，就相当于"我不相信你"，这是极端不尊重顾客的行为。

对照上述一些医院的医疗纠纷处理方法，是不是也可以这样推论：患者来投诉，不一定是为了来闹事，但大声说上两句，医院就上来一堆保安；患者要进一步理论，保安就把患者推开，这不是把投诉者当医闹来防范吗？这是极其不专业的应对方式。

三、慈爱是解决医疗纠纷的基本情怀

站在"将所有的投诉者当作医闹来防范"这一假定上是很容易激化医患矛盾的。这里所说的假定其实就是促进式沟通模式中所说的"先入为主的观念"。在促进式沟通模式中，我们强调应该相信大部分投诉者是善良的。最早的医院都是教会医院，是以护理、收容为主的慈善机构，可以说没有慈爱就没有医院。把慈爱作为解决医疗纠纷基本情怀，主要基于以下理由：

1. 你想到什么就会看到什么

最近几年来，量子力学家的报告说，物质的基础是意念的波动。所有头脑的反应都是加工运算后的结果，而不是事实本身。头脑反应的结果理论上可以无限接近事实，但是实际上总是在扭曲事实，原因就是头脑里已经存在了自动运转的、先入为主的程序。[1] 这些程序是从哪儿来的呢？这些记忆和信息既有自己的（个人潜意识），也包含了宇宙诞生至今所有生命的记忆（集体潜意识）。世界上发生的所有问题都是潜意识中的信息（过去的记忆）重播造成的。

当你有一个患癌的思想时，便会造就一个患癌的现实。如果认为投诉者都是医闹，是不是正是因为自己有不满、有挑事的情绪呢？

2. 先入为主的观念让你远离实相

当你愈快地加诸一个言语或心理上的标签在人、事、物或情况上面时，你所面临的实相就会变得愈浅薄和无生命力，而你也会愈加地远离实相。[2] 在这种情况下，你也许会有些小聪明，但是会失去智慧、喜悦、爱、创造力和生命力——这些品质都隐藏在认知和诠释之间的宁静间隙中。当然，人们平常需要用到语言和思想也有自己的美丽之处，但语言只能把实相缩减成人类心智可以理解的东西，因此，心智可以理解的东西其实并不是实相的全部。

为什么要清空先入为主的观念呢？因为当你是空无的时候，所有事物都是可得的。只有让自己清空，那些奇迹般的感悟才会立刻显现于你；当你不再用字句和标签来遮盖这个世界的时候，那个久已失去的奇迹般的感受、全新的认识才会重回你的生活之中。[3] 这些都是用敌我划分方法无法得到的东西。

3.医者要有菩萨心肠

"才不近仙不可以为医，德不近佛不可以为医。"医学泰斗裘法祖院士曾如是说。此话的出处是在明朝裴一中《言医·序》中："学不贯今古，不通天人，才不近仙，心不近佛者，宁耕田织布取衣食耳，断不可作医以误世！"医者之心与佛菩萨的用心，都不是将自己的利益置于第一位，而是将他人的利益放在前面。

有言道：人人都有佛性。儒家把和谐导向社会理想，道家把和谐导向事物本源，佛家则把和谐导向内心世界。佛家认为，境由心生，内心平和见事皆和。医者只有像学佛修行般做到内心清净，心态平和，才可以给他人以平和清健之气，化解他人内心的不安与忧郁。一个有医德的医生，要像佛菩萨那样慈悲仁德。

第二节　从尊重开始，无条件接纳与关怀

因为患者真的很多，医护人员在每个患者身上所花费的时间不可能太多。很多患者也明白：去医院是为了看好病而去的，而不是去当大老爷的。但是，对于患者保持最基本的尊重仍然必不可少，一些基本诉求还是应该尽量满足。下面这则投诉案例，患方的投诉理由是医生态度恶劣，欺负乡下人，拒诊。

当事医生描述：纠纷发生在儿科专家门诊。一堆患者正围着他看病，密不透风，也不排队。其中，有些家长抱着小孩拥挤着。当时他正在给一位患者开单子。这位投诉的男性家长匆匆忙忙进门后，手里举着一张单子，不断地往医生的桌子旁边挤过来，并冲他喊："医生，你能不能让开点？"还把他的椅子挤得移动了一下。于是，他一时火起，把笔一扔，吼道："你们到底要干什么？我这还能看病吗？"并对那位家长说："我让开？你来当医生？"

家长的描述：我带着小孩从很远的农村来，等了七八个小时才看上病。当时听到这句话就非常生气，就回应："我去，我们等了一上午，前后两分钟不到就给我们看完病、开完药了！家里有的药你也开上了，你是看病还是卖药？"然后医生竟然冲我说："我在给病人看病，你在这儿叽叽歪歪个啥？滚！"

一、不要因忙碌忽略尊重患者

在中国，医院常常人满为患，不少医务人员的确很忙。有的医生出门诊每天要接待80余个病患。有医生说，我们极度身心疲惫，长期处于一种超负荷、焦灼的状态，总是想着还有很多其他的事情需要去处理，比如，上午看完门诊后，经常要到下午两三点才能吃午饭，还要加班写新收病历，整理出院病历，准备各种资料应付各种检查，经常要到晚上 11 点才能回家。因此，不可能跟每个患者和家属做到有效沟通，不可能回答患者和家属的每个问题及疑惑，很难有很好的情绪去服务他人。

有一位超声科的女医生，平时对人很和蔼，但在走廊里遇到患者问这问那态度都很冷淡，只有一句"问导诊去"。问过她为什么会这样，她说不能有好态度，一旦态度温和一点就会立刻有一大帮患者和家属里三层外三层围上来问这问那，解答这些问题根本不是她的工作而是导诊的工作；她自己白班排了七八十个患者等着检查，因为没时间上厕所，连水都不敢多喝一口；如果她温柔以对、笑脸相迎，被围住走不掉的话，她诊室门口那几十位患者该怎么办？而在诊室里，她对自己的患者问有关病情之类的问题，总是最简明扼要地尽量解释清楚，但也不可能让一个患者问个没完没了，如果每个人都问个二十分钟，那排在后面的患者又该不满了。

这位超声科医生的境况具有普遍性，在对待患方咨询方面也处理得比较好。可是，正如前面的投诉案例所见，有些医务人员却忽略了对患方情绪和诉求的接纳。

二、无条件接纳与关怀的必要性

在国外的医患沟通中，比如，在美国和日本，受卡尔·罗杰斯人本主义心理学派思想的影响，除在对患者进行宣教阶段以外，都强调要对患者进行无条件积极地接纳与关怀。

1. 为什么要接纳患者的想法和感受呢？

这是人文关怀的需要。人文精神是医学的核心价值。医学是技术和人文相结合的学科，不但需要高技术，更需要人文滋养和人性牵引。如果没有人文，只是单纯依赖技术，医学将是冷冰冰的学科，让人望而生畏。医护人员要重视问诊，积极与患者进行沟通与交流，根据病情和临床指南进行个体化处理，而不能简单地依靠解读和解释各种报告单和检查数据来处理。

2. 为什么要无条件地接纳与关怀呢？

首先，患者都是带着问题来的，医护人员应该体察病患的痛苦。即使患者的表现的确让人无法苟同，但只要没有暴力倾向的言行，每一个患者都是值得去关怀的。

其次，"人"不等于"行为"，即使患者的一些行为是错误的，也不可以全盘否定这个人。事实上，人是由一生中的数百万种行为、做法和特点组成的，这就决定了患者是非常复杂的，具有多面性，无法全面、整体地评价，医护人员可以不认可患者的行为、做法和表现，但不可以否定患者的整体、本质或作为一个个体的存在价值。

再次，当人们有条件地接纳与关怀，即关注于外部条件，并进而将这种关注作为内心价值标准时，也就是用所闻所见蒙蔽了自己的纯洁心灵。老子提出"百姓皆注其耳目"而寄希望于"圣人皆孩之"。[4]大意是，百姓皆专注于他们自己的视听，而寄希望于圣人把他们恢复到纯朴的婴孩状态中去。佛经说，每个生命的内在"本自具足"一切圆满智慧。所以，每一个人的存在都是有价值的，正如著名电影《死囚漫步》中海伦修女引用耶稣所说："即使罪大恶极的人也有其存在价值"，故不能单凭当事者的某一两种行为来分析他的整个性格、人品，更不能因此否定他的存在价值。

3. 如何来进行无条件地接纳与关怀呢？

首先，接纳并不等同同意。医护人员对患者的想法给予尊敬和无评价式的关怀，去接纳患者如其所是的样子，即使你不同意患者的态度与想法，你都给予积极的尊重，对患者作为人本身价值的尊重。但这并不是要求你去同意患者的想法、感觉或做法，而是提醒你，在对患者进行宣教阶段以外，不要去评价、判断患者想法和行为的是非对错。

其次，医患沟通的首要目的不是为了获取对病情进行疗治的相关诊断信息，而是为了建立起医患之间信任与合作的治疗性密切关系。这一点常常被医护人员所误解。无条件尊重是罗杰斯提出的著名观点，就是对来访者接纳、关注、爱护的态度，是指要尊重来访者的现状、价值观、权益和人格。他认为，这是建立良好辅导关系的重要条件。这是为什么呢？罗杰斯解释说，如果有一个人能够认真倾听你的表白，一直耐心地与你交流以保证能够准确地理解你，那么，你会体验到一种感人至深的真情。"治疗师坦诚的态度、及时的反应、准确的表达和对你的信任都可能使你感受到自身的价值"。[5]同样，建立这种一体共生的密切关系，让患者感受到自身的价值受到医护人员的尊重，也是适用于心理治疗之外的临床治疗的最有力的技术。

再次，无条件接纳与尊重的是患者的情绪和本人，而不是其行为。即使患者存在过错，也应该做到这一点。因为，每一个人都有自身存在的价值，情绪本身无所谓对错，伴随着情绪出现的行为才有对错之分。很多医护人员不管在什么场合动辄以对错论人："我又没有错，怎么能怨我？"还有的医务人员认为："我专业，患者不懂还指手画脚，对你的诉求我偏不理睬。"对于外行，在诊疗关系中也有其自身的价值，同样值得尊重。也有的医护人员认为，我们不是服务员，不应该废话，不和患者嘘寒问暖。应该注意的是，尊重患者的诉求，实施个体化治疗，贯彻身心灵全人照护模式是现在很多世界顶级医院都在不懈追求的目标。

有一位投诉患者事后曾这样坦言："很多时候，从理性上我知道所有的这一切都和医生关系不大，但是，有时候医生就像是医疗制度推出来的代言人，我们接触不到恶心的医疗制度，有时候只能对医生不满了。"难怪一句话叫："没有良好的医患关系，医护人员的一切努力都是白费。"这样看来，这句话并不过分。希望大家记住这句话，共同搞好医患关系。

第三节　感动服务，稳住患方的心

感动服务的理念来源于KANO模型理论。该模型由东京理工大学教授狩野纪昭（Noriaki Kano）和他的同事Fumio Takahashi于1979年提出，主题是关于"质量的保健因素和激励因素"。

该理论受行为科学家赫兹伯格的双因素理论的启发。双因素理论认为，引起人们工作动机的因素主要有两个：一是激励因素，二是保健因素。只有激励因素才能够给人们带来满意感，而保健因素只能消除人们的不满，但不会带来满意感。

KANO模型定义了3个层次的顾客需求：[6]

基本型需求：如果此类需求没有得到满足或表现欠佳，客户的不满情绪会急剧增加；得到满足后，可以消除客户的不满，但并不能带来客户满意度的增加。

期望型需求：此类需求得到满足或表现良好的话，客户满意度会显著增加；当得不到满足或表现不佳时，客户的不满也会显著增加。

感动型需求：此类需求一经满足，即使表现并不完善，也能带来客户满意度的急剧提高，客户会为所提供的服务感到意外的惊喜，从而深受感动；如果得不到满足，并不会带来客户的不满。这类需求往往代表着客户的潜在需求，发掘这样的需求，才能领先于同行。

感动服务是现代服务理念的提升，是服务的最高境界，它体现了人文医学的本义，是人性化服务理念的需要，是建立良好医患关系的良方。那么，在医疗纠纷解决中，如何善用感动服务呢？下面通过几则案例来分析。

一、为患儿默哀，剑拔弩张双方休战

2014年农历腊月初七，一名4岁的患儿被送到某市中心医院。一开始，医院诊断患儿为"急性支气管炎"，两日后又诊断为"支气管肺炎"。3天后，患儿正式入住该院儿科。此后，患儿就一直以支气管肺炎治疗。

腊月十五日晚间，家属被通知可以出院，但回家仅一天，患儿又突发高烧，只能又回到市中心医院。腊月十七日晚，患儿病情又有所加剧，高烧41.7℃并发生抽搐。经过10多个小时的抢救，患儿生命体征已很微弱。直到腊月十八日下午3时，患儿被送往该市儿童医院，此时患儿已没有自主呼吸，且瞳孔放大。经过32个小时的抢救，患儿最终因病情过重于农历腊月十九日晚8时离世。

调查发现，市中心医院接诊医生的职业注册信息里的执业范围是内科专业，并非儿科，也就是说，市中心医院的接诊医生涉嫌跨科执业。更让患儿家属无法接受的是，市儿童医院确诊患儿为病毒性脑炎，并不是"支气管肺炎"。

眼看就要过春节了，竟发生了这样大的事！气愤至极的患儿父亲，带领几个亲朋好友到市中心医院砸物打人，并在不自知的状态下袭击两位便衣民警，被刑拘。眼看事件越演越烈，农历 2015 年大年初二，调解员赶到市中心医院，与双方先进行了背靠背的沟通。在医院院长和患儿家属共同出席的调解会上，一开始调解员就宣布："全体起立！向去世的 ×××（去世的患儿姓名）默哀 3 分钟！"

在默哀的过程中，患儿姑姑哇哇地哭开了，顿时现场所有的人无不动容落泪！患儿已经去世了 14 天，还没有一个外人表示过哀悼之意！

默哀，低头肃立，以表示对故人的尊敬，以及沉痛的悼念之意。由于是一种由国外传到中国的追思仪式，除非特别庄重哀伤的场合，一般不用。在我国，普通百姓的去世很难得到默哀之礼。故此，才能触发患儿家属的感动之情！调解员邀请全体成员为死去的患儿默哀，正是与患儿家属共情，让家属知道在这一事件中医患双方都是痛心的，并以此为契机调解案件。

二、叫一声"咱妈"，落实抢救方案

在医疗纠纷的解决中，亲切真诚地叫上一声"妈"或者一声"哥"，也能迅速拉近与患方之间的距离，为纠纷的解决奠定良好的感情基础。下面是王仲医生在北京协和医院急诊科里的故事。

王仲医生的急诊室里来了一位农村老太太，正在抢救，当时，实际上抢救已经没有多大的意义了。但是，他的儿女就此发生了矛盾。有的孩子说这是我们的妈，我们的妈还要继续抢救；而另外几个孩子说我们家那么穷，再抢救，更穷了，交不起钱了。

王仲医生把患者家属叫到一块儿坐下来，然后把白大褂脱了，坐在他们中间说："现在把你们叫来，是想说说咱妈的病情和治疗。"他接着说，"咱妈得的是脑干梗死，这种病原则上恢复的可能性不大，但医生会尽力治疗，因为谁也不能保证不出现奇迹。你们的矛盾我也有所耳闻，但我有这样的想法，不知你们是否可以接受：第一，既然这是咱妈，养大咱们不容易，不能临老有病就放弃了。这从中国的传统观念来说，谁也不能接受，即使是想让老人少受罪，或者其他什么善意。第二，从咱妈目前的状况看，单纯的积极治疗可能也没有太大意义，尽管医院治疗的措施有很多。要在医院花钱，有多少钱都可能花出去，但谁家的钱也不是白捡的，不是风刮来的，大家挣钱都不容易。所以，我建议把钱花在该花的地方。目前的常规治疗，如吸氧、用甘露醇、用普通消炎药等都还继续，不要停，但若咱妈没有好转，就不继续追加其他治疗了。一旦咱妈有好转，就积极治疗，该怎么治疗就花钱治。"最后，双方都接受了。[7]

王仲医生用的就是感动服务，深情地叫了一声"咱妈"，把自己放在和患者家属一样的位置上。一个来自农村的老太太，能够得到一个来自京城的高学历、高地位的人才的一声"妈"，令家人意外地惊喜，因而感动不已！

感动服务是建立在"满意服务"基础上的人性化互动式服务，是创造超过患者期望值并引起医患关系之间情感共鸣的一种新的服务体系。

三、帮逝者换衣服，稳住了家属的心

在医疗纠纷的解决中，感动服务除了上面两种方式外，在患者家属过度悲伤，不知所措的情况下，克服恐惧为逝去的人更换寿衣或者干净的衣服也能起到定海神针的作用。有一个发生在日本的案例很值得借鉴。

某星期一早上，A 先生刚要去上班，在家里突然心绞痛发作。以前都是在 J 医院接受定期检查。由于 B 医院在家附近，这次考虑到情况紧急，A 先生选择了 B 医院。

接待初诊患者的是护士长，她经验丰富，见 A 先生的脸色异常，马上叫来了 C、D 两位医生。C 医生建议患者先做心脏和腹部 B 超检查。检查前，A 先生说自己觉得有点难受，但还是进入了 B 超室。就在此时，他突然心绞痛发作难受起来，用手按住胸，面部痛苦。尽管 C、D 医赶来了 B 超室，但由于没有急救设施，当麻醉师赶到时，A 先生已经停止了心脏跳动。

这对 A 先生的妻子 E 女士来说简直是晴天霹雳，她要求医生说明在这段时间里到底发生了什么。但是，医院要求在调查没有彻底完成之前，不要跟患者家属说什么。患方不满到达到了顶点，眼看就要发生纠纷。这时候，护士长的行为让事情发展得到缓和。

护士长：（**久久凝视 E 女士的眼睛**）真不知道该怎么办呢。我也许帮不上你，但我一直会在这儿，直到医生来做解释的。

E 女士：（**哭泣着**）如果是你突然听到丈夫的死讯，是怎样的心情？到底发生了什么事情，一定要给我解释清楚。怎么会发生这种事呢？

护士长点点头。

E 女士（**呢喃着**）：发生这样的事，要是去了经常去看病的那家医院就没事了。说不定还能得到救治呢。要怎么办葬礼呢？是不是先回一趟家会比较好呢？很想回家！

护士长：现在让我来帮你丈夫擦拭身体，让他换上干净的衣服吧！你们家离这里很近是吧。如果方便的话，你可以回趟家。

E 女士感动极了，对护士长是满满的感谢。

感动服务可以促进服务行为从被动到主动的转变，促进服务由标准化向个性化迈进。

对于每一个有所追求的医护人员来说，服务不应该只止于患者的满意，而是要让患者感动。因为满意只是暂时的，感动才能使患者永远忘不了。

来自不同阶层、不同家庭背景、不同经历、不同年龄、不同性别的患者及其家属对疾病的理解是千差万别的，对医疗服务的期望也是多种多样的。医疗服务要时刻与患者的期望赛跑。患者想到的，我们做到了；患者认为我们不能做到的，我们却为患者做到了；患者认为我们做得很好的，我们做得更好了。人心都是肉长的，要是能够付出真诚，赢得感动，即使出现了医疗失误，也容易得到患方的谅解！

第四节　巧用"我信息"，坦述自己的弱处

一、要学会示弱

在一辆拥挤的公交车上，一位彪形大汉因为有人踩了他的脚而怒气冲天。他站起身，晃动着拳头，正要砸向那个踩他脚的人。那人突然来了一句：别打我的头啊，我刚动了手术才出院。大汉听了这话，顿时如断了电的机器人一样，高举的手定格在半空中，然后如泄气的皮球般倒在自己的座位上。过了一会儿，大汉居然起身，要把自己的位子让给那个踩了他脚的人。这极具戏剧性的一幕，它的启示意义在于：人与人之间的许多纠纷，不只是靠讲道理或比实力来解决的，有时候，主动示弱也是一种极其有效的化解方式。

示弱，顾名思义就是展示自己的弱处。展露自己的薄弱之处，可以快速拉近彼此之间的距离。当人们发现看似强大的对手也不过如此，同样拥有许多弱处时，对抗的心理会不知不觉减退或者消弭，取而代之的是同情心理。

善于示弱，懂得了主动、及时地在对手面前示弱，是一种充分尊重对方、谦卑的表现。用低姿态化解对方的敌意，放低的是身段，提升的却是个人形象。

从心理学理论上讲，社会舆论是会偏向甚至偏袒那些看上去弱小的一方。善于示弱，在满足对方强者心理、营造亲近之感的同时，也容易获得别人的关爱与帮助。

所谓示弱，并不是真弱，而是暂时不具备与外物争强的条件而采取的临时性措施。示弱不是目的，而只是前进道路上所选择的策略，只是最终完成由弱变强的一个步骤，能够以示弱克刚。

示弱不是懦弱，而是一种智慧，一种韬略。所以，主动、适当地示弱，也要讲究一定的策略和方法，而不是一味地示弱，要察言观色，懂得利用谈判的场合和对方的心理，灵活掌握交流的主动权和技巧，才能在交流或者谈判中立于不败之地。

医务人员适当地主动示弱是解脱医患沟通困境的一个非常重要的技能。对一个事物的表述形式会影响人们衡量其价值的方式，因此，如何积极利用不同的表述使其在谈判中发

挥作用，是一个值得研究的课题。在医疗纠纷解决中，利用"我信息"来表述是一种实用而便捷的"示弱"方法。

二、"你信息"与"我信息"

美国心理学家托马斯·戈登提出了"我信息"与"你信息"的区别。在英语中，通常分别用"I"和"You"作为主体来陈述。

1. "你信息"的表达

很多人在向对方表达时习惯用"你信息"，如"你怎么可以这样呢""当时你说……""你居然还怪我"等。当表达的方式以"你信息"为主时，该情形就宛如用手指指着对方——数落对方的不是一般。此时的表达多含有"责难"的意味，将自己的不满归咎于对方，这样问题不但没有得到解决，反而会增加双方之间的冲突。

2. "我信息"的表达

一般来说，良好的沟通需要以"我信息"来表达，这是一种分享感觉、表达情绪的方式，而不是抱怨、攻击或责备的方式，这种表达方式能帮助增进彼此的沟通与了解。"我信息"只表明他人的行为给自己带来的感受、影响或者困惑，对事不对人。

例如，患者"你信息"这样表达："现在的医生怎么这么忙，连和病人说话的时间都没有！"如果患者用"我信息"的方式来表达，则可以这样说："我希望医生能够听我把话说完。"

使用"我信息"，直接向对方表达情绪，不是要发脾气，而是冷静地将自己的情绪表达出来。而使用"你信息"，通常会指责对方不该做出这种行为，直接批评对方。而当人们一味地指责他人，将自己的情绪归咎于他人时，常会让自己感觉更糟。所以，比较有效的方式就是告诉对方你的感受，实现有效的沟通。

三、"你信息"易激起抵制情绪

在医患沟通中，医生与患者的情感交流主要与患者有关。比如：

> 一妇女剖宫产手术后8个月再度怀孕，她要求做人流手术。考虑到剖宫产后进行人流手术有一定风险，医生认为她应该做药物流产，于是对她说："你剖宫产后8个月就怀孕，哪个敢给你做人流？"

"你信息"就是以第二人称"你"为主体的陈述方式。从上面的例子可以看得出来，"你信息"常常表达出对他人下论断，意味着说话者有资格去评断他人。然而，这通常不会带来好的结果，因为即使评断是对的，绝大多数人也不愿意接受。所以，除了在对患者进行教育阶段，建议医生不对患者进行评判和下论断。

须注意的是，有时候，使用的"你信息"虽然没有包含"你"这个人称代词，不过也隐含着相当明白地对对方的抱怨，也会激起他人的戒心。例如：

"不要这样不爱惜自己！"（你不懂得如何爱护自己！）

"太不像话了！"（你太不讲道理了！）

其实，公然反对患者的信息就是典型的"你信息"，带有主观判断性、责备性、威胁性或贬低他人的感觉，不仅不能影响患者去改变行为，还会激起患者的抵制情绪。

四、使用"我信息"坦诚自己的困境

与"你信息"相对应，"我信息"就是以第一人称"我"为主体的陈述方式。使用"我信息"提供一种比较精确、不那么挑拨的方式来表达对自己造成的困境，说话者愿意为困难负起责任，并且不以价值判断的方式来形容对方对其他人行为的反应。一个完整"我信息"的陈述应该包含 3 个部分：①对患者行为的非责备性描述；②陈述患者行为对你产生的困境；③传达你的感受。比如：

> 护士对一位不遵医嘱的糖尿病患者说："有一件事让我很苦恼（感受），就是你拒绝医生的要求，不进行每天散步（行为）。恐怕这样会推迟你出院的时间，而且我可能会因此在工作上受到责备（困境）。"

从这个例子中可以看出，好的"我信息"不会表示出说话者解决问题的方法，而将这一责任留给那个遇到问题的人自己。"我信息"明显不是控制他人的方式，而是影响他人去承担自我责任的方式。也就是说，"我信息"并不是破坏他人的自尊，需要对方改变行为是因为该行为引起了涉及"我"的另一个问题。

当医生的要求被患者不合理地拒绝，而医生希望该患者能够接受或执行时，可以使用上述由 3 部分构成的完整"我信息"。这种信息可以达到 3 个目的：一是通过改变患者的行为来满足医生的要求；二是保留患者的自尊；三是维持良好的医患关系。

在某些不易被误会或者不易引发他人强烈的防卫之心的情况下，"我信息"只要使用一或两个部分便可达到目的。比如：

> 护士去给患者打针，由于患者磨磨蹭蹭，打针费了很长时间，护士就说："为了给你打针，我用了比较长的时间，我有点担心其他患者没人照顾。"（行为＋困境）

当然，除非是以对的方式来传达，要不然即使是使用"我信息"来陈述，也发挥不了作用。要确认言行一致，方法是在开口前留意，你的目的在于解释他人行为对你的困惑，而不是表现得像法官或评审委员一样做出评价。如果你使用的字眼不带任何评判的意思，但是你的声调、面部表情和姿势全部都在传达着使用"你信息"，那么别人也会对你产生防卫心理。

虽然"我信息"有它的优点，但即使把"我信息"传达得最完整、最彻底也不是无往而不利的，就像"我信息"的提倡者作家托马斯·戈登（Thomas Gordon）说的："不管你用什么方式来陈述，都没有人会喜欢听到自己的行为会造成别人的困扰。"[8]

此外，"我信息"从大方向来看，可能会显得以自我为中心。研究显示，自私与以自我为中心的人，尤其是有自我表现欲的人，经常都只用第一人称"我"来做沟通。鉴于上述这些原因，在运用"我信息"的语言时，最好是有节制地使用。

第五节　应用知觉检核法，讲述对方的故事

从"知觉检核法"这一拗口的名字上，很多人就能猜到，这不是中国人的原创，而是两位美国作者罗纳德·B·阿德勒和拉塞尔·F·普罗科特在《沟通的艺术》一书中提出的一种了解别人的工具。[9]它采用更谦恭的途径表达或暗示，力图在维护对方面子的同时，减少对方的误会，帮助当事者增进彼此的了解与合作。

在与患者交往的过程中，医护人员经常会产生误解。误解产生的原因是多方面的，生理因素、文化背景、社会角色、自我概念等方面的个体差异，使得不同的人在信息的选择、组织和诠释上都有着不同。下面继续使用本章第二节中"一位来自农村的患者家属遭拒诊而投诉"案例进行分析。

一、知觉的历程

1. 信息的选择

当人们身边的信息量超出了所能处理的限度时，知觉的第一个步骤便是选择所要注意的主题，而比较吵、比较大、比较亮等刺激强的事物、反复刺激及从环境中挑选什么信息的动机都可解释人们为何注意到某个主题，同时忽略其他部分。

在这个投诉案例中，医生因为候诊患者多、工作量大，希望尽快完成诊疗任务，而忽视了这位家长所提到的——有一种药还没有吃完，以及他来自乡下的自我意识和疲惫不堪的情绪反应。

2. 信息的组织

从环境中选择信息后，人们必须用有意义的方式组织这些信息。人们会倾向于使用某

一种基本模型组织所看到的事物，而每一个人所使用的基本模型都不同。

在这个案例中，医生可能主要以病情的轻重缓急这一线索来组织信息，而这位家长可能主要以乡下人和城里人来组织信息，比较医生态度的不同。

3. 信息的诠释

在选择和组织知觉后，人们以某种方式对其加以诠释，使之具有特定的意义。诠释几乎在每一次人际互动中都发生作用。情感的深浅、过去的经验及你对外界刺激的预设都会是人们的诠释方式。

在这一案例中，对于只看了两分钟病这一现象，医生认为病情已经很明朗，不需要再三考虑；而这位家长认为，这是自己作为乡下人被城里人看不起的表现。这两种看法的不同，主要受到过去经验的影响。

另外，人们对自己与对别人的行为常常使用不同的诠释标准，诸如对他人严厉、对自己仁慈、强调别人的缺点、最明显的常被认为是最有力的、先入为主、以己之心度他人之腹。

二、知觉检核法

从上述内容可知，别人并非总是按照我们的方式来思考和感知。因此，假定医患彼此用类似的方式来思考和感知的话，可能导致医患沟通困境。那么，如何避免医务人员对患者行为产生错误诠释呢？在此，为大家介绍知觉检核的技巧。

知觉检核法是帮助你获得对方真实意图的一项工具，它并不假设你的第一印象是正确的。知觉检核法的完整程序包含 3 个部分：

①描述你注意到的行为；
②列出你对该行为至少两种可能的诠释；
③请求对方对列出的诠释做出澄清。

回到前文的案例。经了解，这位家长回到医生诊室，是因为医生开的处方里有一种药在他家里有，还没有吃完，他想让医生从处方上删除这个药。当他拿着单子正要弯腰去与医生说时，刚刚喊了声："医生！"一位家长抱着小孩，小孩的鞋蹭到了这位家长的脸。他紧接着对抱小孩的家长说："你能不能让开点？"结果，医生由于埋头开单，没有注意周围的表情与动作，听成了叫他让开。

此时，如果运用知觉检核法，可以这样进一步询问：

"你刚刚叫人让开。"（描述行为）

"我不确定你是否是要我让开？"（做出第一种诠释）

"或者你是在说别人？"（做出第二种诠释）

"你真正想说的是谁？"（请求澄清）

当然，患者如果也能够运用这一技巧的话，误会将更少。比如，关于医生说"滚"，医生并没有"拒诊"的意思：

"您说滚。"（描述行为）

"我想知道您是否拒绝为我的小孩看病？"（做出第一种诠释）

"还是你只是让我们站远一点？"（做出第二种诠释）

"您的意思到底是什么？"（请求澄清）

而经了解，当事医生真正想表达的意思是：站得远一点，不要挤到身边来。他并非拒诊。

三、影响知觉检核技巧的因素

1. 完整性

有时知觉检核不需要囊括前面所列的所有部分也能奏效。

"你没有按时来复诊，有什么问题吗？"（单一的诠释加上请求澄清）

"你叫我滚，我不知道你是当真还是只是开玩笑？"（描述行为加上两种诠释）

"你说的是我吗？"（只有请求澄清）

有时甚至最简略的知觉检核也能奏效。比如，只是简单地问"怎么啦？"应该谨记的是，当夸大的判断有较高的风险时，完整的知觉检核法特别有必要。

2. 非语言的一致性

只有当你的非语言行为反映出你语言所表达的开放态度时，知觉检核法才能成功。因为你的非语言信息暗示着你对别人的态度，并已经为问题下了结论。控诉的语调和具有敌意的姿态与真诚要求澄清的言语是格格不入的。保持语言信息和非语言信息的一致性，是医患沟通中不可忽视的一环。当个人在说话时，他所表现出来的非语言信息和他所说的话并不一致时，我们往往会选择忽视对方所说的话，转而相信他的非语言信息的真实性。一个人，不管他在非语言方面的交流能力有多的强，都不能长时间地欺骗与之沟通的对象。

或早或晚，你的身体都会把你出卖了。

由于每个人对信息的接受、确认能力有着某种特定性与限制性，有时不可能完整地理解对方话语中的全部意义，这时，就需要借助非语言信息才能获得正确的解读。比如：

> 在该案例中，医生由于埋头开单，没有注意到这位家长的肢体动作，误以为叫他让开。

3. 文化的支配

知觉检核法是一种有话直说的方式，在低语境文化中奏效的机会最大。因为在低语境文化中，信息几乎完全是"说出来"的。北美的主流文化和西欧文化属于这一类。而中国历史上很推崇"只可意会不可言传"的文化，说话比较含蓄，旁敲侧击，点到即止，知觉校核法可能不太实用。

但是，随着中国与世界接轨，在更多的场景下，尤其是医患沟通，我们需要"把事情讲明白"。调查也表明，让患者最满意的开场方式是医生开门见山地询问患者病情。这说明，医生直接询问患者病状符合专业、高效的语境要求。

知觉检核法必将给我们的医患沟通带来更多的便利。

第六节　从调解员的视角审视自己，讲好第三个故事

在沟通陷入困境时，纠纷双方往往执着于各自的故事。比如下面的例子：

> 有位女患者被诊断出得了糖尿病，医生给她开了一系列的药物治疗、饮食注意事项及锻炼计划。但医生发觉患者并没有严格执行医嘱，而且在和患者沟通的过程中，她还发现很难与患者达成共识。
>
> 医生：大姐，你得严格按照大夫的要求，坚持锻炼啊，我觉得你没明白这对你的恢复有多重要！
>
> 患者：我已经尽力了……
>
> 医生：大姐，我懂的，我知道坚持锻炼并不容易，可是你想要把病治好，身体好，就要听从医生的嘱咐啊。
>
> 患者：我不想说这些，这些节食和锻炼的日子我已经受够了。
>
> 医生：我知道你累，你不容易，锻炼就是很苦的，但如果你能稍微坚持几周，接下来就会轻松，说不定你还会主动想要去锻炼呢！
>
> 患者：是吧……我觉得压力好大，我不想聊这些……

这是一个典型的沟通困境，对话刚开始就已经结束。患者感受到来自疾病的无力，以及面对艰苦康复计划的沮丧与悲伤。医生则纠结于，自己到底应不应该坚持去说服患者执行治疗和锻炼计划。然而，医生始终囿于自己的思路和疾病诊疗认知，没有去了解患者犹豫背后的原因和想法。

事实上，我们总是用我们自己的故事来做一场对话的开始。我们会很自然地先来讲讲自己的理解、自己的分析，甚至自己的背景，说给对方听。而这恰恰容易触发我们最不希望看到的局面，那就是遭到对方的反对。

自己的故事，通常就是一场对话中的第一个故事；而对方的故事，也就成了这场对话中的第二个故事。由于各自的个性、生活背景、社会阅历等的不同，这两个故事往往意味着两种不同的理解和观点，那么这场对话陷入沟通的困境也就在所难免了。

如何打开这一"沟通困境"？哈佛大学的教授们给出了一个建议。他们认为，在一场沟通困境中，永远隐藏着另一个故事，叫作"第三个故事"。这"第三个故事"，既不是自己的故事，也不是对方的故事，而是一个从独立第三方视角看这场对话的故事。[10]打开这一困境的诀窍就是，从"第三个故事"开始引入对话。

一、像调解员那样考虑问题

之所以强调独立第三方，是因为这样思考的方式，很像自己是一名调解员。

实际上，在与患者沟通的过程中，医生和家属都应该成为一个纠纷解决的调解员，具备第三方的心态，站在中立立场去调解纠纷。

调解员和法院的法官不同，法官是通过公开的法律条款，强制执行判罚结果；调解员本身没有任何权力去强制要求任何人服从，他只是帮助双方进行更有效的沟通，寻找双方可以达成一致的可能。

所以，要想找到沟通困境中的"第三个故事"，就应该先让自己跳出困境，用一个中立调解员的身份来重新思考自己所面对的问题：如果我是一个中立的调解员，我会如何和对方及我自己来描述这个故事呢？

第三个故事到底在哪里？它一定是一个求同存异的故事，它一定是一个双方都能接受的故事。

二、认可对方与自己的不同

找出第三个故事的关键，在于学会去描述双方故事之间的不同。哪怕对方的所作所为在你眼里如何的不好，你都不要先去评论和指责，而只是先去认可：你和对方在看待这件事情上存在不同的观点，仅此而已。请看第二个例子。

刘阿姨住院那天是步行进入病房的，一起陪同的还有她的女儿。

未见其人，先闻其声。她女儿走进医生办公室，张嘴就来："请问哪位大夫负责我妈的啊？怎么连个人都没有啊？"

当时办公室里至少有5位医生，这简直就是"有喘气的吗"的文明版。她如此讲话，办公室里更没人理她。

正常的病房接诊程序是：患者在护士站报到，由护士陪同来到床旁，交代病房注意事项后，通知医生接诊。当然，急危重患者例外。所以，站在医生的角度来讲，这位患者家属有点"不守规矩"，自然没人抬头理会。

终于，有位医生受不了这空气的沉默："大姐，您别着急！护士站还没通知我们，写完这个病历我就过去。"

"你啊？你不是实习的吧？我们可得找有经验的大夫。"

她的这句话说完，空气彻底安静了。

过了一会儿，这位医生来到病房，见她女儿在收拾东西，就对已经换好了病号服的刘阿姨说："您好，我是您的管床医生，我姓王，您住院期间有事可以跟我说。"

她女儿边收拾边对医生说："真是你负责我妈啊？不好意思，小王大夫，刚才说话急了点儿。"

医生回答："大姐，咱们先看病吧，我这儿给阿姨问病史查体……"

在这个案例中，医生在无意中默默承认了医患之间对病房接诊程序见解的不一致，没有评判和指责，而是用共同的故事重新开启了对话的大门。

当然，不是说要求医生遇到刁蛮的患者都要忍气吞声，而是指在需要解决问题的情况下，避免争辩才能更好地进入对话。

三、用好奇心去倾听

在第一个案例中，医生从头到尾未能产生一点好奇心，去了解患者犹豫背后的真正原因和想法是什么，她仅仅是因为苦，坚持不下来吗？让我们看看，采用好奇心去倾听对话，会是什么样子。

医生：大姐，我明白您特别不愿意聊您的病。
患者：没错，这事儿我想都不愿意多想……
医生：那，您能跟我说说吗？为啥呢？
患者：谁也不喜欢生病啊！
医生：大姐，我明白，这病搁在谁身上都不好受。我知道我不是您，很难体会，所以才想问问您，让您跟我多说说。

患者：不瞒您说，要是我老伴还活着，就不一样了，过去无论我生啥病，吃啥药，都是他帮我盯着，我都不用操心。现在可好，我就一个人，还这么多规矩，这不能吃，那不能吃，每天几点要干啥，要运动的，我怎么记得住？

医生：大姐，看来您得病之后，就觉得更孤单了。

患者：我也有朋友，女儿也很孝顺，经常来看我，但这毕竟和老伴在的日子不同，我觉着可能我真的有点孤单，但我也不愿意跟旁边的人埋怨，我也不想拖累他们。

医生：怎么呢？你觉得拖累他们了吗？

患者：唉，您不知道，我只是很害怕女儿经历像我外婆的那些日子，她也是得糖尿病过世的。

医生：啊？是吧！

患者：我知道我这么想很幼稚，其实我明白自己有点无理取闹，可我真的很害怕。

医生：啊，我明白了。

患者：一想到我得了和我外婆一样的病，我就惴惴不安。我也知道现在的医疗条件要比过去好多了，所以我应该严格听大夫的话，可这让我意识到，自己已经是一个有病的老太婆了。

医生：我了解了，您还没能真正接受自己得了这个病的事儿。

患者：我也不想成为孩子的负担。

医生：您身体好，健健康康的，才能不成为孩子的负担，他们才能安心在外面打拼。您说，是吗？

患者：我明白了，跟您这么一说，我也觉得舒畅了不少……

医生真正地去聆听了患者潜在的想法，去理解患者的想法，这反而让患者能够做出改变。

当对方就是无法和你达成一致时，请保留了解对方的那份好奇心，静下心来，深吸一口气，把他们的话听进去，尤其是和我们有沟通问题的那些人，虽然这让你心里很别扭。

四、邀请对方进入对话

你向对方发出一个对话邀请，你就得让对方知道，这场对话是干什么的，他们需要做什么。让对方在对话的一开头，就明白你的目的是：理解对方，互相探讨，共同商议。这会让你的沟通难度大大降低。

原因很简单，当对方看到自己的观点和立场并没有被你否定，而是在对话中有着重要地位，他们就明白这并不是一场针对他们的责难与批判，便会更有可能接受你的邀请。

在这个邀请的过程中，你要把对方放在一个主导的地位，得到了充分的尊重。注意不要把对方描述为"问题的所在"，或向对方做出任何指责和评价。因为，这样很容易触发对对方性格、人品的否定，因而往往会激起对方的迅速抵抗，以保护他自己的人格设定。

在第一个案例中，医生通过"您能跟我说说吗？""让您跟我多说说"等真诚的邀请，成功地展开了对话。

假若在第二个案例中，那位医生说："大姐，我们这么多人在办公室，您咋说没人呢？您能不能说好听点？"可以想见，一定会引发医患之间的争吵，更何况是那样一位"难缠"的患者！

不难理解，摆在对方面前的对话邀请中，如果带有任何关于对他们的指责，类似天真、冷漠、狡猾，或任何让对方觉得不开心、受冒犯的评价的话，对方接受你邀请的可能性都将微乎其微。

从基于"调解员"思维的"第三个故事"进入，就是要求以一个独立调解员的身份去描述这个事情。比如：

我的感觉是，我们双方在这件事儿上看法不一致，我想跟您说说我是怎么想的，也想听听您是怎么想的，你看好吗？

这个说法没有指责和评价，因为双方各自的立场和观点都得到了尊重和理解，不会激起任何一方的情绪波动，任何一方也都会同意。这样的"第三个故事"，没有对错，没有好坏，仅是为了去抓住到底双方的分歧在哪里，由此展开对自己的故事和对方故事的理解，并将对话进一步引向深入。所以这是一个打开沟通困境很好的对话开端。

第七节　巧借外力，多方推动解纠纷

在医疗纠纷中，对于医务人员在救治过程是否存在过错，即使有中立的调解员介入，投诉者有时也很难释怀。在双方当事者对现有条件下的调解产生抵触情绪，无法形成合意的情况下，借助外力进行调解是不错的选择。这些外力可以是当事者身边亲近的人、当事者之间的人或事，或是法律法规威慑之力。

一、让对方的关键性人物为双方的合作发挥作用

一孕妇，40岁，患有肝囊肿、双肾囊肿、妊娠期高血压，宫内孕39周，无产兆，要求择时行剖宫产术入住某院，并拒绝阴道试产。在择定的时日，行腹壁横切口子宫下段剖宫产术。术毕患者清醒，安返病房。该日下午2时40分，患者轻度子痫前期，给予应用硫酸镁解痉治疗。同日下午6时15分，产妇全身颤抖，医方随即进行查看，

发现产妇四肢僵硬，有意识，口唇发绀，口腔中有痰，黏液性。立即对其呼吸道进行清理，给予高流量吸氧，心电监护，协助排痰，随后出现较多淡红色样痰，产妇随即出现呼吸、心搏骤停，立即进行人工心脏按压、气管插管、心肺复苏、告病危，经抢救后心率、血压恢复，但血氧饱和度低。经紧急抢救，血氧饱和度仍低，随即转至该市某综合医院，抢救无效，次日死亡。

患方家属认为某医院用药错误、延误治疗，抢救不及时造成患者死亡，要求医方赔偿损失 138 万元。医方认为用药符合用药指征，抢救及时，患者死亡系自身疾病所致。医患双方之间发生医疗纠纷。随后，患方家属多次找到主治医生，妨碍医生诊疗，严重影响医院正常诊疗秩序。

当地医调委接到医院电话后，火速赶往纠纷现场，成功将一起处于激化状态的医疗纠纷从"院内引到院外"，稳定了医院的正常医疗秩序。

医调委从医学专家库中随机抽取了三位专家，并抽取法学专家一名，提供法律帮助。根据医患双方的陈述和病历记载，患者死亡原因初步考虑为：肺栓塞、心力衰竭。为进一步明确诊断，建议尸检：患者死亡原因与高危妊娠、手术风险、术后预防和治疗相关。医方存在医疗过失，负轻微责任。

在告知患方专家意见后，患方家属不认可专家的分析建议，情绪激动，拦着医方当事者不让其离开，纠纷调解再次陷入僵局。

此时，医调委在与患者家属沟通过程中，了解到死者亲属中有一位在政府部门工作的同志。在与这位同志联系后，向其讲述了纠纷经过、医调委的工作性质及调解原则。该同志爽快答应做其亲属的思想工作。在该同志的配合下，医调委最终成功规劝患方家属接受了专家意见，并主动降低了赔偿数额。

在该案例中，医调委巧借外力的调解方式，对调解效果起到了决定性的作用。患方家属对于专家做出的评鉴意见和建议赔偿金额不能接受。当调解陷入瓶颈时，医调委通过其他途径了解到患方某位亲属在政府部门工作，通过对其亲属做工作，在该亲属的配合下，最终使患方家属接受评鉴结果，并主动降低索赔金额。

当事者身边具有一定社会地位、社会阅历或者人格魅力的亲人，能够让当事者产生尊重和信赖，拉近矛盾双方当事者之间的心理距离，有利于调解工作的开展和顺利推进。

二、利用竞争对手的弱势，削弱对方的力量

一般来说，竞争当事者常常会存在一些重要的脆弱之处，或者没有充分防范之处。调解员可以利用竞争对手的弱点，攻其不备，从而削弱对方的谈判实力与地位，迫使对方做出更多的让步。

某患者，时年 65 岁，因心肌梗死在该市某医院成功进行心脏搭桥手术，20 多天后出院，出院后身体一切正常。8 个月后，患者又感到胸部明显不适，家人将其送入该县某医院就诊。住院后，医生确诊为冠心病。经过治疗，患者病情稳定，胸部不适感消失，精神状态良好。医生、患者及其家属对治疗效果满意，因考虑到心脏病用药一般需要一个疗程，就继续住院治疗。

一周后，患者突感身体不适，并伴有头疼、发热症状，医生当即诊断为感冒并立刻用药，但用药后效果不明显，患者继续呈现发热症状。在之后的一周内，医生采取多种治疗方法未见成效，病情却越来越严重。患者大量出汗、尿量减少、视物模糊，痛苦症状增加，患者家属要求转院治疗。患者转至该县另一家医院治疗，医院在了解病情后，对患者进行了各项检查，发现患者胳膊上的留置针头严重化脓，当即做了手术，并告知患者病情复杂需转上级医院治疗。两天后，患者转入该市某医院，经多名专家确诊，患者为败血症，系留置针头感染。

患者家属认为，该县某医院没有及时发现留置针头感染的严重后果，造成患者感染得了败血症，目前已经有多器官损伤，后期继续治疗需要大量费用，该医院应承担全部医疗责任。患者家属向该医院提出 18.5 万元的经济赔偿要求，医患双方多次协商无果。

当地医调委介入后，组织医疗专家进行了医学评鉴。专家组认为，该医院对于患者的病情诊断正确、医疗方法准确，对于患者心脏病的治疗效果较好，但是对于留置针头使用操作不当、疏忽大意，导致感染，应对患者承担医疗过失责任。

医调委立足于医疗专家的分析结论，积极做院方的工作。院方负责人了解到患者的病情后，立即赶往患者正在治疗的市级医疗机构探望患者，双方进行了良好沟通。最终，该医院承担了患者的全部医疗费用及 4.7 万元赔偿金，使患者及其家属从心理上得到极大的抚慰。

在本案中，医调委借助拥有医疗专家的专业优势，抓住患者病情恶化是由留置针头感染造成的这个关键点，对院方动之以情、晓之以理。前往患者正在治疗的市级医院了解情况：患者的病情虽然稳定，但身体状况较差，一直在用药治疗，现已花费近 3 万元，并且患者家庭状况非常困难，医疗费支付已经成为难题等，并一一向院方做了沟通，弱化了院方原本在谈判中的强势地位，在双方当事人之间搭起沟通的桥梁，最终促成双方达成调解协议。

三、巧借法律法规威慑之力，敦促对方产生合作意愿

在医疗纠纷调解中，调解员可以借用法律的威力，除强化自己的语言刚性外，还可以让法律的权威与严肃来增强自己的气势，唤起当事者的法律意识，让当事者约束自己的言行，收敛自己的侵犯行为。

　　某村民精神分裂症发作，被家属送到该市某医院治疗。一个月后的某天凌晨，医院值班护士巡房时，突然发现该村民利用病房消防管上吊自杀，经紧急抢救无效，宣告死亡。

　　患者家属认为该医院管理察看不到位，应对患者的死亡承担全部责任，随即召集20多名亲属到医院，要求医院赔偿，声称若得不到赔偿，就把患者的遗体摆放在医院内。家属等人情绪激动，在医院内大吵大闹。为避免争闹影响医院收治的其他患者，带来更大的混乱，该镇人民调解委员会与镇政府有关部门工作人员一道，立即赶赴现场进行处置。

　　事态得到控制后，调解工作组兵分两路立即开展调解前调查：一队调解员安抚患者家属情绪，认真听取患者家属对事件经过及赔偿诉求的陈述；另一队调解员来到该医院，了解事件具体经过，查看现场，并向公安部门确定纠纷性质，做好相关记录。

　　调解中，患者家属代表认为医院应对患者的死亡负全责并进行赔偿：一是患者是一个精神病患者，属于特殊人员，而该医院是一所专业医院，对在治的精神病患者可能发生自残、自杀的行为，应该有专业防范措施并落实到位；患者自缢死亡，说明医院的防范措施存在极大的漏洞。二是医院设置的视频监控设施，并没有安排专人负责监看，使本可作为防止患者发生意外的重要工具成了摆设，在患者上吊近40分钟后仍未能被察觉，丧失了最佳抢救时机，这是导致患者死亡的最根本原因。医院应对患者的死亡承担全部责任，并向家属赔偿患者的死亡赔偿金、抚养费、丧葬费、精神抚慰金等各项费用共计80万元。

　　医院代表则认为：患者入院后，医院按精神病人的护理规定进行护理和管理，定期进行危险物品检查，定期巡视病房，对其采取治疗措施符合医疗原则。患者所患精神疾病具有冲动性、突发性、隐蔽性等特点，自杀只是其中的症状之一，难以防范，医院已经尽到了应尽义务，不存在过错，不应承担赔偿责任。双方互不相让，调解再次陷入僵局。

　　为避免矛盾升级，调委会迅速指派工作经验丰富的退休法官和律师进入调解，指出患方的闹事行为不但不利于事情的解决，如有进一步的激烈行动，将属于法律禁止的行为，将追究治安、刑事等法律责任，同时承诺一定会公正、客观地解决纠纷。

　　调解工作组抓住双方的冷静期，向当事者双方讲解有关法律法规的规定，以及双方的法律权利、法律义务和法律责任。一方面，劝说医院，其的确未尽到足够的察看义务，其管理察看不到位与患者死亡后果之间存在因果关系，应对患者死亡后果承担一定责任；另一方面，劝导患者家属，赔偿要求必须合理合法，这样才能尽早调解纠纷，才能告慰逝者、安慰生者。最终，双方当事者在调解工作组的耐心劝导下达成了调解协议。

　　医疗纠纷当事者在行事时有时会低估法律的效力，或者说仍抱着一丝侥幸的心理知法犯法。这个时候，调解员就不妨像案例中的调解工作组那样，先坚定地用法律法规喝住对方，给对方的心理施加压力，法律的语言力度会更具信服力、震慑力，让对方对调解员所阐述的法律后果予以正视，并动摇对方所坚持的立场，一举破解调解困局。

参考文献

［1］[美] 乔·维泰利 . 新·零极限 [M]. 彭展 , 译 . 北京 : 中国青年出版社 , 2006:131.

［2］童燕芳 . 略论索绪尔与禅宗的语言哲学 [J]. 杭州学刊 , 2017, (4):117.

［3］[美] 乔·维泰利 . 新·零极限 [M]. 彭展 , 译 . 北京 : 中国青年出版社 , 2006:124–125.

［4］张新立 . 论罗杰斯心理治疗思想与老子哲学的关系 [J]. 徐州师范大学学报 , 1999, 25(2):142.

［5］[美]BARRY A.FARBER, DEBORA C.BRINK, PATRICIA M.RASKIN . 罗杰斯心理治疗 : 经典个案及专家点评 [M]. 刘丹 , 刘钢 , 孙凯跃 , 等译 . 北京 : 中国轻工业出版社 , 2006:7.

［6］杨克军 . 卓越绩效模式 [M]. 企业管理出版社 , 2020:163–164.

［7］田晓青 . 说说咱妈的病 [EB/OL]. [2022–08–13] https://ccdas.pmphai.com/appyhgt/toPcDetail?knowledgeLibPrefix=yhgt&id=14523.

［8］[美] 罗纳德·B·阿德勒 , 拉塞尔·F·普罗科特 . 沟通的艺术 [M]. 黄素菲 , 李恩 , 译 . 北京 : 世界图书出版公司 , 2010:218.

［9］[美] 罗纳德·B·阿德勒 , 拉塞尔·F·普罗科特 . 沟通的艺术 [M]. 黄素菲 , 李恩 , 译 . 北京 : 世界图书出版公司 , 2010:131–137.

［10］[美] 道格拉斯·斯通 , 布鲁斯·佩顿 , 希拉·汉 . 高难度谈话 [M]. 王甜甜 , 译 . 北京 : 中国城市出版社 , 2010:140.

附录

医疗纠纷调解技能体系构建模糊德尔菲问卷

尊敬的各位专家：

您好！

医院内的医疗纠纷解决作为医疗纠纷处理的最前沿，有利于纠纷的即时化解与关口前移；同时，医院作为医疗纠纷解决的最主要阵地，大部分的医疗纠纷还是在医院内解决的。

因此，研究医院内医疗纠纷调解技能体系的构建具有非常重要的意义。

本问卷系 2018 年度国家社科基金一般项目"医院内医疗纠纷促进式调解程序构建研究"的组成部分，尝试建立"医院内医疗纠纷调解技能体系评估指标"，以模糊德尔菲法进行各维度及指标的评估。

本研究在参考调解专著，主要是《Mediation in Greater China：the new frontier for commercial mediation》（Danny McFadden,CCH Hong Kong Ltd.,2013）以及《调解实务与技巧》（梁海明主编，法律出版社，2014年）等专著中对调解技能分类的基础上，结合 SEGUE 量表、卡尔加里—剑桥指南（Calgary — Cambridge Guide）、卡拉马祖（Kalamazoo）沟通要素评价表以及中国医师人文医学执业技能培训体系的沟通能力模块、全球医学教育最基本要求（GMER）、《医患沟通技巧》（[英] 西尔弗曼（Jonathan Silverman）、[加] 库尔茨（Suzanne Kurtz）、[英] 德雷伯（Juliet Draper）主编，杨雪松等译，化学工业出版社，2009 年）以及《临床医患沟通与交流技巧》（魏来临、张岩，山东科学技术出版社，2005 年）进行文献回顾与维度、指标探讨，归纳相关资料后，整理出第一层次"倾听技能""情绪应对技能""提问技能""叙事技能""谈判技能""打破僵局技能"6 个维度及第二层次 30 项指标，作为后续医院内医疗纠纷调解技能体系设计、评估之参考。

恳请专家不吝惠赐真知灼见，以使未来我国医院内医疗纠纷调解技能形成相应的体系！

专此

顺颂教祺 / 安泰！

2018 年度国家社科基金一般项目"医院内医疗纠纷促进式调解程序构建研究"主持人

山西大学政治与公共管理学院副教授

晏 英

2023 年 5 月 26 日

一、基本资料

（一）性别：男（ ）、女（ ）

（二）最高学历：博士（ ）、硕士（ ）、其他（ ）

（三）目前主要任职的单位类型（单选）：医疗卫生管理行政部门（ ）、医疗卫生机构（ ）、高等医学院校（ ）、律师事务所（ ）、其他（ ）

（四）擅长领域（可多选）：医疗卫生行政管理（ ）、医疗卫生法律实务（ ）、医疗纠纷处理实务（ ）、

卫生法学教学与研究（　）、其他（　）

（五）从事该领域的年限：

（六）职务与职称：

二、填表说明

（一）本问卷目的在于评定各指标的重要性，并经由专家意见进行指标筛选，达到准确精简之目的。问卷采用李克特11等量表评分，请根据您的专业判定分别针对各指标给予0～10评分，并请填入整数值，数值越大表示越重要。

（二）重要性评分：请针对调解技能设计各评估指标的重要性程度，填入您认为可接受范围内的最大值与最小值。

（三）各项评估维度后均有空白栏，方便填答者做任何指标新增或修改变动。若认为本研究尚有未考虑到的重要影响指标，可直接补充于空白栏内；反之，若认为此项指标不具备重要性，亦可直接略过该项，或者于最后做其他补充建议。

三、评分程度量表

0	1	2	3	4	5	6	7	8	9	10
非常不重要			不重要		普通		重要			非常重要

维度	评估指标 （调解技能是每位医务人员都应该掌握的技能，因为每位医务人员都有可能遇上医疗纠纷，也只有当事者才能真正解决问题。有了医疗纠纷，当事医务人员不出面是不可能真正解决问题的。故，下面的指标中包含某些针对医务人员的要求部分）	重要性程度评分 （分数位于0～10，分数越高表示越重要）	
A. 倾听技能	A1. 全盘接纳医患双方的情绪 （当事方如果处于激烈的情绪当中，是无法理性地进行沟通的。但是，接纳其情绪并不等于同意其观点，接纳的只是对方的情绪与感受）	可接受的最小值	可接受的最大值
	A2. 使各方能够陈述自己的关切与感受，并相互倾听 （提醒打断的一方，不要打断，继续倾听，鼓励其使用会议为其准备好的纸与笔，写下他们的想法、感受，并承诺保证其有发言的机会）	可接受的最小值	可接受的最大值

		可接受的最小值	可接受的最大值
A.倾听技能	A3. 保持适当的眼神交流 （适当的眼神交流可以显示出自己的自信、真诚和关心，也可以在一定程度上增加沟通的亲密度。但要注意的是，过度的眼神交流可能会让对方感到不适）	可接受的最小值	可接受的最大值
	A4. 保持开放式肢体语言，即避免抱胸、分心等动作 （保持开放式肢体语言可以帮助建立良好的沟通关系。例如，抱胸、分心等动作可能会让说话者感觉听话者不感兴趣或者不友好，从而影响两者之间的沟通效果）	可接受的最小值	可接受的最大值
	A5. 倾听疾病（Disease）与疾痛（Illness） （哈佛大学教授阿瑟·克莱曼认为"疾病（Disease）"和"疾痛（Illness）"有着根本的区别。"疾病（Disease）"是用病理生理学术语解释"疾痛（Illness）"的生物医学原因，仅指困苦烦恼中可以被客观描述的一小部分。相反，"疾痛（Illness）"则是个体的患者（sick person）独特的病痛体验——患者是如何带病生活的，又是如何对付和处理病患的症状以及由之引起的身体异常和不适反应的切身感受，患者及其家人乃至更广泛的社会关系是如何接受病的事实的（参见［美］阿瑟·克莱曼. 疾痛的故事—苦难、治愈与人的境况［M］. 方筱丽译. 上海：上海译文出版社，2010：1～2.）。	可接受的最小值	可接受的最大值
	A6. 坚持"三不三要"原则 （三不：不表示个人的价值或是非观，不介入评断当事者的是非，不表露对案件的情绪。三要：要引导双方了解各自的利益点，要引导双方一起来寻找共同的利益所在，要用中立的态度控制场面。除了在健康宣教阶段外，主张不对患者做评判。因为，在事实没有了解清楚之前，擅自评断，容易引起对方的反感与顶撞，导致沟通无法正常进行下去。在问题解决时，双方提出的表面立场，往往不可调和；而其表面立场背后的真正利益却是可以调和的）	可接受的最小值	可接受的最大值
	其他的影响指标或者修改建议：		
B.情绪应对技能	B1. 接纳情绪不要陷入对错之争，接纳对方情绪并不等于同意对方的观点 （当试图去否定或者批评对方的情绪时，很可能会引起对方的反感和不满，这样会进一步加剧冲突。相反，如果能够接纳对方的情绪，尊重对方的感受，那么对方就会感到被理解和被认同，这样有助于缓解冲突，增进彼此的信任和理解。当接纳对方的情绪时，并不是要放弃自己的立场或者原则，而是在尊重对方感受的基础上，通过理性的交流和讨论，寻求更好的解决方案）	可接受的最小值	可接受的最大值
	B2. 注意情绪没有对错之分，而表达情绪的效果却有对错之别 （接纳情绪，情绪没有对错之分，但表达情绪的方式和效果却是有对错之别的。如果以不恰当的方式表达情绪，可能会导致误解、伤害或冲突）	可接受的最小值	可接受的最大值

		可接受的 最小值	可接受的 最大值
B. 情绪 应对 技能	B3. 学会情绪的延迟满足 （学会情绪的延迟满足是指人们能够控制自己的情绪，不被即时的冲动所左右，而是能够耐心等待更好的机会。这样就能够更好地处理人际关系，避免不必要的冲突）	可接受的 最小值	可接受的 最大值
	B4. 碾磨情绪颗粒度，让其变得更加细腻入微 （情绪颗粒度是指对情绪的感知的精细、确切程度。情绪颗粒度大，就是在感知情绪和情感时比较粗线条，对情绪的描述和感知会稍显笼统；情绪颗粒度小，相对而言，就是对情绪的感知和感受会更加的细腻、准确。准确地描述自己的情绪时，即容易更好地了解自己的情绪，找到控制情绪的方法）	可接受的 最小值	可接受的 最大值
	B5. 坚持支持性回应，避免冷安慰 （支持性回应是指通过积极的语言和行为来表达对他人的支持和理解。相比之下，那些似是而非的支持性回应则是冷安慰，它是一种缺乏真情实感和同理心的回应，比如，大而无当的道理等，可能会让接受安慰的人感到更加孤独和无助）	可接受的 最小值	可接受的 最大值
	其他的影响指标或者修改建议：		
C. 提问 技能	C1. 调解员及具备调解员心态的医生都应该保持中立，即以提问作为最主要的谈话方式 （在促进式调解中，不主张调解员提供意见与建议。所以，调解员的发话常以提问的方式进行。提问可以激发对方的思考和探索，便于进一步了解对方的观点和想法）	可接受的 最小值	可接受的 最大值
	C2. 不预设立场，以空杯心态进行提问 （当预设立场并且只关注自己的观点时，很容易忽略对方的问题与观点，从而导致自己的思考和判断受到偏见的影响。以空杯心态进行提问，能够更好地聆听和理解别人的意见与看法，从而更全面地了解问题的不同层面）	可接受的 最小值	可接受的 最大值
	C3. 提问时保持由衷的好奇心 （好奇心提问的重要性在于它能够激发提问者的思维和创造力，推动提问者从不同角度去不断地探索和理解事情的原貌以及对方的看法与观点）	可接受的 最小值	可接受的 最大值
	C4. 以开放式提问为主，辅以封闭式提问 （在使用封闭式提问之前，应该通过开放式提问引导对方自由发挥，表达个人的看法和意见，从而获取更多的信息和细节）	可接受的 最小值	可接受的 最大值
	C5. 灵活运用度量式提问 （也称为评分技术，就是让患者利用量化标准所代表的数值来作答，比如从1到10等，以协助患者将抽象的概念、状态以比较具体的、形象的方式加以描述。例如，如果把疼痛程度由低到高表示为1到10分的话，请用数字告诉我您现在的疼痛程度）	可接受的 最小值	可接受的 最大值

	其他的影响指标或者修改建议：		
D. 叙事 技能	D1. 重视叙事医学三要素（即关注、再现、归属）在医疗纠纷调解中的作用 （丽塔·卡蓉将叙事医学的三要素归纳为关注、再现和归属。参见［美］Rita Charon. 叙事医学：尊重疾病的故事［M］. 郭莉萍主译. 北京：北京大学医学出版社，2015:185. 所谓关注，就是要"清空自己，把自己变成工具，接收他人的意义"。再现，就是通过各种形式的叙事与患者的所见所感进行组合再现，比如，通过叙事写作、口述等方法。归属，即是让患者找到归属感，形成医患之间的治疗同盟）	可接受的 最小值	可接受的 最大值
	D2. 引导和关注患者的叙事，以实现"以患者为中心"的医疗模式 （引导和关注患者的叙事是实现"以患者为中心"的医疗模式的重要手段。通过引导患者叙述自己的病情、病史、症状和体验，医务人员可以更好地了解患者的需求和体验，制定更加个体化的治疗方案。同时，关注患者的叙事也可以增强患者的参与感和控制感，提高治疗的效果和患者的满意度）	可接受的 最小值	可接受的 最大值
	D3. 叙事医学相信即使面对苦难，每一个人都有提升自我生活质量的能力，要尊重他们的这种能力 （叙事医学认为每个人都有自己的故事，而这些故事可以影响到他们的身体健康和生活质量。叙事医学相信，即使在面对苦难和挑战的时候，每个人都有提升自己生活质量的能力。这种能力可以表现为对自己的故事和经历进行重新理解和诠释，达到身体和心理上趋于平衡，从而更好地应对生活中的困难和挑战）	可接受的 最小值	可接受的 最大值
	D4. 医生只有通过叙事真正进入了患者的心理世界，方能把握到患者对医疗的真正需求 （医务人员通过与患者交流，听取他们的叙述表达，可以更好地了解患者的心理状态、生活背景和疾病状态，初步推测出患者的利益需求，并在临床检测和综合评估的基础上为患者提供更加贴心、有效的医疗服务）	可接受的 最小值	可接受的 最大值
	D5. 透过叙事，探寻当事者表面立场背后的真正需求 （在很多情况下，患方表面上所说的话和所表达的情绪，并不完全反映他们内心的真实想法和感受，因此需要医务人员去深入了解他们的背景、价值观、情感和经历等方面，来揭示他们真正的需求和期望。透过叙事，去发掘患方的真正需求，就可以更好地解决纠纷）	可接受的 最小值	可接受的 最大值
	其他的影响指标或者修改建议：		

续表

E.谈判技能	E1.区分立场与利益需求 （立场是指一个人或组织对于某个问题或事件的态度或看法，而利益需求则是指他们在这个问题或事件中可能获得或失去的东西，这可能包括物质财富、社会地位、声誉等。有时候立场不可调和，而纠纷背后所追求的真正诉求却是可以调和的，这为纠纷解决指明了方向）	可接受的 最小值	可接受的 最大值
	E2.满足当事者的情感需求 （如果谈判的一方在情感上得到满足，感到被理解和尊重，他们更有可能在谈判中表现出积极态度和合作精神。否则，他们可能会在谈判中采取更强硬的立场，甚至导致谈判的破裂）	可接受的 最小值	可接受的 最大值
	E3.讲究一定的谈判策略 （在谈判过程中，应该采用一定的策略和技巧来达成自己的目标和使自己的利益最大化。例如，衡量沉没成本、关注锚定效应、利用好损失厌恶等。"衡量沉没成本"指的是在做出决策时，需要考虑已经投入的成本，尽量避免因为已经投入的成本而做出不划算的决策。"关注锚定效应"指的是在谈判过程中，需要注意对方的第一个出价或者某个明显的数字，这个数字有可能会成为谈判过程中的锚点，影响后续的谈判结果。因此，需要注意自己的锚点，尽量让对方接受自己的锚点。在谈判中，当一方面临可能的损失时，他们通常会对这种损失产生强烈的情感反应，这种情感反应被称为"损失厌恶"。"利用好损失厌恶"技巧是指在谈判中，当对方面临可能的损失时，利用他们对损失的厌恶心态来达到自己的目的。这个技巧可以是强调对方可能面临的某些损失，也可以是提供一些让对方避免损失的方法）	可接受的 最小值	可接受的 最大值
	E4.谈判理念的转型 （这些理念包括从分蛋糕转变为做大蛋糕、从切片式思维转变为综合性思维、从追责过去导向转变为面向未来导向。首先，传统的谈判理念是"分蛋糕"，即在谈判中各方争夺有限的资源，例如财富、权力和地位等。而未来要求的谈判理念是"做大蛋糕"，即通过合作和创新，扩大资源的总量，让每一方都能得到更多的利益。其次，传统的谈判思维是"切片式思维"，即将问题分成若干个部分进行独立的协商，而未来应该的谈判思维是"综合性思维"，即将问题作为一个整体来考虑，寻求更加综合的解决方案。最后，传统的谈判导向是"追责过去导向"，即各方主要关注过去的错误和对过错责任的划分，而未来更应该坚持的谈判导向是"面向未来导向"，即各方主要关注如何避免未来的问题和风险，以达成更好的合作与共赢）	可接受的 最小值	可接受的 最大值
	其他的影响指标或者修改建议：		

		可接受的 最小值	可接受的 最大值
F. 打破 僵局 技能	F1. 适度示弱 （适度示弱可以让对方感到己方处于劣势，从而引起对方的同情和怜悯；同时对方会认为己方很诚实，有利于缓和紧张的调解气氛。适度示弱也可以让对方认为己方的底线很低，从而降低对方的期望值，有助于达成协议）	可接受的 最小值	可接受的 最大值
	F2. 讲述对方的故事，以澄清对方的需求 （在调解中，调解人员应该倾听当事者的故事，并以客观的方式讲述对方的故事，以便更好地理解对方的立场与需求。这种方法可以帮助当事双方更好地了解彼此的观点和利益，并有助于促进双方达成共识和解决争议）	可接受的 最小值	可接受的 最大值
	F3. 站在中立第三方的视角看问题，去认可对方的观点、求同存异 （在调解中，中立第三方的角色非常重要，因为他们不属于任何一方，可以从客观中立的角度看待问题，帮助双方理解对方的观点、利益和需求，寻求双方的利益共同点，为双方摆脱僵局，寻找解决问题的最佳方案）	可接受的 最小值	可接受的 最大值
	F4. 巧借外力，推动纠纷的解决 （当双方无法通过协商和谈判解决争端时，寻求第三方的帮助可以缓解当事者之间的紧张关系，帮助双方平衡利益，减少冲突和损失，最终合力解决纠纷）	可接受的 最小值	可接受的 最大值
	F5. 用人格魅力感化对方 （在纠纷解决中，用人格魅力感化对方，可以让对方感到己方的真诚和善意，让对方感到信任和舒适，从而达成共识和解决纠纷）	可接受的 最小值	可接受的 最大值
	其他的影响指标或者修改建议：		

致谢

心怀感恩，所遇皆美；心怀善念，所遇皆暖。

我要感谢很多师长、朋友、同仁与患者。本书能够成书，得益于他们的支持、帮助与建议。

回国后，一直苦于寻找自己的研究方向，经过反复犹豫与权衡，最终选择致力于医疗纠纷解决机制这一方向，主要是因为在平日的生活中，总能从各种渠道听闻一些医患关系紧张的事件，加之有早稻田大学和田仁孝教授的引路，遂决定冒着成功与否的巨大风险，从翻译出版和田仁孝教授的著书开始，走上医疗纠纷解决机制的研究之路。

我要感谢全国各地医疗纠纷调解委员会的同仁。在我研究刚刚起步的时候，经常参加各地医疗纠纷调解委员会的各种会议，让我能够第一次近距离地了解各地医疗纠纷解决的现状与成就，也是他们给了我早期参与实践的种种机会，并进一步坚定了我从事这个领域研究的信心。

在这些年从事这个领域的研究时，总是能够得到国家卫生健康委人才交流服务中心张俊华书记的耳提面命、高屋建瓴的见解和慷慨敦厚的指导，升华了我的学术境界。

从 2014 年相识以来，我与广东省第二人民医院刘玉莹科长精诚合作，相互切磋，有时为了学术问题常常聊至深夜；刘科长也为我的研究提供了大量优质案例和良好的实践检验基地。

苏州大学附属第一医院李红英研究员，十几年如一日举办国家级继续医学教育项目"临床抉择与研究伦理研讨课程"，借助该平台，我认识了许多从事临床研究伦理问题的大咖，拓宽了我的研究视野，为本书的写作提供了许多思想滋养。

清华大学法学院申卫星教授，一直以来鼓励我坚持研究下去，为我提供了诸多上台分享及与同仁交流的机会，并在百忙中拨冗阅读本书的草稿。申教授对卫生法学的深刻洞见让我的这次写作受益匪浅。

本研究有幸得到国内著名医学人文专家高金声教授的充分肯定，在本书的写作、修改、编辑与出版过程中，也得到了高教授无微不至的关怀和弥足珍贵的指导。高教授的人格魅力让人如沐春风，这也让我在遇到困难的时候，能够没有更多顾虑地请求高教授给予支持与帮助。

在本书成书之际，南京医科大学人文医学博士生导师王锦帆教授对书稿提出了很多宝贵的意见，从立意选材、谋篇布局到遣词造句，他的悉心教导让我难以忘怀！在本书即将付梓之际，王教授又欣然提笔作序，王教授宽厚仁爱之心深深地感染和激励着我！

还有，早稻田大学和田仁孝教授、山西省委党校吴敏教授、安徽医科大学杨芳教授、湖北医药学院马菊华教授、河北北方学院李振良教授、哈尔滨医科大学尹梅教授和贺苗教授、南京师范大学刘敏教授、复旦大学刘士国教授、山西财经大学孙淑云教授、山西大学马爱萍教授、上海联合律师事务所卢意光律师、重庆市杏林律师事务所母玥律师、广东省第二人民医院陈伟主任、原武汉钢铁（集团）公司第二职工医院安宁疗护中心纪光伟主任、首都医科大学附属北京中医医院李欣慧主任、山西白求恩医院晋淑媛部长和陈丽老师，以及许许多多曾经帮助过我但限于篇幅无法提及的人们。无论距离远近，他们都给了我许多鼓励和帮助，在此一并表示诚挚的感谢和崇高的敬意！

最后，我还要感谢山西大学政治与公共管理学院马华院长，感谢他给予我的无私帮助与倾力支持！感谢所有为此书的编辑与出版付出辛勤劳动的朋友们，他们的出色工作为本书增添了不少靓丽的色彩。

当然，还要感谢妻子郑慧青，正是有她勤勤恳恳操持家务，才能够让我安心于研究事业！

有边听音乐边写作的习惯，此刻耳边响起了优美的旋律 *You Raise Me Up*：

"You raise me up to walk on stormy seas, I am strong when I am on your shoulders, You raise me up to more than I can be。"

2022 年 12 月 15 日